Karl Friedrich Stäudlin

Geschichte und Geist des Skeptizismus

Vorzüglich in Rücksicht auf Moral und Religion

Karl Friedrich Stäudlin

Geschichte und Geist des Skeptizismus
Vorzüglich in Rücksicht auf Moral und Religion

ISBN/EAN: 9783743642515

Hergestellt in Europa, USA, Kanada, Australien, Japan

Cover: Foto ©Lupo / pixelio.de

Weitere Bücher finden Sie auf **www.hansebooks.com**

Geschichte und Geist

des

Skepticismus

vorzüglich in Rücksicht

auf

Moral und Religion

von

D. Carl Fridrich Stäudlin

ordentl. Professor der Theologie zu Göttingen.

———————

Zweiter Band.

Mit einer Abhandlung über die Philosophie des Geschichts-
schreibers Tacitus.

———————

Leipzig, 1794
bey Siegfried Lebrecht Crusius.

D. Carl Friedrich Stäudlins

Geschichte und Geist

des

Skepticismus

vorzüglich in Rücksicht

auf

Moral und Religion

IIter Band

4te bis 6ste Periode.

Vorrede.

Ich habe bei diesem zweiten Bande nichts zu erinnern, als daß er schon mit dem ersten erscheinen sollte und vor der lezten Messe schon ausgearbeitet war, woraus es zu erklären ist, warum auf verschiedene kürzlich erschienene Schriften, welche den Gegenstand dieser Schrift betreffen, nicht Rükficht genommen werden konnte. Göttingen den 24. August 1794.

Innhalt.

I. Band.

Geschichte des Skepticismus.

Innhalt.

Innhalt.

II. Band.

Innhalt.

Geſchichte des Skepticiſmus.

IV. Periode
Von Montagne bis la Mothe le Vayer.

Wir treten in eine Periode, welche in der Geschichte der Philosophie unter die merkwürdigsten gehört. Der menschliche Geist reißt sich von alten, steifen Formen los, und entwikelt sich in neuen lebendigen Formen. Wir sehen eine Reihe von Denkern aufstehen, welche einen ganz verschiedenen Gang nehmen, und welche noch izt die Nachwelt verehrt. Die Philosophie fängt auf einmal hie und da in lebenden Sprachen zu reden an, und mit den Grazien in Verbindung zu treten.

Michel von Montagne wurde im Jahre 1533 geboren, und starb 1592. Er blühte unter der Regierung Franz I. und war einer der ersten Schriftsteller, welche die Revolution in der Philosophie und dem Geschmake ankündigten, die während dieser Regierung unter der Französischen Nation vorgehen sollte. Er trug selbst mehr dazu bei als irgend ein anderer Französischer Schriftsteller. Er ragte weit über seine Zeitgenossen hervor. Er wußte Philosoph zu seyn in den Zeiten der Ligue — er wußte beredt zu seyn zu einer Zeit, wo die Rabelais, Ronsard und Amyot noch für die beredtesten Schriftsteller gehalten wurden. Sein literarischer Wirkungskreis dehnte sich weit über die Grenzen eines Vaterlandes und seines Zeitalters aus. Es

gibt

gibt wenig Bücher, die so allgemein von allen culti-
virten Nationen und Ständen gelesen und geliebt
worden, und bis auf unser Zeitalter ein so allgemein
geschäztes Lesebuch geblieben sind, als die Versuche
dieses Edelmanns aus dem sechszehnten Jahrhundert.   Montagne brach sich eine ganz eigne Bahn.
Er ward Schöpfer seiner Sprache und einer Menge
ganz neuer Ideen.   Er war so sehr Originalgenie,
daß er ohne alle Kunst und Anstrengung sich nur
zeigen durfte, wie er war, um bewundert zu werden.
Der literarische Stolz unsers Jahrhunderts hat sich
vor ihm gedemüthigt, die größten Schriftsteller haben die Keime ihrer größten Ideen, ihrer kühnsten
Systeme, die Energie ihrer Sprache ihm entwendet — die la Bruyere, die Montesquieu,
die Rousseau sind seine Schüler geworden. Sein
Geist, sein Character, seine Sitten, seine Lebens-
weise sind in seinen Schriften.   Wenn man ihn
liest, so glaubt man sich oft in der Unterhaltung mit
einem ehrlichen, treuherzigen Manne begriffen.

Montagne wurde gleichsam von Kindheit an
mit dem Geiste der alten Griechischen und Römischen
Classiker genährt.   Die Römische Sprache ward
durch die Erziehung seine Muttersprache und er
konnte die besten römischen Schriftsteller lesen, ehe
andere anzufangen pflegen, die Sprache zu verstehen.   Dieser Umstand hat gewiß nicht wenig beigetragen, seinem Geiste eine Bildung und einen
Schwung zu geben, der weit über sein Zeitalter erhaben war.   In der Folge wurden Tacitus,

Seneca

Seneca und Plutarch seine Lieblingsschriftsteller, seine tägliche Lecture.

Seine Versuche können Manchen auf den ersten Anblik mißfallen. Sie sind ohne Methode, ohne systematische Ordnung, ohne philosophische Analyse geschrieben. Sie enthalten viele Züge, welche nur der bemerken und mit Vergnügen bemerken kann, der Sinn und Gefühl für das Naive, für das Natürliche und Gutherzige hat. Aber welche Originalität, welcher Reichthum von Ideen, welche große Natur, welcher freie Geist, welch eine glükliche Imagination, welch eine Fruchtbarkeit an neuen Bildern, welcher jovialische Ton, welche mannichfaltige abwechselnde Züge, welche frohe, unerschöpflich Laune in diesen Versuchen! Kaum wird je die Sprache des Umgangs so glüklich in die Büchersprache übergetragen worden seyn, als hier. Und doch welcher tiefe Sinn, welcher moralische Ernst ist oft unter dieser kunstlosen Hülle verborgen! Der Ton der Ehrlichkeit und Geradheit, der immer in unsern Schriften seltener wird, gibt diesen Versuchen das Ansehen einer Unterhaltung mit einem Freunde.

Montagnes Versuche sind voll Citationen aus andern Schriftstellern, besonders aus Griechen, Römern und Italienern. Dieß war eine Mode der Zeit. Montagne verspottet sie und ahmt sie nach, aber er weiß sie angenehm und lehrreich zu machen. Er sucht die Stellen der Alten nicht, er findet sie. Er führt sie so an, daß er sich ihrer bemächtigt und

A 3   sie

sie sich eigen macht. Er selbst glänzt immer noch
neben den schönsten Blumen, die er aus dem Alterthum pflükt. Er ist selbst in seiner Unordnung
geistvoll. Seine Sprache ist nicht künstlich, aber
rasch, gedrängt, hinreissend. Er beherrscht die
Sprache, ohne ihr Gewalt anzuthun. Er nüzt das
kraftvolle der alten Sprache und gibt ihr neuen
Nachdruk und neue Reize. Er lehrt sie, wie er
selbst einmal sagt, vorher ungewohnte Wendungen.
Seine Sprache ist unnachahmlich und vollends un-
übersezbar.   Charron hat ihn mit Geist nachgeahmt, aber er steht doch neben ihm nur wie ein
Copiste; Bode hat ihn mit Geist übersezt, aber wer
den Französischen Montagne lesen kann, wird den
weiten Abstand beinahe in jeder Zeile fühlen.

Als Montagne schrieb, herrschte ein ausschweifender Hang zum Aberglauben, zur Magie, zur
Astrologie, zum Fanatismus. Er riß sich von den
meisten Vorurtheilen seines Zeitalters los und wagte
es Philosoph zu seyn. Sein Hauptgegenstand ist
der Mensch; das menschliche Herz, menschliche Leidenschaften, Charactere, Situationen, Moral und
Politik sind seine Hauptgegenstände [1].

War Montagne ein Skeptiker? [2] Er war
es zwar nicht im Sinne der alten Pyrrhonier, aber
                                                    er

1) S. la Vie de Michel de Montagne, die beinahe vor allen
   Editionen seiner Versuche steht, und Eloge de Michel de
   Montagne, qui a remporté le prix d'eloquence à l'Academie de Bordeaux en 1774 par Msr. l'Abbé Talbert.
2) Malebranche Rech de la verité II. 3, 3. Ceux,
   qui ont la Montagne, scavent assez, que cet auteur af-
                                                    fectvir

er hatte einen sehr starken Hang zum Skepticismus
und seit Sextus hatte kein Schriftsteller den skeptischen Geist und die skeptische Gemüthsstimmung so
glüklich ausgedrükt, als Montagne in vielen Stellen
seiner Schriften gethan hat. Er spricht zwar über
Vieles ganz dogmatisch, besonders über moralische
Gegenstände; seine Moral ist oft in hohem Grade
streng; wenige Philosophen haben zugleich so simpel,
so erhaben, so kraftvoll, mit so ungezwungenem Ernste von der Tugend geredet, und ihre eigene Gesinnung so unverkennbar in ihren Tugendlehren ausgedrükt, als er. Aber Montagne dachte nichts desto
weniger sehr skeptisch, und zwar nicht nur in der
theoretischen Wissenschaft, sondern selbst hie und da

A 4 in

fectoit de passer pour Pyrrhonien et qu'il faisoit gloire
de douter de tout. La persuasion de la certitude, dit il, est un certain tesmoignage de
folie et d'incertitude extresme, et n'est
point de plus folles gens et moins philosophes, que les philodoxes de Platon. Il
donne au contraire tant de louange aux Pyrrhoniens,
qu'il n'est pas possible qu'il ne fut de cette secte. Il
etoit necessaire de son temps, pour passer pour habile et
pour galant homme, de douter de tout et la qualité
d'esprit fort dont il se piquoit, l'engageoit encore dans
ces opinions. Bayle Dict. T. IV. Eclaire. p. 655. Apres
tout oseroit on dire que mon Dictionnaire approche de
la licence des Essais de Montagne, soit à l'égard du
Pyrrhonisme, soit à l'égard des saletés? d'Argens la
Philos du bon sens Disc. prel. §. VI. will ihn durchaus
nicht unter die Pyrrhonier gerechnet wissen, sondern schränkt
seinen Pyrrhonismus blos auf eine weise Vorsicht im Untersuchen und Entscheiden ein. Eben dieser Meinung sind
viele in unserm Zeitalter.

in moralischen Gegenständen. Er glaubte an die
Tugend, aber er sah öfters die Tugend des christlichen Glaubens und die Tugend der Vernunft im
Widerspruche [3]). Er für sich kannte und ehrte gewisse bestimmte Regeln des Rechts, aber die unendliche Verschiedenheit der moralischen Begriffe, der
Sitten, der Geseze bringt ihn auf Behauptungen
oder vielmehr Vermuthungen, welche die Tugend
eigentlich aufheben. „Die menschliche Vernunft ist
eine Färberlauge, die ungefähr in gleichem Maaße
allen unsern Meinungen und Sitten beigemischt ist,
von welcher Art solche seyn mögen. Unendlich in
der Materie, unendlich in der Abweichung [4]) —
Die Geseze des Gewissens, die, nach unsrer Sage,
in der Natur liegen, entspringen aus der Gewohnheit. Ein jeglicher Mann, der in seinem Innern
die Meinungen und Sitten verehrt, die um ihn her
gebilligt werden und im Schwange gehen, kann sich
ihnen nicht entziehen, ohne daß ihn sein Gewissen
darüber bestrafe, noch sich denselben gemäß betragen,
ohne daß er ihnen Beifall gäbe. — Die allgemeine
Einbildung, die wir um uns her in Ansehen erbliken,
und welche schon in dem Saamen wirkte, aus dem
wir erzeugt wurden, kann uns nicht wohl anders als
natürlich und verbindend vorkommen. Daher es
dann

---

3) Je parle selon la nature et non point selon la foi.
4) L. I. ch. 22. La raison humaine est une teinture infuse
environ de pareil poids a toutes nos opinions et moeurs,
de quelque forme qu'elles soient: infinie en matiere,
infinie en diversité.

dann kommt, daß Alles, was nicht in die Fugen der
Gewohnheit paßt, sich auch nicht mit der Vernunft
zu vertragen geglaubt wird; obgleich, Gott weiß,
dieser Glaube oft sehr unvernünftig ist [5])." Konnte
Montagne nicht das Ansehen, welches er selbst den
allgemeinen Sittengesezen, und insbesondere den Ge-
boten der christlichen Moral zuschrieb, gleichfalls aus
der Gewohnheit und aus gewissen zufälligen, äusserlichen Eindrüken herleiten? Er mußte zwischen
materialen und formalen Grundsäzen, zwischen der
Sprache des Gefühls und der Vernunft unterscheiden. Diesen Unterschied ahndete er — daher wirklich zuweilen ein Widerspruch zwischen seinen moralischen Behauptungen Statt findet — aber er konnte
sich ihn nicht deutlich machen [6]). Montagne hat da-

A 5 durch

[5]) Les loix de la conscience, que nous disons naitre de nature, naissent de la coustume: chacun ayant en venera-
tion interne les opinions et moeurs approuvées et recues
autour de lui, ne s' en peut desprendre sans remors, ny
s' y appliquer sans applaudissement — Et les communes
imaginations, que nous trouvons en credit autour de
nous et infuses en notre ame par la semence de nos
peres, il semble que ce soient les generalles et naturel-
les. Par ou il advient, que ce qui est hors les gonds de
la coustume, on le croid hors les gonds de la raison:
Dieu scait combien deraisonnablement le plus souvent
l. c.

[6]) Rousseau erklärt sich mit seiner gewöhnlichen Stärke
und Beredsamkeit gegen diese Maximen: Jettez les yeux
sur toutes les nations du monde, parcourez toutes les
histoires. Parmi tant de cultes inhumains et bizarres,
parmi cette prodigieuse diversité de moeurs et de cara-
cteres, vous trouverez partout les memes idees de justice et d'honêteté; partout les memes principes de morale,

durch mehr geschadet, als er vermuthen konnte. Er
selbst war bei seinen Maximen ein guter, rechtschaffe-
ner Mann — andere wurden durch sie zu einem
moralischen Skepticismus und zum Laster geführt.

Aecht

le, partout les memes notions du bien et du mal. ——
Il est au fond des ames un principe inné de justice et
de vertu, sur lequel, malgré nos propres maximes, nous
jugeons nos actions et celles d'autrui, comme bonnes
ou mauvaises, et c'est à ce principe, que je donne le
nom de conscience Mais à ce mot j'entends s'élever
de toutes parts la clameur des prétendus sages: erreurs
de l'enfance, prejugés de l'education, s'ecrient ils tous
de concert. Il n'a rien dans l'esprit humain que ce
qui s'y introduit par l'experience, et nous ne jugeons
d'aucune chose que sur des idées acquises.   Ils font
plus; cet accord evident et universel de toutes les nations, ils l'osent rejeter, et contre l'éclatante uniformi-
té du jugement des hommes ils vont chercher dans les
tenebres quelque exemple obscur et connu d'eux seuls,
comme si tous les penchans de la nature etoient anéantis
par la depravation d'un peuple et que sitôt qu'il est des
monstres, l'espece ne fut plus rien.   Mais que servent
au sceptique Montaigne les tourmens, qu'il se
donne, pour deterrer en un coin du monde une coutu-
me opposée aux notions de la justice? Que lui sert de
donner aux plus suspects voyageurs l'autorité, qu'il re-
fuse aux écrivains les plus celebres? Quelques usages
incertains et bizarres, fondés sur des causes locales, qui
nous sont inconnues, detruiront ils l'induction generale
tirée du concours de tous les peuples, opposés en tout
le reste et d'accord sur ce seul point? O Montaigne!
toi, qui te piques de franchise et de verité, sois sincere
et vrai, si un philosophe peut l'etre; et dis moi s'il est
quelque pays sur la terre, où ce soit un crime de garder
sa foi, d'être clément, bienfaisant, genereux; où
l'homme de bien soit meprisable et le perfide honoré?
Chacun, dit on, concourt au bien public pour son intérêt, mais d'ou vient donc que le juste y concourt à

son

Aecht ſkeptiſch iſt folgende Erklärung von Montagne: „Dieß Buch enthält meine Launen und Meinungen: ich gebe ſolche für das, was ich glaube,
nicht für das, was man glauben müſſe. Ich will
damit weiter nichts, als mich hergeben, wie ich bin;
vielleicht bin ich Morgen ganz anders, wenn ich etwas
Neues lerne und mich ändere. Ich habe nicht die
Autorität, Glauben zu fordern und verlange es auch
nicht.“ — Dieſer Hang, alles bloß für ſubjectiv
zu halten, iſt eine der Urſachen, warum Montagne
ſo viel von ſich ſelbſt ſpricht. Er verbirgt auch ſeinen
Hang zum Skepticismus gar nicht. Dieß zeigt ſich
nirgends ſo deutlich, als in der Apologie des Ray-
mond von Sebonde, welche das ausführlichſte
Kapitel ſeiner Verſuche ausmacht (II, 12). Man
hatte vorzüglich zwei Einwürfe gegen die natürliche
Theologie dieſes Schriftſtellers gemacht. Einige behaupteten, es gezieme ſich nicht, die chriſtliche Glau-
benswahrheiten durch menſchliche Gründe zu unter-
ſtüzen, da ſie bloß durch den Glauben und durch die
Wirkung der göttlichen Gnade gefaßt werden können.
Andere behaupteten, Sebondes Gründe wären überhaupt zu ſchwach, um die Wahrheiten der Religion
zu erweiſen. Montagne antwortet den erſten mit
Scho-

son préjudice? qu'eſt ce qu'aller à la mort pour ſon
intérêt? Sans doute nul n'agit, que pour ſon bien;
mais s'il n'eſt un bien moral, dont il faut
tenir compte, on n'expliquera jamais par
l'intérêt propre que les actions des me-
chans. Emile L. IV. S. 69. ſ. Zweibr.

Schonung und Achtung, gegen die anderen nimmt er
einen festeren und höheren Ton an; er zeigt ihnen die
Unwissenheit des Menschen, die Schwäche seiner
Vernunft, und von der andern Seite die Majestät
Gottes, der allein im Besize der Wissenschaft sei.
Er tritt in die Mitte zwischen beide. Er rettet die
Rechte der Vernunft gegen die einen und die der Of-
fenbarung gegen die anderen.   Der Gang, welchen
Montagne in dieser ausführlichen Untersuchung
nimmt, und verschiedene darin enthaltene Ideen und
Geständnisse sind für unsern Zwek zu merkwürdig, als
daß wir sie hier nicht anführen sollten.

Er gibt zu, daß das Evangelium, als etwas
Göttliches und die menschliche Vernunft übersteigen-
des, einer ausserordentlichen Hülfe und Gnade be-
dürfe, um von uns gefaßt und bewahrt zu werden,
und daß bloß menschliche Mittel dazu gar nicht fähig
sind. „Aber, sezt er hinzu, damit ist nicht gesagt,
daß es nicht ein sehr schönes und löbliches Unterneh-
men sei, auch die natürlichen und menschlichen Werk-
zeuge, die uns Gott gegeben hat, noch neben her
zum Dienste unsers Glaubens anzuwenden. Wir
können nicht daran zweifeln, daß dieß der würdigste
Gebrauch derselben sei, und daß kein Geschäft und
kein Vorhaben einem christlichen Manne besser an-
stehe, als durch sein Denken, Sinnen und Streben
die Wahrheit seines Glaubens zu schmüken, auszu-
dehnen und zu verstärken. — Wir müssen unsern
Glauben mit aller Vernunft, die wir haben, begleiten, immer aber mit der Einschränkung, nicht zu
meinen,

meinen, es sei aus unsern eigenen Kräften oder unser
Geistesvermögen und unser Nachdenken könne bis zu
einer so übernatürlichen und göttlichen Wissenschaft
hinreichen." [7] — Bei dieser Gelegenheit macht
Montagne der christlichen Religion die größten Lobsprüche aber mit ernstem Tadel ihrer trägen Bekenner. „Und eine so göttliche und himmlische Lehre
zeichnet die Christen durch nichts aus als durch die
Sprache! — Das Unterscheidungszeichen unsers
Glaubens sollte die Tugend seyn, so wie er selbst das
himmlischste Unterscheidungszeichen und das würdigste Product der Wahrheit ist." Montagne wagt es
in dem Zeitalter, wo der Fanatismus Bürger gegen
Bürger bewaffnete, wo der religiöse Verfolgungsgeist
wütete, wo Neutralität ein Verbrechen war, in dem
Jahrhunderte der Bartholomäusnacht, Religions-
duldung zu predigen. Mir ist es klar und deutlich,
daß wir den Pflichten der Religion nicht gerne andere
Dienste darbringen, als solche, die unsern Leidenschaften schmeicheln. Kein Haß ist so bitter, als der
christliche. Kein Eifer ist so thätig, als wenn er
mit unserm Haß zusammentrifft, mit unsrer Grau-
samkeit, unserer Ehrsucht, unserm Geize, und mit
der Verläumbung und Rebellion. Wenn wir hingegen Güte des Herzens, Wohlwollen, Mäßigkeit
üben sollen, ja da gehn wir, einige seltene Ausnahmen

---

7) Wo hier Stellen aus Montagne angeführt werden, bediene
　ich mich meist der Bodischen Uebersetzung, die übrigens dieß
　12. Kap. noch nicht ganz geliefert hat.

men abgerechnet, die sich durch eine Art Wunder un=
ter uns befinden, als ob wir weder Fuß noch Flügel
hätten.   Unsre Religion ist dazu gemacht, die Untu=
genden auszurotten, und sie bedeckt, nährt, reizt sie?
Irrt euch nicht, Gott läßt sich nicht spotten" [8]).

Montagne kommt auf diejenigen, welche die Be=
weise für die Religion für schwach halten und sie zu
untergraben suchen.   „Diese, sagt er, muß man
schon ein wenig derber schütteln, denn sie sind gefähr=
licher und hämischer als die ersten. — Die Mittel,
welche ich ergreife, diese Raserei zu dämpfen, und die
mir die angemessensten scheinen, sind, ihren mensch=
lichen

[8] Bald nach dieser Stelle folgt eine Bemerkung über den
Atheismus, die ich mich nicht enthalten kann in der Grund=
sprache herzusetzen: Nous sommes ramenés à la creance
de Dieu ou par raison ou par force. L'Atheisme estant
une proposition, comme desnaturée et monstrueuse,
difficile aussi et malaysée d'establir en l'esprit humain,
pour insolent et desreiglé qui puisse estre: il s'en est vu
assez, par vanité et par fierté de concevoir des opinions
non vulgaires et reformatrices du monde, en affecter la
profession par contenance: qui s'ils sont assez fols, ne
sont pas assez forts pour l'avoir plantée en leur conscience.   Pourtant ils ne lairront de joindre leurs mains
vers le ciel, si vous leur attachez un bon coup d'espée
en la poitrine: et quand la crainte ou la maladie aura
abatu et appesanti cette licentieuse ferveur d'humeur
volage, ils ne lairront pas de se revenir et se laisser tout
discretement manier aux creances et exemples publi-
ques.   Autre chose est un dogme serieusement digéré,
autre chose ces impressions superficielles: lesquelles nées
de la débauche d'un esprit desmanché, vont nageant
temerairement et incertainement en la fantaisie. Hommes bien miserables et escervellez, qui
taschent d'etre pires, qu'ils ne peuvent!

lichen Hochmuth zu zerknifen und unter die Füsse zu treten, ihnen die Nichtigkeit, Eitelkeit und Gering-haltigkeit des Menschen fühlbar zu machen, ihnen die gebrechlichen Waffen ihrer Vernunft aus den Fäusten zu reissen; ihnen das Haupt niederzubeugen und den Staub küssen zu lassen, unter der Macht und Ehrer-bietung, die der göttlichen Majestät gebührt. Ihr allein ist die Erkenntniß und die Weisheit; sie allein weiß den Werth der Dinge richtig zu schäzen; ihr allein rauben wir den Werth, den wir uns beilegen. Hernieder mit diesem Dünkel, dem ersten Grunde der Tirannei des bösen Geists! — Man muß diese Leute lehren, daß es keiner seltenen und weit herge-suchten Beispiele bedarf, um sie von der Schwäche ihrer Vernunft zu überzeugen, und daß solche so man-gelhaft und blind sei, daß es nichts so Klares und leichtes in der Welt gibt, was ihr klar genug und und daß das Leichte und das Schwere für sie einerlei sei; daß alle Gegenstände insbesondere sowohl, als die Natur im Allgemeinen, ihre Gerichtsbarkeit und Einmischung anzuerkennen sich weigern — daß es die Stimme der Wahrheit ist, welche uns predigt, die Weisheit der Welt zu fliehen — welche uns so oft einprägt, daß unsre Weisheit nichts sei, als Thor-heit vor Gott, daß unter allen Eitelkeiten die eitelste der Mensch selbst sei, daß der Mensch, der sich mit seinem Wissen blähe, noch nicht einmal wisse, was Wissen sei, und wenn der Mensch, der doch sogar Nichts ist, sich dünke, er sei Etwas, sich selbst ver-führe und betrüge. Die Aussprüche des heiligen

Geists

Geists drükten, was ich behaupten will, so klar und
nachdrüklich aus, daß ich keiner andern Beweise gegen Leute bedürfte, welche sich seiner Autorität mit
aller Unterwerfung gehorsamlich fügten. Aber diese
hier wollen mit ihren eigenen Ruthen gezüchtigt seyn,
und wollen nicht leiden, daß man ihre Vernunft anders als durch sie selbst bestreite." Man sieht, daß
Montagne warm wird, daß sein Stil sich erhebt,
und daß er hier im Tone eines Gegners spricht, der
sich seiner guten Sache bewußt ist. Er hält diesen
ungläubigen Vernunftweisen einen beinahe vollendeten Vernunftskepticismus entgegen. „Der Eigendünkel ist unsere natürliche Erbkrankheit. Das jäm-
merlichste, zerbrechlichste Geschöpf unter allen ist der
Mensch und zu gleicher Zeit das hochmüthigste. Es
fühlt und sieht sich hienieden in Staub und Auskeh-
rigt hingeworfen und angebunden und genietet an die
schlechteste, unbeseelteste und der Verwesung nächste
Classe aller Thiere der ganzen Schöpfung im unter-
sten Stokwerke ihres Gebäudes, und am entfernte-
sten von der Feste des Himmels, und doch will es sich
anmaaßen, sich über den Kreislauf der Monden
hinaufzusezen und den Himmel zum Schemel seiner
Füße zu machen. Es ist durch den Dünkel dieser
Einbildung, daß es sich Gott gleich stellt; daß es
sich göttliche Eigenschaften anmaaßt; daß es sich von
dem großen Haufen der übrigen Geschöpfe absondert
und auswählt, den übrigen Thieren, seinen Brüdern
und Genossen der Schöpfung einen höchst mäßigen
Theil von Sinnesfähigkeit zuschneidet und ihnen
nichts

nichts weiter an Kraft und Fertigkeit der Sinne und
Vernunft einräumen will, als was ihm selbst gut
dünkt." — Nun folgt die weitläuftige Ausführung
des Sazes, daß der Mensch in keiner Rüksicht Ursache habe, sich über die Thiere hinauszusezen, und
dann fährt unser Weltweiser fort, die Gebrechlichkeit und Unwissenheit des Menschen und die Schwäche seiner Vernunft zu schildern.   Er macht darauf
aufmerksam, daß man gewöhnlich einen zu hohen
Werth auf die Gelehrsamkeit seze, und gibt damit
den Gelehrten, die sich mit ihrem Wissen brüsten
und andere, selbst ihres gleichen, mit einem in andern Verhältnissen des Lebens kaum erhörten Stolze
drüken, eine Lection, die auch in unserm Zeitalter
noch nüzlich seyn kann.   „Welchen Werth kann es
nach unsrer Schäzung für den Varro und Aristoteles
gehabt haben, daß sie so vielerlei Dinge verstanden
und durchschauten? Waren sie dadurch von den
menschlichen Uebeln befreit? Traf sie deswegen kein
Zufall, der den Lastträger drükt? Zogen sie aus der
Logik Trostgründe gegen das Podagra? — Haben sie
deswegen mit dem Tode einen Bund gemacht, weil
sie wußten, daß einige Nationen ihn mit Freuden
erwarten? Weil ihnen bekannt war, daß in einigen
Gegenden die Gemeinschaft der Weiber eingeführt
wäre, dünkte ihnen deswegen das Hirschgeweih weniger ungemächlich zu tragen? Gerade das Gegentheil! — — Hat je Wollust und Gesundheit für
denjenigen einen größern Reiz gehabt, der die Stern-
und Sprachkunde inne hat? — Waren ihm Armuth

Zweiter Theil.   B   und

und Schande weniger lästig?— Ich habe in meinem
Leben mehr als hundert Handwerker, mehr als hundert Bauern gesehen, die weiser und glüklicher waren, als magnifike Prorectoren auf Universitäten, und
welchen ich am liebsten geähnelt haben möchte.   Gelehrsamkeit gehört, meines Erachtens, so mit zu den
häuslichen Bedürfnissen, wie Ruhm, Adel und
Würden ; oder höchstens, wie Reichthum und andere solche Dinge, die man vorzüglich dazu rechnet —
aber doch nur so nebenher, und mehr in der Einbildung, als nach dem Bedürfniß der Natur.   Wir
haben wenig mehr Pflichten und Regeln nöthig, um
in unsern bürgerlichen Gesellschaften zu leben, als die
Kraniche und Ameisen in den ihrigen nöthig haben;
denn wir sehen, daß sie sich darin wenigstens ohne
alle Gelehrsamkeit sehr ordentlich betragen.   Wäre
der Mensch weise und gescheid, so schäzte er jedes
Ding nach dem wahren Nuzen, den es für sein Leben
hat.   Wer uns nach unsern Handlungen, nach unserm Betragen schäzt und würdigt, der wird eine
größere Anzahl vortreflicher Menschen unter den Un-
gelehrten als unter den Gelehrten finden, und zwar
meine ich das, in allen Arten von Tugend.   Das
alte Rom hat nach meiner Ueberzeugung Menschen
von größerm Werthe für Krieg und Frieden aufzu-
weisen gehabt, als das gelehrte Rom, das sich selbst
zu Grunde richtete.   Wenn auch Alles Uebrige sich
völlig gleich wäre, so gäben doch der Biedersinn und
die Unschuld den ersten den Ausschlag, denn diese
finden sich gerne ausschließlich bei der Nichtgelehr-
samkeit.

samkeit. — Bloß bescheidene Unterwerfung kann
einen rechtschaffnen Mann bilden. — Gehorsam ist
die erste Pflicht einer vernünftigen Seele, welche
einen himmlischen Oberherrn und Wohlthäter erkennt. Aus Gehorsam und Folgsamkeit entsteht jede
Tugend, so wie aus Vernünfteln und Eigendünkel
jede Sünde. — Die Pest des Menschen ist der Dünkel des Wissens: daher uns denn auch unsre Religion
die Einfalt und das Nichtwissen so angelegentlich em-
pfielt, als nöthige Stüfe zum Glauben und Gehorsam. — In der That scheint es würklich, als ob die
Natur, um uns über unsern elenden und erbärmlichen
Zustand zu trösten, uns den Eigendünkel zum Erb-
theile gegeben habe. — Wir haben Recht, die Stärke unsrer Einbildungskraft in Schwung zu sezen:
denn alle unsre Schäze sind nur ein Traum. — Es
ist niemand unter uns, der so sehr darüber zürne,
wenn man ihn Gott gleich stellt, als er erboßt, wenn
er sich zur Classe der Thiere heruntergestellt sieht: so
viel eifersüchtiger sind wir auf unsern eigenen Ruhm,
als auf die Ehre unsers Schöpfers. Diese dumme
Eitelkeit aber müssen wir unter die Füße treten, und
die lächerlichen Gründe, worauf diese falsche Meinung erbaut ist, lebhaft und kühn zersprengen. So
lange der Mensch noch glauben wird, er habe Mittel
und Kräfte in sich selbst, wird er niemals das, was
er seinem Herrn schuldig ist, erkennen. Immer
wird er eilf Kegel werfen wollen, wie man zu sagen
pflegt. Man muß ihm die Pfauenfedern ausrupfen."
Montagne hält hier der Unwissenheit eine Lobrede.

B 2 „Wenn

„Wenn aber auch, sagt er unter andern, die Wissenschaften wirklich das leisteten, was die Philosophen
davon rühmen, wenn sie wirklich die Schärfe der
Uebel, die uns verfolgen, milderten und abstumpf-
ten: was thäten sie dann, was nicht die Unwissenheit
eben so gut und noch sicherer und erweislicher thut?
Als der Philosoph Pyrrho in einem Seesturme in
großer Gefahr schwebte, verwies er diejenigen, die
um ihn waren, zu Nachahmung auf die Fassung eines
Schweins, das sich auf dem Schiffe befand, und das
Ungewitter ohne Furcht aushielt. — Das Wissen
macht oft in der Einbildung krank. — Man vergleiche
einmal das Leben eines Menschen, der unter solchen
Einbildungen erliegt, mit dem Leben eines Land-
manns, der sich seinem Naturgange überläßt, die
Dinge bloß nach seinem gegenwärtigen Gefühle mißt,
ohne Gelehrsamkeit, ohne Voraussicht, dem nichts
eher von Krankheit ahnet, als bis er krank ist; an-
statt daß der andere schon oft den Steinschmerz in seiner Seele fühlt, ehe noch ein Stein in seinen Nieren
vorhanden ist: grade, als ob es nicht früh genug
wäre, das Leiden zu empfinden, wenn es wirklich
eingetreten ist, fühlt er es im Voraus in der Phanta-
sie und eilt ihm entgegen.   Was ich hier von der
Arzneikunde sage, kann, überhaupt genommen, bei
allen Wissenschaften zum Beispiele dienen. — Die
Seele schwächt und ermattet sich selbst.   Was bringt
sie in Verwirrung, was gewöhnlicher Weise zum
Wahnsinn, als ihre Schnelligkeit, Spitzfündigkeit,
ihr großer Witz, ihre Anstrengung, und kurz, ihre
eigene

eigene Kraft? — Es ist ein großer Vortheil für die
Ehre der Unwissenheit, daß die Wissenschaft selbst
uns in ihre Arme wirft, wenn sie sich nicht mehr zu
helfen weiß, uns Kräfte zu Ertragung drükender Uebel zu verschaffen. Sie ist gezwungen, zu diesem
Vergleiche zu greifen, uns den Zügel schiessen zu lassen, und uns die Erlaubniß zu ertheilen, uns in den
Schooß der Unwissenheit zu flüchten, um uns gegen
die Schläge und Streiche des Glüks in Schuz und
Schirm zu begeben. Denn was will die Philosophie
damit anders sagen, wenn sie uns vorpredigt: wir
sollen unsre Gedanken von den Uebeln abkehren, die
uns peinigen, und solche mit den genessenen Vergnü-
gungen beschäftigen? — Der Prediger Salomo sagt:
Wo viel Weisheit ist, da ist viel Grämens. — Die
Christen haben eine besondere Kenntniß davon, daß
der Vorwiz ein natürliches und angeerbtes Uebel der
Menschen sei. — Für die Christen ist ein Wink zum
Glauben, wenn ihnen etwas Unglaubliches vorkommt.
So etwas ist alsdann um so vernünftiger, je mehr es
gegen die Vernunft ist; denn wäre es nach der Vernunft, so wäre es kein Wunder mehr, und wenn es
mehr Beispiele hätte, so wäre es nicht mehr das Einzige in seiner Art. — Der Antheil, der uns an der
Erkenntniß der Wahrheit zu Theil geworden, so klein
oder groß er sei, ist kein Erwerb durch unsere eigene
Kräfte. Das hat uns Gott deutlich genug dadurch
gezeigt, daß er die Zeugen, die uns von seinen erhabenen Geheimnissen belehren sollten, unter den Geringen, Einfältigen und Unwissenden gewählt hat.

Nicht

Nicht von unsrer Vernunft oder von unserm Verstande und Nachdenken haben wir unsre Religion empfangen, sondern von fremder Autorität und von fremdem Gebote.   Die Schwäche unsers Urtheils hilft uns dabei mehr, als die Stärke, und unsre Blindheit mehr, als ein hellsehendes Gesicht. — Hat das Forschen des menschlichen Verstandes seit so vielen Jahrhunderten ihn mit irgend einer neuen Kraft versehen oder mit irgend etwas gründlicher Wahrheit? Ich glaube, er werde mir bekennen, wenn er gewissenhaft seyn will, der ganze Gewinn, den er durch diese lange Untersuchung davon getragen, bestehe darin, daß er seine Schwachheit einsehen gelernt habe.   Die Unwissenheit, welche uns von Natur beiwohnte, die haben wir durch langes Studiren bestätigt und bewahrheitet.   Den wirklich gelehrten Leuten geht es, wie den Kornhalmen auf dem Felde. Sie wachsen frisch auf, und richten den Kopf gerade und stolz in die Höhe, so lange die Aehren noch leer sind; sobald sie aber angeschwollen, voll Korn sind und reif werden, so fangen sie an, demüthig zu werden und lassen die Hörner sinken.   So die Menschen; wenn sie Alles untersucht, Alles geprüft, und gefunden haben, daß in dem Haufen von Wissenschaften, und Vorrathe von so mancherlei Dingen nichts von festem Gehalte und nichts als Eitelkeit zu finden war: so haben sie dem Eigendünkel entsagt und ihren natürlichen Zustand anerkannt." Hier folgt die historisch - philosophische Deduction, der wir schon an einer andern Stelle gedacht haben, daß die meisten

Philo-

Philosophen, nicht nur die Pyrrhonier und Akademiker, sondern auch die meisten Dogmatiker im Grunde Skeptiker gewesen seien. In der vortreflichen Darstellung der Pyrrhonischen Denkart, welche Montagne hier gibt, läßt er seinen eigenen Hang zu derselben nicht undeutlich bliken. ⁹). Er breitet sich weitläuftig über einzelne Theile der menschlichen Erkenntniß aus und zeigt, wie überall die menschliche Vernunft schwach und unwissend in derselbigen sei. Er durchgeht die verschiedene Religionssysteme der Völker und Philosophen. „Nun trauet eurer Philosophie! ruft er dabei aus. Rühmt euch nun, den Nagel auf den Kopf getroffen zu haben, wenn ihr dem Gewirre so vieler philosophischen Hirnschädel zu-

B 4　　　sehet!

---

9) Besonders deutlich zeigt sich dieß in folgender Bemerkung über die Sprache der Pyrrhonier: Je vois les philosophes Pyrrhoniens, qui ne peuvent exprimer leur generale conception en aucune maniere de parler: car il leur faudroit un nouveau langage. Le notre est tout formé de propositions affirmatives, qui leur sont du tout ennemies. De façon que quand ils disent: je doute, on les tient incontinent à la gorge pour leur faire avouer, qu' au moins assurent et sçavent ils cela, qu'ils doubtent. Ainsi on les a contraints de se sauver dans cette comparaison de Medecine, sans laquelle leur humeur seroit inexplicable. Quand ils prononcent: j'ignore, ou: je doute, ils disent, que cette proposition s'emporte elle meme, quant et quant le reste, ny plus ny moins que la rubarbe, qui pousse hors les mauvaises humeurs et s'emporte hors quant et quant elle mesme. Cette fantaisie est plus sûrement conçiie par interrogation: que sçay-je? comme je la porte à la devise d'une balance. Bedarf es ein deutlicheres Zeugniß für Montagnes Hang zum Scepticismus?

sehet! Auf mich hat der Wirrwarr so mancher weltlichen Formen so viel gewirkt, daß die Sitten und
Faseleien, die mit den meinigen nicht einstimmen,
mich nicht so sehr ärgern, als erbauen, mich nicht sowohl aufblähen als demüthiger machen, wenn ich sie
miteinander vergleiche, und jede andere Wahl, als
die, welche mir von der Hand Gottes zukommt,
scheint mir gar keine vorzüglich freie Wahl zu seyn.
Die Staatseinrichtungen dieser Welt sind diesem
Puncte nicht weniger zuwider, als die Schulen der
Philosophen, und daraus können wir lernen, daß
selbst das blinde Ungefähr nicht ungewisser und wan-
kender ist, als unsre Vernunft, nicht blinder, nicht
unbedächtlicher." Eben so beurtheilt Montagne die
verschiedene Vorstellungen von der Unsterblichkeit
und dem zukünftigen Zustande der Seele, die Naturwissenschaft und andere Wissenschaften. „Alles sind
Träume und fanatische Thorheiten. O wenn es einmal der Natur gefallen sollte, uns ihr Geheimniß
aufzudeken, und uns nach vorgängiger Stärkung
unsrer Augen, ohne Hülle, die Mittel zu zeigen —
o mein Gott! was für Misbrauch, was für Rech-
nungsfehler würden wir nicht in unsrer ärmlichen
Wissenschaft aufgedekt finden! Ich irre ganz, wenn
diese Wissenschaft nur ein einziges Ding richtig und
in seinem wahren Wesen kennt und durchschaut: und
ich werde von hinnen scheiden, da man noch über alle
andere Sachen ist, als meine Unwissenheit. Habe
ich nicht beim Plato diesen göttlichen Saz gelesen:
„Die Natur ist nichts als eine räthselhafte Poesie."

So

So vielleicht, als ob man sagte: es ist ein verhüll=
tes, dunkles Gemälde, in welchem eine unendliche
Menge falschen Lichts angebracht ist, um unsern Wiz
im Errathen zu üben. Und die Philosophie ist ge=
wiß nichts als eine saphistische Poesie." 10) — Diese
B 5   Be=

10) Wir sezen hier noch einige Stellen her, die sich auf die
Ungewißheit der menschlichen Erkenntniß überhaupt bezie=
hen ed. Geneve 1779. T. V. p. 53. chaque science a ses
principes presupposez, par où le jugement humain est
bridé de toutes parts. Si vous venez à choquer cette
barriere, en laquelle git la principale erreur, ils ont
incontinent cette sentence en la bouche; qu'il ne faut
pas debattre contre ceux, qui nient les principes. Or
n'y peut il avoir des principes aux hommes,
si la divinite ne leur a revelez : de tout le demeurant,
et le commencement et le milieu et la fin ce n'est que
songe et fumée — p. 112. L'homme est capable de
toutes choses, comme d'aucunes : et s'il advoue, comme dit Theophrastus, l'ignorance des causes premieres
et des principes qu'il me quitte hardiment tout le reste
de science : si le fondement lui fault, son discours est
par terre : le disputer et l'enquerir n'a autre but et
arrest que les principes : si cette fin n'arrête son cours,
il se jecte à une irresolution infinie — p. 114. Les Aca-
demiciens recevoyent quelque inclination de jugement
— ils advouoyent les unes choses plus vraysemblables
que les autres et recevoyent en leur jugement cette
faculté, de se pouvoir incliner plustost a une apparen-
ce qu' à une autre. Ils lui permettoient cette propension, luy deffendant toute resolution. L'advis des
Pyrrhoniens est plus hardy et quant et quant plus vray-
semblable. Car cette inclination academique et cette
propension à une proposition plustost qu' à une autre —
qu'est ce autre chose que la recognoissance de quelque
plus apparente verité en cette — cy qu'en celle là?
Man sieht wohl, daß Montagne sagen will, der Pyrrhonis=
mus sei consequenter, als der Akademismus. p. 116. L. Que
les choses ne logent pas chez nous en leur forme et en
leur

Beweise für den Skepticismus des Französischen Philosophen mögen hinreichend seyn.   Man kann daraus
schlief-

leur essence et n'y fassent leur entrée de leur force
propre et authorité, nous le voyons assez. Parceque
s'il étoit ainsi, nous les recevrions de mesme façon:
le vin seroit tel en la bouche du malade, qu'en la bouche du sain etc. — Et au moins se trouveroit — il une
chose au monde, de tant qu'il y en a, qui se croyroit
par les hommes d'un consentement universel. Mais
ce qu'il ne se void aucune proposition, qui ne soit de-
battue et controverse entre nous ou qui ne le puisse
estre, montre bien, que notre jugement naturel ne
saisit pas bien clairement ce qu'il saisit: car mon jugement ne le peut faire recevoir au jugement de mon
compaignon: qui est signe que je l'ay saisi par quelque
autre moyen que par une naturelle puissance, qui soit en
moy et en tous les hommes — p. 118. Outre cette diversité
et division infinie, par le trouble que notre jugement
donne à nous — mesmes et l'incertitude que chascun sent
en soy, il est aysé a voir qu'il a son assiette bien mal
asseurée.   Combien diversement jugeons nous des choses? Combien de fois changeons nous nos fantaisies?
Ce que je tiens aujourdhuy et ce que je croy, se le
tiens et le croy de toute ma croyance: tous mes outils
et tous mes ressorts empoignent cette opinion et m'en
respondent sur tout ce qu'ils peuvent: ne je sçaurois
embrasser aucune verité ny conserver avec plus d'asseu-
rance que je fay cette-cy; j'y suis tout entier, j'y
suis voyrement. Mais ne m'est il pas advenu, non une
fois, mais cent, mais mille, et tous les jours, d'avoir
embrassé quelqu' autre chose à tous ces mesmes instru-
ments, en cette mesme condition, que depuis j'ay
jugée fausse? — Quoy qu' on nous presche, quoy que
nous apprenions il faudroit toujours se souvenir que
c'est l'homme, qui donne et l'homme qui reçoit: c'est
une mortelle main, qui nous le presente, c'est une
mortelle main qui l'accepte. Les choses, qui nous
viennent du ciel, ont seules droict et authorité de persuasion, seules, marques de verité: laquelle aussi ne
voyons

schlieſſen, daß er alle Urtheile in ſeinen Verſuchen bloß für ſubjectiv gehalten wiſſen wollte, daß er in den Wiſſenſchaften alle vollkommene Gewißheit durchaus verwarf, und indem er mit der Vernunft Schiffbruch litt, in dem Hafen der Offenbarung Ruhe und Sicherheit fand.

Es war ein ſchönes Kleebatt von Freunden und Schriftſtellern, welches ſich damals in Frankreich zuſammen fand: Montagne, Boetie, Charron!

So wahr, ſo ſtark, ſo treffend iſt vielleicht die Freundſchaft noch nie beſchrieben worden, als Montagne ſeine Freundſchaft mit dem eblen la Boetie beſchreibt. ") Und ſo freimüthig, ſo neu, ſo vortreflich hat damals in Frankreich, ja in Europa kein Schriftſteller über politiſche Gegenſtände geſchrieben, als Boetie in ſeiner Schrift über die freiwillige Knechtſchaft ¹²).

Charron

war würdig, Montagnes Nachahmer zu werden. Er copirt ihn im Stile und in den Grundſäzen ſo glüklich, daß die Copie ſelbſt neben dem Originale nicht

voyons nous pas de nos yeux, ny ne la recevons par nos moyens: cette ſainête et grande image ne pourroit pas en un ſi chétif domicile, ſi Dieu pour cet uſage ne le prepare, ſi Dieu ne le reforme et fortifie par ſa grace et faveur particuliere et ſupernaturelle.

11) Eſſays II, 27.

12) Diſcours d'Eſtienne la Boetie de la ſervitude volontaire ou le contr' un ſteht in den meiſten Editionen der Verſuche von Montagne.

nicht misfällt, und die Copie selbst enthält so viele
originelle Züge, daß sie selbst für ein Original gelten
kann.   Charron ahmte den Geist, nicht den Buchstaben nach, und auch ohne Montagnes Vorbild
hätte er ein vortreflicher moralischer Schriftsteller
werden können.   Er hat nicht das Lebhafte, das
Mannichfaltige, das Jovialische, das Bilderreiche
seines Freundes, aber er ist methodischer und im
Ganzen belehrender für den Freund reiner moralischer Wahrheit.

Seine Schrift von der Weisheit hat
gleich bei ihrem Erscheinen viel Geräusch gemacht —
weit mehr, als die Versuche seines Freundes.
Dieß kam wohl vorzüglich daher, weil Charron ein
Geistlicher war und den Vielwissern, besonders den
theologischen Vielwissern seines Zeitalters sehr ernst-
haft zu Leibe gieng.   Er wurde für einen desto ge-
fährlichern Schriftsteller erklärt, da er den Atheismus unter dem Scheine der Tugend und Frömmigkeit verberge ").

Die Vignette dieser Schrift ist charakteristisch
genug für den ganzen Geist und Inhalt derselben,
und hat auch auf das öffentliche Urtheil von ihrem
Zweke sehr viel Einfluß gehabt.   Die Weisheit
erscheint als ein naktes Frauenzimmer, mit freund-
licher Mine und hohem Blike auf einem Cubus.
Sie schlingt die Arme in einander und bezeichnet dadurch ihre Selbstständigkeit und Selbstzufrieden-
heit

") S. Bayle Art. Charron.

heit [14]). Um ihr Haupt ist eine Krone von Oel-
und Lorbeerzweigen zum Zeichen des Friedens und
des Siegs — um sie her flattern in einem freien
Raume zwei Rollen. Die eine trägt die Worte
Je ne sçay — die Devise der Weisheit. — Die
andere die Worte: Paix et peu — die Devise des
Verfassers. Sie betrachtet sich in einem Spiegel,
weil sie die Selbsterkenntniß liebt. Zu ihren Füssen
sind vier häßliche weibliche Figuren angefesselt, welche die Leidenschaft, die Meinung, den Aberglauben, und die pedantische, stolze Wissenschaft und Tugend, die Sclavin der Gesetze
und der Gewohnheiten bezeichnen. Schon diese
Vignette verräth eine Abneigung gegen die Wissenschaft n bes Zeitalters und einen Hang zum Skepticismus.

Noch mehr verräth dieß das Werk selbst, dessen
Zwek und Hauptinhalt wir izt etwas genauer angeben wollen.

Die Weisheit, welche Charron beschreibt, ist
nicht die Schulweisheit, nicht das blosse Wissen,
auch nicht bloß die Klugheit, sondern die ganze
practische Weisheit, die in Rechtschaffenheit
und Klugheit zugleich bestehe, mit Einem Worte
die Tugend. Er beschreibt zuerst die Selbst-
kenntniß, als einen Haupttheil der Weisheit, und
dieß gibt ihm Veranlassung, eine lange Reihe lehr-
reicher

14) Comme se tenant à soy, sur soy, en soy, contente de
soy — sagt Charron selbst.

reicher Betrachtungen über den Menschen, seine Anlagen, seine Fähigkeiten, seine Neigungen und Leidenschaften, über die verschiedenen Temperamente, Stände, Lagen des Menschen anzustellen. Alsdann gibt er die allgemeinen Regeln der Tugend an, und zulezt handelt er von der Klugheit, Gerechtigkeit, Tapferkeit und Mäßigung. Die weitere Characterisirung dieses Werks, das noch izt unter die besten moralischen Schriften gehört, und für seine Zeit wirklich einzig in seiner Art war, gehört nicht hieher, wohl aber die Frage, ob und in wiefern es den Skepticismus verrathe? Charron spricht darin meist im zuversichtlichen Tone des Dogmatikers. Dieß ist aber nirgends so sehr der Fall als in denjenigen Stellen, in welchen er die absolute Würde, die innere Natur der Tugend schildert. Man wird in seinem Zeitalter keinen Weltweisen und in dem unsrigen nur wenige vor Erscheinung der Kantischen Philosophie finden, welche die reine Achtung fürs Gute, die reinen Triebfedern zur Tugend, das Verhältniß der Tugend zur Religion so richtig bestimmt und die Sache des Rechts und der moralischen Vernunft mit so viel Ernst und Nachdruk geführt hätten, als er [15]). Bei diesem Umstande ist es desto mehr zu verwundern, daß sich hie und da Grundsäze bei ihm finden, welche die Einheit, die Harmonie, und damit die ganze Würde der Tugend zu zerstören scheinen. Er findet mit Bedauern, daß viele Tugenden einander widersprechen

15) De la Sagesse II, 3. 5.

ſprechen und ſich aufheben, daß der Menſch, alſo un=
möglich die ganze Tugend ausüben kann, ja daß man
oft das Gute nicht anders als durch unmoraliſche
Mittel thun könne.[16]) Charron wird zu dieſen auf=
fallenden

[16) I, 4, 2, 4—6. La foibleſſe humaine ſe montre riche-
ment au bien et au mal, en la vertu et au vice, c'eſt
que l'homme ne peut être, quand bien il voudroit,
du tout bon ny du tout meſchant. Il eſt impuiſſant ja
tout — 1) on ne peut faire tout bien, ny exercer toute
vertu, d'autant que pluſieurs vertus ſont incompatibles
et ne peuvent demeurer enſemble, corme la conti-
nence filiale et viduale, qui ſont entierement differen-
tes, le célibat et le mariage, eſtans les deux ſeconds
eſtats de viduité bien plus penibles et affaireux et
ayans plus de difficulté et de vertu, que les deux premiers de filiage et de célibat: qui ont auſſi plus de
pureté, de grace et d'aiſance. La conſtance qui eſt en
la pauvreté, indigence, adverſité et celle qui eſt en
l'abondance et proſperité, la patience de mendicité et
la liberalité. — 2) bien ſouvent l'on ne peut accomplir
ce qui eſt d'une vertu, ſans le heurt et offence d'une
autre vertu, ou d'elle meme, d'autant qu'elles s'entre'
mpeſchent: d'ou vient que l'on ne peut ſatisfaire à
l'une qu'aux deſpens de l'autre. L'eſt toujours descouvrir un autel pour en couvrir un autre, tant eſt
courte et foible toute la ſuffiſance humaine, qu'elle ne
peut bailler ny recevoir un reglement certain, univer-
ſel et conſtant à eſtre homme de bien, et ne peut ſi
bien adviſer et pourvoir que les moyens de bien faire
ne s'entre' mpeſchent ſouvent. La charité et la juſtice
ſe contrediſent, ſi je rencontre mon parent et amy en
la guerre de contraire party, par juſtice je le doibs tuer
par charité l'eſpargner et ſauver. Si un homme eſt
bleſſé à la mort où n'y aye aucun remede, et n'y reſte
qu'un languir tres douloureux, c'ſt oeuvre de charité
de l'achever, mais qui ſeroit puny par juſtice: voire
être trouvé pres de luy en lieu eſcarté, où y a doute
de meurtrier, bien que ce ſoit pour lui faire office d'
humanité, eſt tres dangereux — 3) l'on eſt contrainct
ſou-

32 IV. Periode. Von Montagne

fallenden Bemerkungen durch einen Hang, welchen
er mit allen Skeptikern gemein hat, geleitet, nämlich den, die Gebrechlichkeit, die Schwäche der ganzen menschlichen Natur recht lebhaft zu schildern. Er
selbst löst diesen Zweifel nicht — läßt sich aber dadurch auch nicht hindern, die Tugend für etwas in
sich Gutes, für das Wünschenswürdigste zu halten.
Eigentlich geht auch der Zweifel nicht ganz auf die
Realität der Tugend, welche allerdings in dem Menschen etwas Beschränktes ist, ein Begriff, der auch
schon in dem Worte liegt: denn die Gottheit nennt
man nicht tugendhaft. Hingegen ist das allerdings
ein Zweifel, der Aufmerksamkeit verdient, daß oft
eine Tugend nicht soll beobachtet werden können, ohne
eine andere zu verlezen, und daß es oft nur durch unmoralische Mittel soll geschehen können. Das erste
würde eigentlich die innere Uebereinstimmung und
damit die Würde der Tugend aufheben — aber zum
Glüke tritt dieser Fall eigentlich nie ein. Keine Tu-
genb

souvent de se servir et user de mauvais moyens, pour
éviter et sortir d'un plus grand mal ou pour parvenir
a une bonne fin, tellement qu'il faut quelquefois legiti-
mer et authoriser non seulement les choses, qui ne sont
point bonnes, mais encores les mauvaises, comme si
pour estre bon, il falloit estre un peu meschant. Et
cecy se voit non seulement en faict de la police et de
la justice: mais encores en la religion, qui monstre
bien, que toute la cousture et conduitte humaine est
bastie et faicte de pieces maladifves. — In der Folge stellt
Charron die Religion oder vielmehr die verschiedenen Gattungen von Kirchenglauben als Dinge vor, die bloß unter
Voraussezung vorhergegangener Sünden einen Werth
haben.

gend ist je mit der andern eigentlich im Widerspruche,
wiewohl es uns allerdings so scheinen kann. Es kann
uns scheinen, bei der Collision der Pflichten, aber
jede Collision ist auch bloß scheinbar, zwischen den
reinen, absoluten Pflichten kann sie gar nicht Statt
finden, und auch in jedem besondern Falle findet nur
eine einzige Pflicht ihre Anwendung. Dieß würden
wir auch ganz deutlich sehen, wenn uns alle bestim-
mende einzelne Umstände eines solchen vorliegenden
Falls bekannt wären. Auch alsdann können uns
Pflichten zu streiten scheinen, wenn der Eifer in einer
Pflicht uns auf ein solches Extrem treibt, daß wir
eine andere Pflicht vernachlässigen oder uns hindert,
uns eine andere Tugend zu erwerben. Dieß Alles
gehört allerdings zur moralischen Schwäche und Ein-
geschränktheit des Menschen, aber es sezt keinen Widerspruch der Pflichten selbst voraus. Es sind auch
in dem Menschen alle mögliche Tugenden der G e s i n-
n u n g nach möglich — dieß ist das Ideal der gottge-
fälligen Menschheit — der T h a t nach aber sind sie
in ihm nicht möglich, weil die Menschheit beschränkt,
weil sie nicht mit Allmacht ausgerüstet ist. — Fortschreiten ins Unendliche bleibt übrigens auch hier
möglich, und niemand weiß, wie weit es die Menschheit in dieser Rüksicht bringen kann. Charron über-
sieht nicht nur den Unterschied des Materialen und
Formalen in der Tugend, sondern auch den Unterschied zwischen Gesezen der reinen und allgemeingülti-
gen Vernunftmoral und zwischen Gesezen der Politik
und der positiven Glaubensarten. Es ist nichts leich-

Zweiter Theil. 　　　C 　　　ter,

ter, als zwischen diesen verschiedenen Gattungen von
Gesezen Widersprüche zu finden, aber dieser Widerspruch beweißt eher die Einheit und Unwandelbarkeit
der Moralgeseze, als ihren innern Widerstreit. Was
endlich den Punct betrift, daß die Ausübung des Guten oder die Vermeidung eines größeren Uebels oft
nur durch unmoralische Mittel möglich seyn soll, so ist
der eine Theil dieses Falls möglich, aber alsdann hört
das Gute auf, eine Pflicht oder auch nur erlaubt in
der Ausübung zu seyn, wenn es nur durch solche
Mittel geschehen kann, der andere Theil des Falls
aber wird nie bei wahren Pflichten eintreten. Der
Mensch wird nie genöthigt seyn, eine kleinere Sünde
zu begehen, um eine größere zu verhüten.

Charron sprach eben so verächtlich von der
Wahrheit und Gewißheit der menschlichen Erkenntniß [17]), als sein Freund gethan hatte. Er sprach
dem

---

[17]) L. I, 4, 9. 16, 1. 2. 8. 11. Nur einige Stellen: Les
deux principes moyens, que l'homme employe, pour
parvenir à la cognoissance de la verité, sont la raison
et l'experience. Or tous deux sont si foibles et incertains, que n'en pouvons rien tirer de certain. La raison a tant de formes, est tant ployable, ondoyante —
L'experience n'en est pas moins, les evenemens sont
toujours dissemblables — — C'est un fons d'obscurité
plein de creux et de cachots, un labyrinthe, un abisme
confus et bien entortillé, que cet esprit humain — Il
agit et poursuit ses entreprinses temerairement et des-
reiglément sans ordre et sans mesure: c'est un outil
vagabond, muable, divers, contournable: c'est un instrument de plomb et de cire, il plie s'allonge, s'accor-
de a tout, plus souple, plus facile que l'eau, que l'air.
C'est le soulier de Theramenes bon à tous pieds: il ne
reste que la suffisance de le sçavoir contourner, il va
tous-

dem menschlichen Geiste alles Vermögen, Wahrheit vom Irrthum zu unterscheiden, ab, und sprach von seinen Kräften und Fähigkeiten mit wahrer bitterer Satyre. Entweder ist dieß bloßer Scherz, oder bloße Declamation, oder man muß annehmen, daß er sich in seinem Werke einer großen Inconsequenz schuldig machte, oder daß er alle darin enthaltene Behauptungen bloß subjectiv verstanden wissen wollte: denn er spricht darin von vielen Gegenständen in dem entscheidendsten Tone des Dogmatikers. Uebrigens erklärt er ausdrücklich die Denkart des Ske-

C 2 ptikers

tousjours et de tort et de travers, avec le mensonge comme avec la verité. Il se donne beau jeu et trouve raison apparente par tout — — Il n'est point desir plus naturel, que le desir de connoitre la verité. Nous essayons tous les moyens que nous pensons pouvoir servir: mais enfin tous nos efforts sont courts, car la verité n'est pas un acquest, ny chose qui se laisse prendre et manier et encores moins posseder à l'esprit humain. Elle loge dedans le sein de Dieu, c'est là son giste et sa retraite: l'homme ne sçait et n'entend rien à droict, au pur et au vray come il faut, tournoyant toujours et tastonnant l'entour des apparences, qui se trouvent parrout aussi bien au faux qu'au vray; nous sommes nais à quester la verité: la posseder appartient à une plus haute et grande puissance. Ce n'est pas à qui mettra dedans: mais à qui fera de plus belles courses. Quand il adviendroit que quelque verité se rencontrast entre ses mains, ce seroit par hazard, il ne la sçauroit tenir, posseder, ny distinguer du mensonge. Les erreurs se recoivent en nostre ame par meme voye et conduicte que la verité, l'esprit n'a pas de quoy les distinguer et choisir: autant peut faire le sot celui qui dict vray comme celuy qui dict faux: les moyens qu'il employe pour la descouvrir, sont raison et experience, tous deux tres foibles, incertains, divers, ondoyans etc.

ptikers für die glüklichste und freieste, und behauptet, daß die größten Weltweisen, selbst unter den Dog-matisten, sie gehabt haben [18]). Wie die meisten Skeptiker spricht er gegen den hohen Werth, welchen man auf die Wissenschaften zu sezen pflegt [19]), und gesteht den Thieren Vernunft und Tugend zu [20]). Beinahe alle diese Säze finden sich schon bei Mon-tagne, aber darin geht Charron noch weiter, daß er die Unsterblichkeit der Seele als etwas ungewisses vorstellt [21]), und alle positive Religionen zu bezwei-feln

---

18) L. II, 2, 2. 3. Von den ernsthaften Dogmatikern sagt er: Les dogmatistes et affirmatifs d'esprit pedantesque, présomptueux hayssent et condamnent arrogament ceste regle de sagesse, aymants mieux un affirmatif testu et contraire a leur parti, qu'un modeste et paisible qui doute et surseoit son jugement, c'est à dire un fol qu'un sage: semblables aux femmes, qui aiment mieux qu'on les contredise jusques à injures, que si par froi-deur et mespris, l'on ne leur disoit rien ; par où elles pensent estre desdaignées et condamnées. En quoy ils monstrent leur iniquité. Car pourquoy ne sera il loi-sible de doubter et considerer comme ambigues les choses sans rien determiner, comme à eux d'affirmer? Mais pourquoi ne sera il permis de candidement con-fesser que l'on ignore, puisqu' en verité l'on ignore et tenir en suspens ce de quoy ne sommes asseurés?

19) III, 14, 15.

20) I, 8.

21) I, 15, 15. L'immortalité de l'ame est la chose la plus universellement, religieusement et plausiblement re-ceüe par tout le monde (j'entends d'une externe et publique, non d'une interne, serieuse et oraye crean-ce) la plus utilement creüe, la plus foiblement prouvée et establie par raisons et moyens humains. Il semble y avoir une inclination et disposition de nature à la croire, car l'homme desire naturellement allonger et per-

feln scheint ²²). Die Verschiedenheit der Religionen in der Welt sezt ihn in Erstaunen, und er findet
es unbegreiflich, daß die Welt durch so viele Betrü-
gereien sich habe hintergehen lassen können ²³). „Alle
Religionen, sagt er, stimmen in gewissen Puncten
überein, haben beinahe dieselbigen Grundsäze, sind in
der Thesis einig, halten dieselbigen Schritte und gehen gleichsam neben einander her. Sie haben auch
alle in demselbigen Clima und in derselbigen Luft
ihren Ursprung genommen; alle finden und zeigen
Mirakel, Wunderzeichen, Orakel, heilige Myste-
rien, heilige Propheten, Feste, gewisse Glaubensartikel, die zum Heil nothwendig sind. Alle haben
einen kleinen, schwachen, demüthigen Anfang und
Ursprung — aber nach und nach haben alle durch
eine Art von Anstekung, durch einen Zuruf der Völ-

C 3   ter,

perpetuer son estre, d'où vient aussi ce grand et furieux
soin et amour de notre posterité et succession. Puis
deux choses servent à la faire valoir et rendre plausible,
l'une est l'esperance de gloire et reputation et le desir
de l'immortalité, du nom, qui tout vain qu'il est a un
merveilleux credit au monde: l'autre est l'impression,
que les vices qui se desrobent de la veuë et connois-
sance de l'humaine justice, demeurent tousjours en
butte à la divine, qui les chastiera, voire après la
mort —

22) L. II, 5.

23) C'est premierement chose effroyable, de la grande
    diversité des religions, qui a esté et est au monde et
    encores plus de l'estrangeté d'aucunes, si fantasque et
    exorbitante, que c'est merveille que l'entendement hu-
    main aye peu estre si fort abesty et enyvré d'imposture-
    res. l. c.

ker, ſammt ihren Fictionen Fuß gefaßt und ſich in
Anſehen geſezt, ſo daß ſie mit voller Zuſtimmung
und Ehrfurcht geglaubt werden — auch die ungereimten. Alle halten und lehren, daß Gott durch
Gebete, Geſchenke, Gelübde, Verſprechungen, Feſte, Weihrauch verſöhnt, erweicht, gewonnen werde. — Da aber eine nach der andern entſteht, ſo
baut immer die jüngere auf die unmittelbar vorher-
gehende ältere, welche ſie aber nicht ganz und gar
mißbilligt und verdammt, denn ſonſt würde ſie ſelbſt
nicht gehört werden und nicht Wurzel faſſen können;
ſie klagt ſie alſo nur der Unvollkommenheit an, oder
daß ihr Termin gekommen ſei, und behauptet, daß
ſie gekommen ſei, ſie zu vollenden und ihr nachzufol-
gen. So ruinirt ſie ſie nach und nach und bereichert
ſich mit ihren Trümmern. So hat es die Jüdiſche
Religion der Heidniſchen und Aegyptiſchen, die
Chriſtliche der Jüdiſchen, die Mahometaniſche der
Jüdiſchen und Chriſtlichen zugleich gemacht: aber die
alten Religionen verdammen dagegen die jüngere
ganz und gar und halten ſie für ihre Capitalfeinde.
— Alle Religionen haben das, daß ſie dem gemeinen
Menſchenverſtande fremd und ſchreklich ſind: denn
ſie beſtehen und ſind zuſammengeſezt aus Stüfen,
von welchen einige für das menſchliche Urtheil nie-
drig, unwürdig und unanſtändig ſind, ſo daß ein
Geiſt, der nur ein Bischen ſtark und kraftvoll iſt,
derſelben ſpottet: andere ſind zu hoch, zu glänzend,
zu wundervoll und geheimnißreich, ſo daß unſer Geiſt
nichts davon erkennen kann und ſich daran ſtößt.

Der

Der menschliche Geist kann nur mittelmäßige Dinge
fassen; die kleinen verwirft und verachtet er, über die
großen erstaunt er und entsezt sich. Es ist also kein
Wunder, wenn er sich gegen alle Religionen auflehnt,
die nichts Mittelmäßiges und Gemeines haben. Ist
er stark, so verachtet und verlacht er sie, ist er schwach
und abergläubisch, so staunt er sie an und nimmt ein
Aergerniß an ihnen. Daher so viele Ungläubige
und Irreligiöse, weil sie ihr eigenes Urtheil zu viel
hören und befragen und Religionssachen nach ihrer
Fassungskraft prüfen wollen, weil sie sie mit ihren
eigenen und natürlichen Werkzeugen behandeln wollen: man muß simpel, gehorsam, beugsam seyn, um
die Religion zu empfangen, um sie zu glauben und
sich unter ihren Gesezen zu halten, man muß sein
Urtheil unterwerfen, und von der öffentlichen Autorität leiten lassen. Aber es war nöthig, so zu verfahren, sonst wäre die Religion kein Gegenstand der
Achtung und Bewunderung, wie sie es seyn soll.
Wäre sie nach menschlichen und natürlichen Geschmake, ohne irgend etwas Frembdes, so würde sie leich-
ter, aber nicht so ehrerbietig aufgenommen werden.
Die Religionen müssen also alle durch eine ausserordentliche und himmlische Offenbarung überliefert und
durch eine göttliche Inspiration empfangen und angenommen werden, wie wenn sie vom Himmel kämen.
So sagen alle, die sie annehmen und glauben und
alle schwazen es nach: Nicht von den Menschen,
nicht von irgend einer Creatur, sondern von Gott —
Aber, die Wahrheit zu sagen, ohne zu schmeicheln

C 4   oder

oder etwas zu verhehlen: Es ist nichts daran. Alle
Religionen sind, man mag sagen, was man will,
durch menschliche Hände und Mittel empfangen worden. Davon zeugt die Art, wie die Religionen in
der Welt sind angenommen worden, und noch alle
Tage angenommen werden. Die Nation, das Land,
der Ort schenkt die Religion. Man ist von der Religion, welche der Ort, an welchem man geboren und
erzogen ist, hat. Wir sind beschnitten, getauft,
Juden, Mahumetaner, Christen, ehe wir wissen,
daß wir Menschen sind; die Religion hängt nicht
von unsrer Wahl ab, sonst würden unser Leben und
unsere Sitten nicht so übel mit derselben harmoniren
und menschliche, geringfügige Gelegenheiten uns
nicht so leicht zum Ungehorsam gegen dieselbige bewegen. Wenn sie durch ein göttliches Band an uns
geknüpft wäre, so könnte uns nichts in der Welt von
ihr losreissen, ein solches Band liesse sich wenigstens
nicht so leicht auflösen. Wenn hier ein Zug, ein
Stral der Gottheit wäre, so würde er überall sichtbar werden und fühlbare Wirkungen hervorbringen,
gleichwie die Wahrheit selbst gesagt hat: Wenn ihr
auch nur ein Bischen Glauben hättet, so würdet ihr
Berge versezen. Aber was ist für ein Verhältniß,
was ist für eine Uebereinstimmung zwischen der Ueberzeugung von der Unsterblichkeit der Seele und
von einer so herrlichen und glüklichen oder so angst-
vollen und unglüklichen Vergeltung und zwischen dem
Leben, das man führt? Die bloße Besorgniß dessen,

was

was man so fest zu glauben vorgibt, würde uns in
Verwirrung bringen. Die bloße Furcht, von der
Obrigkeit zum Tode verdammt zu werden und öffentlich sterben zu müssen, hat verschiedene Personen von
Sinnen und aufs Aeußerste gebracht — was ist aber
dieß in Vergleichung mit dem, was die Religion
von der Zukunft lehrt? Wäre es möglich, diese glük-
seelige Unsterblichkeit in Wahrheit zu glauben und zu
hoffen und doch den Tod zu fürchten, der die nothwendige Bedingung derselben ist? — Die höllische
Strafe zu fürchten und doch zu leben, wie man thut?
Das sind Mährchen — Dinge, die sich nicht besser,
als Feuer und Wasser vereinigen lassen. — Sie sagen daß sies glauben und suchen auch andere davon
zu überzeugen, daß sies glauben — aber es ist nichts
— sie wissen selbst nicht was glauben ist: Spötter
und Verwegene sind sie, sagte ein Alter, und ein anderer, daß die Christen von der einen Seite die stol-
zesten und ruhmredigsten, und von der andern Seite
die feigsten und niederträchtigsten Leute von der Welt
seien; in den Glaubensartikeln wären sie mehr als
Menschen, im Leben aber schlimmer, als die Schwei-
ne." — Diese Bemerkungen, die allerdings so beschaffen sind, daß sie nicht nur im damaligen Zeitalter, sondern auch noch in dem gegenwärtigen bei
vielen Aufsehen machen können, zeigen, daß Charron, der bewunderte geistliche Redner seiner Zeit,
der die Rechtsgelehrsamkeit verließ, um das Studium der Theologie zu ergreiffen, alle positiven Reli-

C 5   gionen,

gionen, die Christliche nicht ausgenommen, wo
nicht verwarf, doch bezweifelte ²⁴), weil sie das
nicht hervorbringen, was sie hervorbringen müßten, wenn sie das wären, wofür sie sich ausgeben,
und weil niemand ihre Lehren ernstlich glaube, wenn
er sich auch gleich überrede, sie zu glauben. In
sofern gieng Charron, der Theologe, viel weiter,
als Montagne, der Edelmann. Es scheint sogar,
daß Charron gerade hier seinen Freund widerlegen
will, der der Vernunft alles Ansehen eines Erkennt-
nißgrundes in der Religion absprach und alle Religionen verspottete, um das Ansehen des christlichen
Glaubens desto höher hinaufzusezen. War aber deswegen Charron ein vollendeter Religionszweifler?
Nein! Er macht bald nach der vorher angeführten
Stelle eine Beschreibung von der wahren Religion,
die

24) Es ist sehr merkwürdig, was Charron über seine Censoren
in der Vorrede zur zweiten Edition seiner Schrift sagt:
Bien veux-je advertir le lecteur, qui entreprendra de
juger de cest oeuvre, qu'il se garde de tomber en aucun de ces sept mescontes, comme ont fait aucuns en
la premiere edition, qui sont: de rapporter au droict
et devoir ce qui est du fait: au faire ce qui est du juger: à resolution et determination ce qui
n'est que proposé, secoué et disputé pro-
blematiquement et academiquement: à moy
et à mes propres opinions, ce qui est de l'esprit et
suffisance interne: à la religion et creance divine ce
qui est de l'opinion humaine: à la grace et operation
surnaturelle ce qui est de vertu et action naturelle et
moralle. Man sieht wohl, daß Charron seine ganze Schrift
nicht als ein dogmatisches Werk, sondern bloß als einen Ab-
druk seiner individuellen Denkart angesehen wissen wollte.

die alles übertrifft, was wir aus jenem Zeitalter haben, die er aber freilich nach dem ganzen Geiste seiner Schrift, nicht objectiv geltend kennte machen
wollen.   Er schildert die Religion des Geistes und
des Herzens im Gegensaz gegen die Religion äusser-
licher Cärimonien und leiblicher Uebung.   Er fordert, daß die Religion den Menschen zuerst sich selbst
kennen lehre, daß sie ihm seine Niedrigkeit, sein
Elend, seine Schwäche fühlbar mache, und so sein
Zutrauen zu Gott erwese.   Er fordert zur Religion den Glauben an eine höchste Ursache der Dinge,
an einen Weltschöpfer und Weltregenten.   Er sezt
die wahre Gottesverehrung darein, daß man so viel
möglich seinen Geist über das Irrdische und Ver-
gängliche erhebe und sich die heiligsten und erhabensten
Vorstellungen von der Gottheit bilde — am Ende
aber demüthig erkenne, daß alle unsere Vorstellungen und Empfindungen weit unter der Würde der
Gottheit seien.   Er will, daß Gott im Geist und
in der Wahrheit angebetet werde, daß aber doch auch
die äusserliche und öffentliche Gottesverehrung einen
Werth habe, wenn sie nur mit der innern verbunden
sei, und wenn wir uns nur immer dabei erinnern,
daß dieß Aeusserliche mehr unsertwillen als um der
Gottheit willen geschieht.   Er will daß Frömmigkeit und Tugend bei dem Menschen vereinigt sei, daß
sie aber nicht vermischt werden, daß man tugendhaft
zu seyn wisse, ohne Rüksicht auf die Religion, daß
aber eine Frömmigkeit ohne Tugend keinen Werth
habe.

habe [25]). Wir werden nicht irren, wenn wir diesen Theologen für einen reinen Verehrer Gottes und der Tugend, hingegen für einen Zweifler an aller positiven Religion halten [26]). Rousseau sagt: Es hat großen Anschein, daß das aufrichtige Glaubensbekenntniß des tugendhaften Theologen von Condom von dem des Savoyischen Vicars nicht sehr verschieden gewesen wäre [27]).

Montagne und Charron lebten in einem Zeitalter, wo der geistliche Despotismus seinen höchsten Grad erreicht hatte, und sich auch der ruchlosesten Mittel nicht schämte, seine Zweke zu erreichen. Auch die Philosophie war ihm lange dienstbar gewesen, und es war ihm gelungen, die Keime des freieren Denkens und des besseren Wissens beinahe überall sogleich wieder zu tödten. Aber der hie und da ausgestreute bessere Saamen reifte doch nach und nach
heran

25) II, 5, §. 13 — 29. Bei all dem sagt Charron §. 24. Pour les particularitez tant de la creance qu' observance, il faut d'une douce soumission et obeïssance s'en remettre et arrester entierement à ce que l'église en a de tout temps et universellement tenu et tient, sans disputer et s'embrouiller en aucune nouveauté, ou opinion triée et particuliere. — Diese Säze führt Charron auch in seiner Schrift des trois verités im ersten und lezten Kapitel aus. Aber was soll man nach den vorher angeführten Aeusserungen über die Religionen und die Schwäche der menschlichen Erkenntniß von der Aufrichtigkeit dieser Aeusserung halten?

26) Von seinem Leben s. Bayle Dict. — und das Dict. des hommes illustres — Brucker hat ihm nur eine kurze Note gewidmet IV, 2, 512.

27) Emile T. III. S. 76.

heran — verſchiedene in der vorhergehenden Periode
angeführte Umſtände wirkten im Stillen immer der
Hierarchie entgegen. — Der hierarchiſche Druk ſelbſt
ſpannte in vielen Köpfen die innere Federkraft noch
höher. — Die Immoralität und Irreligioſität des
Römiſchen Hofs machte die Religion ſelbſt verdächtig — entſtanden Empörungen gegen das geiſtliche
Oberhaupt — ein Theil der Kirche fiel von ihm ab
und wählte einen gemäßigteren, mit der Moralität
beſſer übereinſtimmenden chriſtlichen Supernaturalismus — und verſchiedene Schriftſteller wurden auf
das Extrem des Unglaubens und des Skepticismus
hingetrieben.   Dieß iſt nicht das erſtemal in der
Geſchichte, daß Despotismus über religiöſe Meinungen, herrſchender Aberglaube, hierarchiſcher Verfol-
gungsgeiſt die Vernunft gleichſam zur Rache reizen,
ſo daß ſie alle Religion untergräbt, um dadurch das
ganze Gebäude des Supernaturalismus und der Hierarchie umzuſtürzen.   Pomponatius († 1525)
fand die Gründe für und wider die Unſterblichkeit
der Seele von einem ſo ganz gleichen Gewichte, daß
er dieſe Lehre für eine ganz zweifelhafte Lehre erklärte,
jedoch ſo, daß er ſeinen Glauben an dieſelbe als eine
Lehre der chriſtlichen Offenbarung bekannte [28]). Car-
danus († 1576) ſcheint ihm in ſeiner Meinung von der
Unſterblichkeitslehre nachgefolgt zu ſeyn [29]). Cäſal-
pinus

28) Bayle Art. Pomponace hat ſeine Meinung am beſten
erklärt.
29) S. Bayle Art. Cardan Not. D.

pinus († 1603) lehrte ein Syſtem, das von dem Spinoziſtiſchen nur wenig verſchieden war ³). Ruggieri († 1613) bekannte ſich ſterbend zum Atheismus ³¹). Campanella (†1638) und Jordanus Brunus († 1600) wurden des Atheismus wenigſtens bei ihren Zeitgenoſſen verdächtig ³²). Teleſius († 1588) lehrte den ausſchweifendſten Unglauben und hob alle reine Tugend auf ³³). Vanini († 1619) ſcheint wenigſtens durch die Wuth ſeiner Verfolger zu Ausbrüchen der Gottesleugnung gereizt worden zu ſeyn ³⁴). Berigard (geb. 1578) ward des Atheismus verdächtig, ſcheint ſich aber eher dem Stepticismus in Anſehung des Urſprungs der Welt genähert zu haben ³⁵). In den Schriften beinahe
aller

30) S. Brucker T. IV. P. 2. p. 220.

31) Er ſpottete der Geiſtlichen, die ihn zur Vorbereitung zum Tode ermahnten. Seine Worte werden im Mercure Francois T. IV. p. 46. ſo angeführt: Fols que vous eſtes, allez, il n'y a point d'autres diables que les ennemis qui nous tourmentent en ce monde, ny d'autre Dieu, que les rois et princes, qui ſeuls nous peuvant advancer et faire du bien.

32) Schröckhe Lebensbeſchr. von Campanella Biogr. 1. 281. Von Jordan Brunus Brucker T. V. p. 12. VI. 809.

33) Brucker IV. P. I. p. 449.

34) Durand la vie et les ſentimens de Lucilio Vanini — Brucker T. V p. 670. VI. p. 922. — Meiners Geſch. der Weltweish. S. 252.

35) Bayle Art. Berigard. Villemandy Sceptic. debell. p. 28. 29. Cum Claudius Berigardus in Circulis ſuis Piſanis res omnes Phyſicas, imo et divinas pleraſque, ex principiis Ariſtotelis ita declarat et aſtruit, ut easdem illas ex oppoſitis Anaximandri hypotheſibus, purum atheismum redolentibus, continuo impugnet et ſubvertat: an quicquam in rebus phyſicis ſtabile et immotum
relin-

aller dieſer Männer drükt ſich, bei aller Verſchieden-
heit ihres Geiſtes, ihrer Talente und Kenntniſſe ein
gewiſſer gemeinſchaftlicher Character aus, ein Hang
die erſten Grundſäze der Religion zu verwerfen, und
doch dabei eine gewiſſe Zurückhaltung in der deutlichen Aeuſſerung ihres Urtheils, ein Hang zur Zwei-
felſucht und zur Schwärmerei, zum Atheismus und
zur magiſchen Kunſt.

Die Moral war meiſtentheils von dieſen Männern, deren Erſcheinung in der Geſchichte des
menſchlichen Geiſtes immer eine auffallende Merk-
würdigkeit bleibt, unangetaſtet geblieben, oder
wenigſtens nur ſo angetaſtet worden, daß daraus
nur wenige ſchädliche Wirkungen entſprangen. Inzwiſchen ward ihr von einer andern Seite ein
Unglück zubereitet, das ſich in etwas ganz und
gar Schwankendes verwandeln ſollte, das man
drehen und wenden könnte, wie man wollte. Im
Jahr 1540 wurde der Jeſuiterorden geſtiftet.
Er hatte ſeinen Urſprung dem Einfalle eines Mannes zu danken, den nach geiſtlichen Abentheuern
verlangte, und der keinen größern Ruhm kannte, als Stifter einer geiſtlichen irrenden Ritter-
ſchaft zu werden, welche den erkaltenden Religions-
eifer anfeuern, und ſich ganz der Ehre und dem
Beſten der Kirche widmen ſollte. Die Macht und
das Anſehen des Dominicanerordens fieng an zu ſin-
ken

relinquit? Nonne contra perpetua ſua libratione cun-
ctas ſuſpendit?

ken——was konnte ruhmvoller und zugleich der Kirche
nüzlicher seyn, als einen andern, dem Zeitalter mehr
angemessenen Orden an die Stelle desselben zu sezen,
der vielleicht einmal denselbigen, ja einen größeren
Einfluß erhalten könnte? Die Kirche hatte seit einiger Zeit verschiedene Wunden empfangen, ein Theil
hatte sich durch eine Art von Verschwörung von ihr
losgerissen, und in ihrem Innern selbst schienen noch
manche feindselige Kräfte und geheime Verschwö-
rungsplane zu schlummern.   Eine neue Anstalt zur
Heilung dieser Wunden, eine neue Stüze ihres wan-
kenden Ansehens ward ihr in der Gesellschaft der Jesuiten vorbereitet.   Es ist bekannt, welche ungeheure
Macht diese Gesellschaft nach und nach erhalten hat.
Der Plan dazu ward nicht künstlich und absichtlich
vorher von Menschen entworfen, sondern wie von
einer unsichtbaren Hand vorbereitet.   Schon Loyola
gab der Gesellschaft eine Einrichtung, die ihr eine
große Kraft und einen mächtigen Einfluß schenken
mußte, ohnerachtet er dieß selbst nicht deutlich sah
und nichts von dem Systeme der feinsten Politik und
Herrschsucht ahndete, das in der Folge aus diesem
Institute hervorgieng.   Dieß System wurde durch
eine Menge günstiger Umstände herbeigeführt, und
vorzüglich von den Ordensgeneralen Lainez, Aqua-
viva und Salmurius ausgesponnen.   Die Gesellschaft bekam zugleich die ganze innere Organisation,
die Art und den Kreis der Wirkung eines geheimen
Ordens.   Es mußte schon sehr weit gekommen seyn,
als die Jesuiten es wagten, die ganze Moral zwei-
deutig,

deutig, ungewiß und willkührlich zu machen.   Auch
dieß wurde nach und nach herbeigeführt.   Schon jene
scholastischen Sophisten der vorhergehenden Jahrhunderte, schon die früheren Casuisten hatten hierin
manchen Stoff vorbereitet, der von den Jesuiten treu-
lich benuzt wurde.   Selbst Abálard in seiner sonst
in mancher Rüksicht vortrefflichen Ethik hat hie und
da Grundsäze, die bei den Jesuiten schlimmere Früchte getragen haben, als er sich je vorstellen konnte.
Die Moral sollte izt ein neues Mittel der Herrschsucht
werden, und es gab sicher kein besseres, wenn der
Versuch gelang.   Im Hinterhalt hatten die Jesuiten immer den härtesten Supernaturalismus, einen
mit einer gänzlichen Machtvollkommenheit ausgerü-
steten Glaubensrichter und die Aussprüche von Vä-
tern und Concilien.   Es kam nur darauf an, ihrer
Moral den Schein von Heiligkeit und höherer Autorität zu geben, und sie doch zugleich so einzurichten,
daß sie jede Gestalt annehmen konnte, daß sie den
Leidenschaften der Menschen schmeichelte, und doch
wieder nach Befinden der Umstände streng sprechen
konnte.   Der Plan wurde ausgeführt.   Die Moral
der übrigen Mönchsorden wurde als zu strenge und
finster geschildert.   Sie wurde für ein Mittel ausgegeben, die Menschen despotisch zu beherrschen.   Die
Jesuiten selbst rühmten sich einer weit sanfteren,
wohlwollenderen Sittenlehre.   Es wurden auf Be-
fehl und unter Aufsicht der Obern eine große Menge
moralischer Systeme geschrieben, in welchen unvermerkt, aber unter der Gestalt einer großen Gründ-

Zweiter Theil.   D   lichkeit,

lichkeit, die ganze Moral in eine höchst zweideutige
Casuistik umgeschaffen wurde.   Es waren meist gro-
ße Folianten, die niemand las, als die Ordensglie-
der, aus denen sich aber der Orden ein neues Verdienst um die Wissenschaften vor der Welt machte,
und von deren Inhalt sich bald die Wirkungen in der
Handlungsart des Ordens und in den Sitten und
Characteren der Menschen zeigte, welche von ihm geleitet wurden.   Die Namen Azor, Sanchez,
Tolet, Suarez, Leß, Filiucius, Palao,
Lazman, Mendoza, de Lugo, Dicastillo,
Diana, Escobar, Sa, Bauey, Hurtado,
Busembaum und andere wurden nach und nach in
der theologischen Moral der Römischkatholischen Kirche classisch.   Alle diese voluminöse Moralsysteme
hatten einen gewissen gemeinschaftlichen Geist, der
nur zu deutlich eine unsichtbare leitende Hand und die
ruchlose Absicht verräth, die Moral bloß in ein Mittel der Herrschsucht umzuwandeln, welches gar nicht
geschehen konnte, ohne sie zu verfälschen und etwas
ganz Willkührliches aus ihr zu machen.   In nichts
kann der moralische Sinn so leicht irre geführt werden, als in schwereren Gewissensfällen, ja auch der
simpelste Fall kann ihm, wenn er wenig geübt
und geschärft ist, schon durch die Form des
Vortrags und durch die Hinzusezung kleiner Neben-
umstände leicht einen blauen Dunst vormachen.
Diesen Kunstgriff haben die Jesuitische Moralisten
trefflich benuzt.   Ihre moralische Schriften sind beinahe durchaus Systeme von Casuistik, in welchen

man

man oft zum Erſtaunen bemerkt, daß bei der Gewiſ-
ſensfrage ſchon unvermerkt etwas Unmoraliſches als
erlaubt angenommen und nur durch einen kleinen Zu-
ſaz gemildert wird. Die ganze Moral iſt in dieſen
Syſtemen nach den Subjecten modificirt, und die
reinen, abſoluten, allgemeinen Pflichten ſind gänzlich
aus ihr verſchwunden. Jede Handlung wird für
erlaubt erklärt, ſobald es nur im geringſten wahrſcheinlich iſt, daß ſie rechtmäßig ſei, d. h. ſobald
irgend ein angeſehener Lehrer, beſonders unter den
Jeſuiten, ſie dafür ausgegeben hat. Jede ſolche
probable Meinung, ſelbſt eine falſche, ſelbſt eine ſolche, die dem natürlichen und göttlichen Geſeze widerſpricht, iſt in der Praxis vollkommen ſicher, und man
kann ſelbſt die weniger wahrſcheinliche der wahr-
ſcheinlicheren mit gutem Gewiſſen vorziehen. So
wie eine ſolche Meinung älter wird, ſo wird ſie pro-
babler. Zuerſt wird es blos in der Speculation erlaubt, ſie anzunehmen, alsdann, wiewohl ſelten in
der Praxis, nach derſelben zu handeln, endlich aber,
ganz gewöhnlich nach derſelben zu handeln. Um
durch dieſe Maxime noch freiere Hand zu gewinnen,
ſchämten ſich die Jeſuiten nicht, zuweilen falſche
Stellen alter Schriftſteller zu ſchmieden [36]). Dieſe

neue

---

36) Es iſt unglaublich, wie viel über dieſen Probabilismus
pro und contra geſchrieben worden iſt. Am gründlichſten
und deutlichſten iſt aber dieſe Lehre vorgetragen in La Morale des Jeſuites extraite fidelement de leurs livres,
inprimez avec la permiſſion et l'approbation des Supe-
rieurs de leur compagnie. Par un Docteur de Sor-
bonne

neue Moral oder vielmehr diese Zerstörung aller Moral unter dem Scheine einer Verbesserung derselben,
war nicht ganz das Werk der Absicht und der Boß-
heit. Die Stimme des Unglaubens und des Skepticismus, die damals von verschiedenen Seiten er-
schallte, die Revolution, die in vielen Köpfen vor-
gieng, der bereits herrschende Geist der Römischkatholischen Moral und die ältere Scholastik und Casuistik veranlaßten die Jesuiten dazu. Aber sicher ist
es, daß dadurch alle Moral ganz und gar ungewiß
wurde [37]). So wenig die Jesuiten dieß verlauten lies-
ßen, indem sie sich dadurch selbst das Spiel verdorben
hätten, so konnte es doch nicht fehlen, daß nicht bei
vielen durch den Gebrauch, welchen die Jesuiten von
dieser Moral machten, der moralische Skepticismus
befördert wurde.   Die Moralsysteme selbst, in welchen diese ungeheure Grundsätze verborgen lagen,
waren lange geschrieben und gedrukt, ehe sie außer
den Orden viel bekannt wurden.   Die Streitigkeiten mit den Jesuiten waren es, welche aufmerksamer auf dieselben machten, und die Jansenisten
sind es vorzüglich gewesen, welche die schrekliche
Entdekung machten, daß mitten im Schooße der
christ-

bonne (Perrault) à Mons 1669. T. I. p. 275 — 393.
und in Nicole Differtation theologique fur la proba-
bilité in Pafcal Provinciales T. I. p. 179 — 360. ed.
1712. Von der Moral der Jesuiten überhaupt werde ich
ausführlicher in meiner Geschichte der Sitten und der Sittenlehre der Christen handeln.

37) S. auch Villemandy p. 13. 14. 31.

chriſtlichen Kirche die größte Immoralität in wiſſen-
ſchaftlichen Büchern, unter dem Namen der reinen
und erhabenen Sittenlehre Jeſu, ſchon lange vorgetragen worden. Man wird wenige Beiſpiele in
der Geſchichte finden, daß irgend ein Schriftſteller
gegen einen ſo mächtigen Gegner ſo viel ausgerich-
tet hat, als Paſcal durch ſeine Provinzialbriefe.

Aber dieſer Mann ſelbſt, der von der Natur
einen ſo ungewöhnlichen Grad von Denkkraft empfangen hatte, verſank aus religiöſen Grundſäzen in den
vollendetſten Skepticismus. Die menſchliche Vernunft, von welcher er einen ſo großen Antheil empfangen hatte, erſchien ihm als etwas durch die
Sünde ſo ſehr Verderbtes und Geſchwächtes, daß
er ihr zulezt ohne ein höheres Licht keine Kraft, die
Wahrheit einzuſehen, zugeſtand, und daß er alle
Wiſſenſchaften, für welche er zum Schöpfer geboren
war, verachtete. Er geſtand, daß eine Idee von
Wahrheit in uns ſei, die kein Pyrrhonismus über-
wältigen könne, behauptete aber zugleich, daß wir
mit einem Unvermögen, irgend etwas gewiß zu beweiſen, behaftet ſind, das auch der ſchärfſte Dogmatismus nicht überwinden könne. Er fand im
Glauben, in frommen Gefühlen, was er in der
Vernunft umſonſt geſucht hatte — Gewisheit,
Troſt, Licht und heitere Ausſichten in die Zukunft.

Im Jahre 1636, alſo noch ehe Paſcal zu
ſchreiben anfieng, kam in Portugal ein Werkchen
von der edlen und erſten Wiſſenſchaft, daß
man nichts weiß, heraus, das ganz im Geiſte

D 3   der

der alten Pyrrhonier geschrieben war.   Der Verfaſſer war Franz Sanchez ein Arzt, und ſchon
im Jahre 1632 geſtorben.   Ohnezweifel wagte er
es nicht, jene Schrift noch bei ſeinem Leben heraus-
zugeben, vorzüglich deswegen, weil ſie am meiſten
gegen die Ariſtoteliſche Philoſophie gerichtet war,
die damals in vielen Gegenden durch den weltlichen
und geiſtlichen Arm unterſtüzt wurde.   Sanchez
war ein Mann von großen Talenten und Kenntniſ-
ſen in Medicin,   Philoſophie und Mathematik.
Seine Schrift über die große Wiſſenſchaft des
Nichtwiſſens iſt voll Nachdruk, Wiz und Kenntniß.
Sie iſt in einem lakoniſchen Tone geſchrieben, der
aber nur deſto ſtärker trift.   Sie untergräbt die
Fundamente aller Wiſſenſchaften und ſtellt ſie nicht
nur als unnüz, ſondern als ſchädlich dar.   Der Verfaſſer verſank allmählig nach mannichfaltigen und
mühſamen Forſchen in eine Verzweiflung an der
menſchlichen Gewisheit. ³⁸)   Am meiſten trug wohl
der

---

38) Er ſelbſt beſchreibt den Gang ſeiner Denkart ſo: A prima vita naturae contemplationi addictus, minutim omnia inquirebam. Et quamvis initio avidus animus ſci-
  endi quocumque oblato cibo contentus eſſet utcum-
  que: poſt modicum tamen tempus indigeſtione pre-
  henſus removere coepit omnia.   Quaerebamque jam
  tunc, quid illi darem quod et perfecte amplecteretur
  et frueretur abſolute: nec erat qui deſiderium expleret
  meum.   Evolvebam praeteritorum dicta, tentabam prae-
  ſentium corda: idem reſpondebant: quod tamen mihi
  ſatisfaceret, omnino nihil.   Vmbras quasdam fateor
  veritatis referebant aliqui: nullum tamen inveni, qui
  quid de rebus judicandum ſincere abſolutéque re-
  ferret.   Ad me proinde memet ipſum retuli; omnia-
  que

der Mißbrauch der aristotelischen Philosophie, der
in seinem Zeitalter getrieben wurde, und die gebie-
terische Herrschaft, welche sie behauptete, zum Aus-
bruche seines Skepticismus bei [39]). Seine Haupt-
idee in der ganzen Schrift geht dahin, daß alles unser Wissen blos in Einbildungen und Ideen von
Worten, nicht in der Kenntniß der Objecte bestehe.
Sein Skepticismus kennt keine Grenzen [40]). Er

D 4 hat,

que in dubium revocans, ac si a quopiam nil unquam
dictum, res ipsas examinare coepi: qui verus est scien-
di modus. Resolvebam usque ad extrema principia.
Inde initium contemplationis faciens, quo magis cogito
magis dubito: nil perfecte complecti possum. Despe-
ro. Persisto tamen. Magis. Accedo ad doctores, avi-
de ab iis veritatem experiturus, Quid ipsi? Quisque
sibi scientiam construit ex imaginationibus tum alterius,
tum propriis: ex his alias inferunt: et ex his iterum
alias: nil in rebus perpendentes, quousque labyrinthum
verborum absque aliquo fundamento veritatis produxe-
re: ex quo tandem non res intelligas naturales; sed
novarum rerum fictionumque texturam discas: quibus
intelligendis nulla sufficiat mens. Quis enim quae non
sunt intelligat? — Praef. 5, 6, edit. Tractat. philos.
Roterodami 1649.

39) Dieß sieht man aus seiner Schrift selbst. Credunt, sagt
er unter andern, facileque ad Aristotelem convolant,
volvunt, evolvunt, memoriae mandant: isque doctior
est, qui plura ex Aristotele novit recitare. Quibus si
vel minimum neges, muti fiunt: te tamen blasphemum
clamant, si contra arguas, sophistam. Quid his facias?
Miserum. Decipiantur qui decipi volunt. Non his
scribo: nec proinde scripta legant mea. Praef. p. 7.

40) Man sieht dies schon aus dem Anfange der Schrift: Nec
unum hoc scio, me nihil scire: Coniecto tamen, nec
me, nec alios. Haec mihi vexillum propositio sit, haec
sequenda venit: Nihil scitur. Hanc si probare scivo-

ro,

hat, wie auch andere Skeptiker, sein Symbol, das
seine Denkart ausdrükt: Quid? es steht zu Anfang
und zu Ende seiner Schrift.   Uebrigens findet sich
doch gegen das Ende seiner Schrift eine Stelle, welche auf den Gedanken leiten kann, daß es ihm mit
seinem Skepticismus eigentlich nicht Ernst war,
sondern daß er blos die aufgeblasenen Vielwisser und
die pedantischen Dogmatiker seines Zeitalters persifli-
ren und durch seine Zweifel den Weg zu einer festeren, wiewohl weniger umfassenden Wissenschaft bah-
nen wollte *).   Es würde zu ermüdend für den Leser
und auch von keinem großen Nutzen seyn, wenn wir
die Gründe, mit welchen dieser Spanier den Dogmatismus angegriffen hat, hier ausführlicher anführen wollten.   Sie enthalten ohnehin nur in so fern
                                                    hie

ro, merito concludam, nil fciri: fi nefcivero, hoc ipfo
melius: id enim afferebam. At dices; fi probare fcias,
contrarium fequetur, aliquid enim fcis jam. At ego
contra prius conclufi, quam tu argueres p. 13.

41) p. 181. f. Ergo vidifti difficultates, quae fcientiam
nobis adimunt. Scio; plura forfan non placebunt ex
his, que hic dixi: fed nec, dices, demonftravi, nil
fciri. Saltem quantum potui clare, fideliter, et vere
quid fentirem expofui. Nec enim, quod in aliis ego
damno, ipfe committere volui: ut rationibus longe pe-
titis, obfcurioribus et magis forfan quaefito dubiis in-
tentum probarem. Mihi namque in animo eft, firmam
et facilem, quantum poffim, fcientiam fundare: non
vero chimaeris et fictionibus à rei veritate alienis, quae-
que ad oftendendam folum fcribentis ingenii fubtilita-
tem, non ad docendas res comparatae funt, plenam. —
Interim nos ad res examinandas accingentes, an aliquid
fciatur et quomodo libello alio proponemus: quo me-
thodum fciendi, quantum fragilitas humana patitur,
exponemus. —

hie und da etwas Neues, als sie mit neuen Wendungen gegen die zu der damaligen Zeit herrschende
Philosophie gebraucht wurden. Wir sind hier auch
deswegen kurz, um desto mehr Raum für Skeptiker
zu gewinnen, die berühmter geworden sind und mehr
gewirkt haben.

Diesem Spanier gesellen wir sogleich einen deutschen Canonicus, den Hieronymus Hirnhaym
bei, ob er gleich mehr als drei Jahrzehnde später
lebte, als er. Er gehört unter die schwärmerischen
Skeptiker. Er gebraucht den Skepticismus zu einem
Zwecke, zu welchem er vielleicht vor ihm noch nie
gebraucht worden war — um das Ascetenleben zu
empfehlen. Er beclamirt über die Eitelkeit und Ungewißheit aller menschlichen Erkenntniß, er will die
stolzen Weltweisen demüthigen, und diejenigen, welche ihr Glük und ihre Gewißheit in der Empfindung
einer übernatürlichen Verbindung mit Gott und in
einem höheren Lichte suchen, heben. Er greift die
evidentesten Axiome der Philosophie an und behauptet, daß sie durch eine Offenbarung für falsch erklärt
werden können, und daß dergleichen wirklich durch
die christliche Offenbarung für falsch erklärt worden
seien. Eben daraus leitet er die Ungewißheit alles
philosophischen Wissens her, und sucht das einige
unwidersprechliche Criterium des Wahren in einem
höheren Lichte, das der menschlichen Seele beiwohne,
das von der Vernunft verschieden sei, das jeden Menschen desto mehr erleuchte, je mehr er seine Blicke
darauf wende und es mit den innern Auge anschaue—

zum

zum äusseren Criterium des Wahren nimmt er das
Urtheil der Kirche an [42]).   Hier haben wir also einen
mystischen Skeptiker, der ohne Zweifel durch die
mannichfaltigen philosophischen Träumereien seines
Zeitalters und durch die lächerliche Aufgeblasenheit
der Gelehrten zu diesem Extrem hingeführt wurde.

Da in dem siebzehnten Jahrhundert die religiösen Meinungen, die vorher bei allen Abweichungen
im Einzelnen doch eine gewisse Einförmigkeit in
Hauptpuncten gehabt hatten, sich immer mehr theil-
ten, da in mehreren Wissenschaften schöpferische Genies aufstanden, und der sich immer mehr verbrei-
tende eigene Untersuchungsgeist überall die öffentlich
autorisirten Glaubensarten zu untergraben schien, da
die Exegese der Schrift wieder mehr emporkam, und
auf Verschiedenheiten in der Erklärung einzelner
wichtiger Stellen leitete, so nahmen viele daraus
einen Grund her, der Vernunft alles Ansehen in
Glaubenssachen abzusprechen, und aus der Uneinig-
keit der Christen die Nothwendigkeit eines äusserlichen untrüglichen Glaubensrichters zu schließen. Dies
gehörte unter die vielen feinen Mittel, welche damals von Römischkatholischer Seite gebraucht wurden, um die Protestanten wieder in den Schooß der
Kir-

42) De typho generis humani sive scientiarum humana-
  rum inani ac ventoso tumore, difficultate, labilitate,
  falsitate, iactantia, praesumtione, incommodis et peri-
  culis tractatus brevis, in quo etiam vera sapientia a fal-
  sa discernitur et simplicitas mundo contemta extollitur:
  Idiotis in solatium, doctis in cautelam conscriptus.
  Pragae, 1676.

Kirche zurükzuführen [43]). Schon gegen das Ende
des 16. Jahrhunderts hatte Gentianus Herve-
tus dies als den Hauptgrund angegeben, warum er
eine lateinische Uebersetzung der Bücher des Sextus
gegen die Mathematiker herausgebe. Die Philosophen sollten dadurch beschämt und die Calvinisten
wieder zum Glauben an den römischen Glaubensrichter aufgefordert werden. Niemand aber hat dies
Mittel mit mehr Feinheit und Beredsamkeit gebraucht
als Nicole und Bossuet [44]). Nicole sucht weitläuftig zu zeigen, daß der von den Calvinisten vor-
geschlagene Weg, sich von der Wahrheit der Religion zu überzeugen, mit unübersteiglichen Schwierigkeiten verbunden sei, weil er eine Kenntniß von
Exegese und Kritik vorausseze, welche die meisten
nicht erwerben können und welche immer viel Ungewisses enthalte, daß also nur der Weg der Autorität
übrig bleibe. Claude [45]) und Jurieu [46]) haben
ihm gezeigt, daß bei dem Wege der Autorität dieselbigen Schwierigkeiten übrig bleiben, indem bei
demselben wenigstens eben so viele, ja noch mehrere
und zweifelhaftere Untersuchungen erfordert würden.
Andere haben ihm gezeigt, daß dies der Weg zu
einem

43) Mosheims Kirchengeschichte IV. B. S. 130 ff. Schlegel. Uebers.
44) Prejugés legitimes contre les Calvinistes à Paris 1671.
   Les pretendus reformés convaincus de Schisme à Paris 1684.
45) Defense de reformation à Rouen 1673.
46) Le vrai systeme de l'eglise a Dordrecht 1686.

einem vollkommenen Pyrrhonismus sei, der doch dadurch hätte vermieden werden sollen. Wenn die eigene Untersuchung nur auf Ungewißheiten führt, und
die Autorität, welche allein Gewißheit soll schenken
können, nicht ohne die mühsamste und ungewisseste
Untersuchung, deren nur die wenigsten fähig sind,
geglaubt werden kann, so bleibt ja am Ende dem
Menschen gar keine Gewißheit übrig [47]).

Bossuet [48]) schilderte die Unbeständigkeit der
protestantischen Lehrer, das Schwankende und Ungewisse in ihren Lehren und in allen eigenen Untersuchungen über die Religion, in Vergleichung mit der
immer sich gleich bleibenden Beständigkeit der Römischkatholischen Kirche und Lehre, so täuschend und
beredt, und wußte diese Idee durch die Geschichte
selbst so geschickt durchzuführen, daß unvorsichtige Leser leicht dadurch verführt werden konnten.

Inzwischen war auf dem Gebiete der Philosophie
eine auf immer denkwürdige Revolution vorgegan-
gen. Die Scholastik hatte, ohngeachtet der viel-
fältigen und gefährlichen Angriffe, die sie auszuhal-
ten hatte, doch noch ein großes Ansehen behauptet.
Ist wurden Entdekungen auf dem Felde der Natur-
wis-

47) Turretini Pyrrhonismus pontificius five thefes theo-
logico - hiftoricae de variationibus pontificiorum circa
ecclefiae infallibilitatem. Lugduni Batav. 1692. La
Placette de infanabili romanae ecclefiae fcepticismo
Amftelod. 1696. Bayle Dict. Art. Nicole Not. C.
Leibnit. Theodic. p. 230. ed. Boeck.

48) Hiftoire des variations des églifes proteftantes Paris
1688.

wiſſenſchaft gemacht, welche ſie um einen großen
Theil ihres Anſehens zu bringen drohten. Keppler,
der Stolz meines Vaterlandes, Galilei und ſeine
Schüler entdekten Naturgeſeze, welche den Behauptungen der alten Philoſophie geradezu widerſprachen.
Sie fanden auf dem Wege der Beobachtung ganz
andere Naturgeſeze, als bisher aus allgemeinen Principien waren herausgebracht worden. Dieß machte
die ganze Scholaſtik verdächtig und führte auf den
Gedanken, daß die ganze Weltweisheit auf dem
Wege der Beobachtung weit mehr Feſtigkeit, Annehmlichkeit und Gemeinnüzigkeit erwerben könnte,
als ſie bisher in den Regionen des Ueberſinnlichen
habe einernten können. Franz Baco machte in
dieſer Rükſicht Vorſchläge, die leicht auf ein anderes
Extrem, auf einen einſeitigen Empirismus führen
konnten. Descartes benuzte zwar auch dieſen
Weg, aber er brach ſich eine ganz neue Bahn. Es
war ein Zeitpunct in ſeinem Leben, wo er ſich vor-
ſezte, alle ſeine Meinungen zu prüfen, eine gänzliche
Reforme mit ſeiner Denkart vorzunehmen und ſich
feſte Grundſäze des Denkens und Handelns zu ver-
ſchaffen. Er fieng an, Alles, was er bisher geglaubt hatte, zu bezweifeln — er verlor eine Zeitlang ſelbſt alle Hofnung, je zur Wahrheit und Gewißheit zu gelangen. Umſonſt ſtrengte er alle Kraft
ſeines Nachdenkens an, umſonſt frug er die Schriften der Weltweiſen um Rath — er fand überall
nur Gründe des Zweifels. Aber aus dieſer Criſis
entwikelte ſich eine ſo ſchöne und lichtvolle Ueberzeugung,

gung, daß Descartes diesen Zustand des Zweifels
nicht nur als den Weg ansah, der ihn zur Wahrheit
geführt hätte, sondern ihn auch zur allgemeinen Regel und Methode in der Philosophie machte. So
lebhaft Descartes nach der Ehre eines philosophischen
Sectenstifters strebte, und so viel Sectengeist er bei
manchen Gelegenheiten verrieth, so hatte er doch mit
diesem Grundsaze einen Saamen des Selbstdenkens
ausgestreut, der seiner Philosophie selbst einmal sehr
gefährlich werden könnte. Er stellte dadurch seine
eigene Philosophie eben dem Zweifel aus, dem er
vorher alle übrige philosophische Systeme unterworfen hatte — aber die Revolution, die er sich zum
Zwefe gesezt hatte, gelang doch und bekam unter
vielen Kämpfen nach und nach auf alle Wissenschaften Einfluß. Descartes zeichnete also einen neuen
Weg zur Wahrheit vor. Er sezte voraus, daß die
Wahrheit vom Menschen gefunden werden könne —
aber er fand, daß man sie gewöhnlich nicht auf die
rechte Art finde. Er forderte, daß man bei einer
philosophischen Untersuchung nichts als wahr annehme, was man nicht ganz evident als gewiß einsehe,
daß man sich keine Schwierigkeit verschweige, daß
man jede aufzulösen suche, daß man sich alle mögliche
Fälle vollständig aufzähle, daß man von den allgemeinsten und evidentesten Principien ausgehe und so
nach und nach zu dem zusammengesezteren und leich-
teren fortschreite. Das Streben nach allgemeinen,
nothwendigen und wenigen Principien ist ein Haupt-
verdienst dieses Weltweisen. Analysis und Geometrie

trie waren es, welche ihn auf diesen in der Philoso=
phie vorher noch nie betretenen, wiewohl von Jor=
dan Brunus vorgeschlagenen, Weg leiteten. Er
selbst fand auf demselben so viel Licht und Befriedi=
gung, daß er mit einer Art von Begeisterung von
dieser Methode spricht, und durch dieselbe zu einem
sehr entscheidenden Dogmatismus geleitet wurde.
Ob er gleich mit Zweifeln anfängt, so bricht er doch,
wie Huet irgendwo sagt, so schnell im Zweifeln ab,
als wäre ihm der Weg zur Wahrheit auf einmal vom
Himmel aus gezeigt worden.   Seine Schrift von
der Methode, aus welcher diese Bemerkungen ge=
nommen sind, ist nicht nur ein wichtiges logisches,
sondern auch sehr interessantes psychologisches Buch.
Dieser Methode sezten einige Mystiker und unter den=
selben vorzüglich Poiret ⁴⁹) einen mystischen
Skepticismus entgegen, von welchem wir in
dieser Geschichte schon mehrmals Beispiele gefunden
haben.

Descartes kam selbst in den Verdacht des
Skepticismus.   So ungegründet dieser Verdacht
ist, und so deutlich er seinen Ursprung aus dem Par=
theigeist und dem Neide seiner Gegner verräth, so
ist doch gewiß, daß dieser Weltweise in seinen Dog=
matismus die Keime eines zukünftigen Skepticis=
mus legte.   Er behauptete klar und deutlich, daß
wir nicht wissen, ob uns Gott nicht so erschaffen habe,
                                                          daß

49) de Deo, An. et Mundo III, 16. vera Method. inven.
    verum III, 2.

daß wir uns ſtets betrügen, auch in denjenigen Dingen, welche uns die evidenteſten zu ſeyn ſcheinen. [50])
Durch dieſen Saz wurde eigentlich alles menſchliche
Wiſſen zweifelhaft, eben ſo wohl als durch die damit
verwandte Behauptung, daß das Widerſprechende
vielleicht in dem göttlichen Verſtande gedenkbar ſeyn
könne.

[50]) Wir wollen ihn ſelbſt reden laſſen: Quid vero cum circa res arithmeticas vel geometricas aliquid valde ſim-
plex et facile conſiderabam, ut quod duo et tria ſimul
junꞔta ſint quinque vel ſimilia; nunquid ſaltem illa ſatis perſpicue intuebar, ut vera eſſe affirmarem? Equi-
dem non aliam ob cauſam de iis dubitandum eſſe poſtea
judicavi, quamquia veniebat in mentem, forte aliquem
Deum talem mihi naturam indere potuiſſe, ut etiam
circa illa deciperer, quae manifeſtiſſima viderentur?
Sed quoties haec praeconcepta de ſumma Dei potentia
opinio mihi occurrit, non poſſum non fateri, ſi quidem
velit, facile illi eſſe efficere, etiam in iis, quae me pu-
to mentis oculis quam evidentiſſime intueri. Quoties
vero ad ipſas res, quas valde clare percipere me arbi-
tror, me converto, tam plane ab illis perſuadeor, ut
ſponte erumpam in has voces: Fallere me quisquam
poteſt, nunquam tamen efficiet, ut nihil ſim, quamdiu
me aliquid eſſe cogitabo; vel ut aliquando verum ſit,
me nunquam fuiſſe, cum jam verum ſit me eſſe, vel
forte etiam ut duo et tria ſimul junꞔta plura vel pau-
ciora ſint quam quinque vel ſimilia, in quibūs ſcilicet
repugnantiam agnoſco manifeſtam. Et certe cum nul-
lam occaſionem habeam, exiſtimandi, aliquem Deum
eſſe deceptorem, nec quidem adhuc ſatis ſciam, utrum
ſit aliquis Deus, valde tenuis et ut ita loquar meta-
phyſica dubitandi ratio eſt, quae tantum ex ea opinione
dependet. Vt autem ea ita tollatur, quam primum oc-
curret occaſio, examinare debeo, an ſit Deus et ſi ſit,
an poſſit eſſe deceptor; hac enim re ignorata, non vi-
deor de ulla alia plane certus eſſe unquam poſſe —
Cartes. Meditatt. init.

könne [51]). Uebrigens gibt Cartes diese Behauptungen bloß für Zweifel aus, die ihn wohl zuweilen
beunruhigen, aber ihm seine Ueberzeugungen nicht
rauben können. Er tröstet sich damit, daß uns schon
unsere reine, spekulative Vernunft das Daseyn eines
Gottes lehre und daß ein Gott uns nicht betrügen
könne — wobei er freilich unvermerkt in einen Dial-
lelus verfällt, indem er die Existenz Gottes aus der
Vernunft, und die Gewißheit der Aussprüche der
Vernunft aus der Existenz Gottes erweißt. Auf
diese Art arbeitete er dem zügellosesten Skepticismus
vor. Dieß geschah aber auch noch auf andere mittel-
bare Art. Er verwieß eine Menge Säze, die man
vorher als unleugbar anzunehmen pflegte, in das Feld
des Ungewissen, weil sie nicht deutlich erkannt würden, er erhob neue Klagen über die Trüglichkeit der
Sinne, er erklärte die meisten Eigenschaften der Körper für sinnlichen Schein, er machte auf den Begrif
der Causalität aufmerksam und behauptete, daß bei
den Wirkungen eigentlich keine Veränderung von
einem Dinge ins andere übergehe, er bereitete den
Idealismus und Rationalismus vor, aus welchen
am Ende ein neuer Skepticismus hervorgegangen
ist; († 1650).

Sein Zeitgenosse Peter Gassendi († 1655)
machte ihn darauf aufmerksam, daß, seinen Behauptungen zufolge, selbst die ersten Principien, von wel-

chen

51) Responf. 6,
Zweiter Theil.   E

chen er ausgehe, auf Täuschung beruhen können und
also ein nie aufzulösender Skepticismus daraus entspringe ⁵²). Gassendi selbst sprach so bescheiden
von seinem Wissen und dem menschlichen Wissen
überhaupt, brachte so viele Zweifel gegen die Aristotelische und Cartesische Philosophie vor, gestand
in so manchen Materien seine Unwissenheit, drang so
wenig irgend jemand seine Meinungen auf und konnte allen Widerspruch so gedultig ertragen, und erklärte sich so wenig ganz entscheidend und uneingeschränkt
für die Epiruräische Philosophie, daß ihn Bayle
und andere für einen verdekten Skeptiker erklärt haben. Was die Weltweisen bei sich selbst gedacht haben, dieß können wir, in so fern es etwas Anderes
ist, als sich in ihren Schriften offenbart, nicht mit
Gewißheit und nur selten mit einem hohen Grade
von Wahrscheinlichkeit bestimmen, aber so viel ist
gewiß, daß sich in dieses edlen und liebenswürdigen
Philosophen Schriften zu diesem Verdachte kein hinlänglicher Grund findet. Bei seiner philosophischen
Bescheidenheit, die in jenem Zeitalter fast ohne Beispiel war, mußte er freilich in vielen Puncten Skeptiker seyn.

Malebranche († 1715) erkannte bei der Lesung einer Schrift von Descartes zuerst das philosophische Genie in sich. Er ward durch diese Schrift
in

---

52) Instantiae adversus Meditatt. Cartesii. Opp. Gassendi Lugd. 1658. fol. Tom. III. p. 279.

in eine Art von Extase verfetzt, die ihn selbst mit
gefährlichen physischen Wirkungen bedrohte [53]). Dieser Weltweise, der selbst in seinen Schwärmereien
ehrwürdig erschien, war dazu gemacht, die fruchtbaren
Cartesischen Ideen weiter zu entwikeln, und auf diesem Wege noch eigener Erfinder und Schöpfer zu
werden.　Er analysirte die verschiedenen Kräfte der
menschlichen Seele weit feiner und genauer, als vorher je geschehen war.　Er besaß ein vortrefliches Talent, sich selbst zu beobachten, welches nicht unter die
geringsten Talente des wahren Philosophen gehört.
Seine Moral enthält bei allem mystischen Anstriche
doch viele trefliche Züge, und nähert sich in manchen
Stüken der Kantischen Moralphilosophie auf eine
frappante Art.　Sein Werk von Untersuchung
der Wahrheit wird immer ein ehrwürdiges Denkmal eines tiefen, ruhigen, durchschauenden, mit hei-
liger Ehrfurcht für Wahrheit, Tugend und Gottheit
erfüllten Geistes bleiben.　Uebrigens hat auch dieser Weltweise dem Skepticismus nicht wenig vorgearbeitet.　Er machte unsre Kenntniß der Körperwelt noch weit zweifelhafter, als vorher je geschehen
war.　Durch seine Lehre, daß wir alle Gegenstände
unsers Denkens in Gott sehen, bereitete er den Leibnizischen Spiritualismus und den Berkeleyischen
Idealismus und eben dadurch den Humischen Skepticismus vor.

E 2　　　　　Ehe

53) Oeuvr. T. IV. p. 537. Le docte Mfr. Gassendi
a soutenu le Pyrrhonisme couvertement. —

Ehe wir diesen Zeitraum schliessen, müssen wir noch kurz zweier berühmten Männer gedenken, welche sehr oft beschuldigt worden sind, daß sie alle Religion und Sittlichkeit geleugnet haben — des Hobbes († 1679) und Spinoza († 1677). Hume selbst in seiner Geschichte des Hauses Stuart sagt von ihm: „Obgleich Feind aller Religion, hat er doch nichts vom Geiste des Skepticismus; er ist so entscheidend, so dogmatisch, als wenn die menschliche Vernunft und die seinige insbesondere zu der vollkommenen Ueberzeugung gelangen könnten." Hume irrt sich. Hobbes war gerade im Puncte der Religion nichts weniger als dogmatisch. Er war weder dogmatischer Atheist, noch dogmatischer Supernaturalist oder Theist. Er hat gerade über diesen Punct die Leute im Zweifel gelassen [54]. Er richtete sich im Aeusserlichen ganz nach der Anglikanischen Kirche — seinem Grundsaze gemäß, daß der König Herr und Oberhaupt der Kirche, und daß man ihm auch in so fern unbedingten Gehorsam schuldig sei [55].

Hier-

---

54) S. Bayle Dict. Art. Hobbes Not. M. Der Verfasser des Vita Hobbesii schreibt ihm ohne hinlängliche Beweise einen aufrichtigen Glauben an die reine natürliche unchristl. Religion zu.

55) Merkwürdig ist die Stelle in der Dedication an den König Opp. Amstelod. 1668. Primo dogma ibi, quod theologorum sententiae communi contrarium sit, nullum directe affirmo, sed, ut diffisus, illorum decretis disertis verbis submitto, quorum est in ecclesia regenda summa auctoritas. Deinde postquam ecclesiae auctoritas restituta esset (nam dum haec scribebam, ecclesiae anglicanae regimen nullum erat, sed unusquisque quicquid voluit

Hieraus erhellt aber seine wahre Meinung von der
Religion noch nicht, und er konnte allerdings bei
einem solchen Betragen, wie die alten Pyrrhonier,
ein wahrer Religionszweifler seyn. Die Moralität hat Hobbes nicht geleugnet, wie ihn Cud-
worth und Cumberland beschuldigt und nach
ihnen viele bis auf unser Zeitalter behauptet haben.
Er unterscheidet die Aussprüche der praktischen Vernunft (dictamen rectae rationis) das Gesez der reinen Sittlichkeit von dem Geseze der Gerechtigkeit.
Den Grund von jenem sucht er in dem Wesen der
Vernunft, den Grund von diesem in gesellschaftlichen
Verträgen [56]). Spinoza, ein nicht weniger ori-
gineller und freier Denker als Hobbes, kann eher in
den Verdacht kommen, die Sittlichkeit zu leugnen.

E 3   Wirk-

voluit libere scripsit ediditque) neque scripto neque
colloquio illa unquam defendi. Praeterea nihil scripsi
contra episcopatum, neque contra episcopum quen-
quam protestantem. Quam ergo causam habeat episco-
porum nostrorum quisquam de me loquendi, tanquam
de Atheo, plane nescio — quoniam autem plerisque
eorum displicuit etiam liber meus de cive, in quo dogmata illa, quibus offenduntur non apparent, fieri potest
ut aegre ferant, quod ecclesiae auctoritatem dependere
faciam à potestate regia; id quod credo non videbitur
Majestati tuae Atheismus, neque haeresis, cum ecclesia
anglicana nihil aliud sit quam populus tuus. Sed quid
tu (objiciet aliquis) omnino haec tractas, cum religio
non philosophiae pars sit, sed legis. Recte quidem
hoc, si quidem, qui sic objiciunt, sic sen-
tirent. —

56) de Cive II, 4. 14. Leviathan c. 13. Platner philos. Aphorismen II. Thl. S. 480.

Wirklich hebt er eigentlich das Wesen der Tugend dadurch auf, daß er sie blos als ein Mittel, blos als etwas Nüzliches im gegenwärtigen Leben ansieht [57]). Seine Behauptung, daß Alles nur Eine Substanz sei, auf welche ihn wahrscheinlich die Cartesische Philosophie leitete, hat ohne Zweifel eben so, wie das Eleatische System, zum Skepticismus beigetragen, indem sie die speculirende Vernunft mit der sinnlichen Erfahrung und dem gemeinen Menschenverstande in Widerspruch sezt.

57) Spinozae Tract. polit. c. 2.

V. Periode
Von La Mothe le Vayer bis David Hume.

E 4

Die Periode, die wir anfangen, zeichnet sich dadurch aus, daß in derselben die lezten großen und vollendeten Skeptiker auftreten, daß man auf die Wirkungen des Skepticismus im Großen aufmerksamer wird, und auf einmal eine Reihe von Schriftstellern gegen denselben aufsteht, daß endlich ein philosophischer von Grundsäzen ausgehender Skepticismus vorbereitet wird.

De la Mothé le Vayer

(† 1682) war einer der größten und gebildetsten Gelehrten seines Zeitalters. Er war der Erzieher des Herzogs von Anjou, Bruders Ludwigs XIV. Er war der Liebling der Richelieu und Mazarin. Er lebte mitten unter der Ueppigkeit und den Ausschweifungen des Hofs enthaltsam und strenge, rechtschaffen und in einer literarischen Zurükgezogenheit. In seinen Schriften offenbart sich eine seltene Gelehrsamkeit, ein freier und scharfer Wiz, ein feiner Geschmak, der Geist der Alten. Er erhielt von dem Publicum den ehrenvollen Namen des Französischen Plutarchs und Senecas. Er war in seinen Schriften oft eben so ausgelassen und zügellos, als er in seinem Leben selbst keusch und strenge war. Daß ein solcher Mann einem königlichen Prinzen

E 5   doch

doch zum Erzieher gegeben wurde, beweißt, nach Bayles Bemerkung, blos Mazarins Menschen-kenntniß.

Vayer hat sich ohne alle Zurükhaltung und Einschränkung, den Punct des christlichen Glaubens ausgenommen, zu dem alten Pyrrhonismus bekannt, und auch verschiedene Gegenstände ganz im skepti-schen Geiste behandelt. In keinem seiner zahlreichen Werke hat er seine Denkart so deutlich ausgedrükt, als in den Dialogen des Oratius Tubero [58]). Diese Schrift athmet ganz den Geist der Alten, den Geist der Ciceronischen Dialogen. Sie ist durch-aus unterhaltend, elegant und lehrreich geschrieben. Man sieht, daß der Skepticismus des Verfassers die Frucht einer freien, entfesselten, heiteren Seele, eines langen, umfassenden Studiums der Welt, der Menschen und der Wissenschaften, nicht der Ver-worrenheit der Ideen, nicht der Trägheit im Unter-suchen, nicht der Leidenschaft ist. Der Verfasser be-stimmt diese Dialogen nicht eigentlich für das große Publicum, sondern für philosophische Freunde [59].)

Er

---

58) Ich bediene mich hier des besondern Ausdruks derselben unter dem Titel: Cinq Dialogues, faits à l'imitation des anciens, par Oratius Tubero — Nouvelle edition, aug-mentée d'un refutation de la philosophie sceptique ou préservatif contre le Pyrrhonisme par Mr. L. M. Kahle. à Berlin 1744.

59) Mocquons nous des suffrages d'une sotte multitude et dans le juste mespris d'un siecle ignorant et pervers jouissons des vrais et solides contentemens de nos en-tretiens privés. C'est à cette fin que j'ai dressé ces dialogues, façonnés à l'antique, plus propres à demeu-rer

Er entschuldigt sich über den Gegenstand, den er ge=
wählt hat, auf eine Art, welche zugleich seine ge=
ringe Meinung vom Werthe des menschlichen Lebens
und der menschlichen Erkenntniß, und eine Quelle
seines Skepticismus verräth [60]). Die Schrift be=
greift 1) einen Dialogen über die skeptische
Philosophie — eigentlich eine Lobrede auf sie,
und eine Vertheidigung derselben gegen die Vor=
würfe, die man ihr gemacht hat. Die Hauptideen
sind aus Sextus [61]), und den größten Theil des Dia=
logs

rer dans l'obscurité d'un cabinet amy, qu' à souffrir
l'esclat et le plein jour d'une publique lumiere. Lettre de l'Autheur p. 57.

60) Peut-etre ne pouvons nous prendre un sujet plus
convenable, si toute nostre vie n'est, à le bien prendre, qu'une fable, nostre cognoissance qu'une asnerie
nos certitudes que des contes : bref, tout ce monde
qu'une farce et perpetuelle comedie. S'il vous semble
ailleurs, que je sois trop enclin aux sentimens inouïs
et paradoxiques. — Comme je reconois ingenuement
y avoir tres grande propension, bien que ce soit hors
de toute assertion et confidence stoicienne, je vous prie
de faire un peu de reflexion, non seulement sur les erreurs, sottises et impertinences des opinions du vul-
gaire (ce mot comprend à vostre esgard le cavallier,
l'homme de robbe, et le paisan egalement) mais encore
sur l'autorité tyrannique du tems et des coustumes,
qui les ont establies et sur l'opiniastreté invincible avec
laquelle elles sont si aveuglement soustenües, m'asseu-
rant, que vous serés contraint de m'advouer, qu'un
honneste homme, amateur de la verité, ne sçauroit
trop prendre leur contrepied et trop s'en escarter. —

61) Seine Hypotyposen werden S. 84. ce divin escrit ge=
nannt.

logs nimmt eine weitere Ausführung des 1 0. τϱοπος
επoχης, der von der Verschiedenheit der Sitten,
Gebräuche hergenommen wird, ein. Hier verschwendet Vayer einen großen Schaz von Gelehrsamkeit,
um die entgegengeseztesten und mannichfaltigsten Gewohnheiten verschiedener Nationen anzuführen. Das
Schlimmste dabei ist dieß, daß er damit die ganze
Moral zweifelhaft macht [62]). Der zweite Dialog
heißt das skeptische Gastmal [63]), eine Nachahmung des Symposiums von Plato, Xenophon, Plutarch

[62]) S. 100. Si nous examinons le reste de la morale
nous y trouverons partout autant de variété, ce qui
monstre bien, qu' il n'y a rien de solide et d'arrêté,
et quod nostra vitia sunt, quae putamus
rerum, comme parle Seneque; cette vertu mesme
que nous chimerisons dans les écoles n'estant peut-
être qu'un titre vain et un nom servant à l'ambition
de ceux, qui se disent philosophes, et qui n'ont encore peu convenir de ce en quoy elle consiste. Brutus
mourant semble avoir esté de ce sentiment par ses der-
nieres paroles qu'on dit être les plus veritables:
Te colui virtus ut rem, ast tu nomen inane es!
Vayer nimmt alsdann einige moralische Begriffe, die unter
die allgemeinsten zu gehören scheinen, z. E. daß wir unsern
Eltern Dankbarkeit schuldig seien, daß man durch Verstand und Klugheit am meisten Vortheil vom Leben ziehen
könne ꝛc., und bemüht sich zu zeigen, daß sie ganz ungewiß seien.

[63]) Bald zu Anfang dieses Stüks findet sich eine besonders
für die Lage dieses Schriftstellers sehr freie Stelle: Cette
cotte comedie du monde, cette farce de Princes, de
Roys et d'Empereurs nous a tantost suffisamment es-
meus d'indignation ou de risée: j'attends de vous un
plus raisonnable et plus gracieux entretien. Dergleichen Stellen finden sich in diesen Dialogen noch mehrere.

tarch. — In diesem Dialoge herrscht sehr viel
Laune und Scherz. Sein Hauptzwek geht dahin,
den 10. τϱοπος εποχης durch Bemerkungen über die
verschiedenen Gebräuche in Ansehung der Speise und
des Getränks, und über die verschiedenen Sitten bei
den Mahlzeiten, ins Licht zu sezen. Hiezu kommt
noch eine Erzählung von den verschiedenen Begriffen, die man sich von der Liebe gemacht hat, und den
verschiedenen Arten der Befriedigung des Geschlechts-
triebes, zu eben diesem Zweke, und verschiedene Bemerkungen über den Geist des Skepticismus ⁶⁴).
Der dritte Dialog handelt von dem Privat-
leben. Es ist eine Apologie des einsamen und
stillen Lebens des philosophischen Forschers, die für
manchen Gelehrten sehr erhebend und tröstend seyn
kann. Der vierte Dialog handelt von den
seltenen und erhabenen Eigenschaften der
Esel dieser Zeit — eine eben so gelehrte als
wizige und satyrische Lobrede auf den Esel, im Geschmake des Erasmischen Lobes der Narrheit, mit
vielen Anspielungen auf damalige Zeiten und Menschen.

64) Bayer spricht in diesem Dialogen mit Begeisterung von
der Skepsis, s. E. S. 147: je ne sçay point de plus
agréable entretien, où je vous puisse porter, que de
vous mettre sur les doux propos et les ravissante, pensées de nostre sacrée philosophie: car qu' y peut il
avoir de plus delicieux icy bas, que de se communiquer
franchement et avec liberté ses sentiments, et mesme-
ment à nous qu'une mesme facon de raisonner et les
mesmes principes de nostre divine sceptique rend si
unis et symbolisans. — Vergl. S. 174 ff.

schen. Der fünfte Dialog handelt von der
Verschiedenheit der Religionen. Vayer
läßt sich hier den Einwurf machen, daß, wenn alles
ungewiß ist, die Wissenschaft der Theologie es auch
ist. Er antwortet darauf, daß die Skepsis vielmehr den Geist am besten zur wahren Religion vorbereiten und der Geheimnisse des Glaubens fähig
machen könne, daß die Theologie eigentlich keine
Wissenschaft sei, indem sie keine evidenten Principien
enthalte und alles aus den Geheimnissen des Glaubens hernehme, der ein Geschenk Gottes sei und alle
menschliche Vernunft übersteige. Hier seien blos
göttliche Principien, denen unser Wille, nicht unser
Verstand, beizupflichten habe. Die Theologie sei
in Ansehung der Größe ihres Objects und der Gewißheit der geoffenbarten Wahrheiten weit über alle
menschliche Kenntnisse erhaben. Die Theologie habe immer nur in denjenigen Gegner gefunden, welche für die gelehrtesten gehalten worden seien ⁶⁵).
Die Schrift selbst gebe die menschliche Weisheit für
eitel aus, und erfordre Armuth des Geistes, um im
Glauben reich zu werden. „Wenn wir, sagt er,
durch die skeptische Methode die Nullität des menschlichen Wissens entdekt haben, wenn wir unsere Unwissenheit aufrichtig anerkennen, so werden wir der
himmlischen Gnaden empfänglich, die alsdann wie
in

⁶⁵) d'où vient, setzt Vayer hinzu, que les héresiarques ont
esté les premiers hommes et les plus disciplinés de leur
temps. S. 294.

in ein gut angebautes Erdreich fallen, aus welchem alles Unkraut ausgerottet ist, das vorher die besseren Keime erstikte. Nichts hat mich mit so viel Ehrfurcht für unsre hochheilige Religion erfüllt, als diese Betrachtung; nichts hat mich nach Gott so sehr an seine wahre Verehrung gebunden, als die Bemerkung, wie überall, wo dieß nicht anerkannt wird, die Religionen unendlich von einander abweichend und abentheuerlich sind." Diese Verschiedenheit der Religionen wird nun durch eine große Menge von Beispielen erläutert und Alles zu dem Zweke hingeleitet, daß die Vernunft in Ansehung der Religion nichts Gewisses entscheiden könne. „Wenn wir die unermeßliche Zahl menschlicher Religionen wie einen großen Ocean betrachten, so ist es unmöglich, Verirrungen und Stürme, die noch länger und gefährlicher sind, als die des Ulysses, zu vermeiden, wenn nicht der Glaube unser Magnet ist, der unsern Geist zum Pole der göttlichen Gnade hinzieht." [66]

Bayer hatte zwei Schüler, die gleichfalls für den Skepticismus arbeiteten. Sorbiere übersezte einen Theil des Sextus ins Französische, und verrieth seine Neigung zum Pyrrhonismus nicht undeutlich. Foucher schrieb die Geschichte der Akademiker, und wurde dadurch ohngefähr eben das für die akademische Philosophie, was Gassendi für die

Epi-

---

66) Auch in den übrigen Schriften Bayers finden sich gleiche Bekenntnisse. S. z. E. Oeuvres Paris 1684. T. V, p. 235. T. XV, p. 85. 123.

Epikureifche und Lipfius für die Stoifche wurde. Sein eigener Hang zum Akademismus zeigt fich nicht nur in ausbrüklichen Erklärungen, fondern im ganzen Geift feiner Gefchichte.

Pierre Daniel Huet

geb. 1630, † 1721, war einer der größten und fleiffigften Gelehrten feines Zeitalters, und genoß diefen Ruhm felbft über ein halbes Jahrhundert. Er war zum Gelehrten geboren. Sobald fich feine Erkenntnißkräfte entwikelten, fo erwachte ein unauslöfchlicher Durft nach Wiffenfchaft in ihm. Er verfchlang eine Wiffenfchaft nach der andern, und war immer bald weiter als feine Lehrer. Er ging fein ganzes Leben hindurch auf der Bahn des Wiffens immer weiter fort, und rühmt noch am Ende feines Lebens, daß die Wiffenfchaften die Urfache gewefen feien, warum er nie des Lebens und der Menfchen überdrüffig geworden fei [67]). Sein Talent entwikelte fich zuerft vorzüglich an der Mathematik und Dichtkunft. In der erften konnte er bald alle Lehrer entbehren, in der zweiten lieferte er fchon als Knabe fehr glükliche Proben. Zwei Bücher entfchieden vollends feinen litterarifchen Charakter auf fein ganzes Leben. Die Principia des Descartes, deffen Schriften überhaupt dazu gemacht find, denken zu lehren, weihten ihn für die Philofophie ein,

Bo-

---

[67] Commentarii de rebus ad eum pertinentibus L. I, p. 15.

Bocharts heilige Geographie feuerte ihn zur
Kenntniß der alten Sprachen und des Alterthums
überhaupt an. Der Aufenthalt zu Paris, die Bekanntschaft mit den Petav, Labbé, Sirmond,
Rapin und andern großen Gelehrten, vollendeten
seine literarische Bildung. Petavs Dogmata theo-
logica erschütterten zuerst seine Ueberzeugung von vielen Glaubenslehren und warfen ihn in den theologischen Skepticismus, von dem er sich lange Zeit nicht
heilen konnte. Nach seinen Reisen in Holland,
Schweden und Deutschland, die er zur Bereicherung
seiner Kenntnisse vortreflich benuzte, kehrte er nach
Paris zurük. Die Physik hatte ihm bald eine öffentliche Anstalt zu verdanken. Colbert und Lud-
wig XIV. wurden aufmerksam auf ihn und unter-
stüzten ihn. — Im Jahre 1670 warb er mit
Bossuet der Lehrmeister des Dauphin. Um diese
Zeit fieng sein Hang zum Pyrrhonismus an sich zu
entwikeln. Er war eine Frucht einer beinahe alle
Wissenschaften umfassenden Gelehrsamkeit, und besonders des Studiums der Geschichte der Philosophie.
Schon lange her hatte er oft mit Misfallen auf die
vielen gegen einander lauffenden Meinungen und
Streitigkeiten der Weltweisen hingeblikt, und sich
oft dadurch in ein Labyrinth verwikelt gefunden, aus
dem er sich nicht herausfinden konnte. Der stolze
dogmatische Ton, den Aristoteles zuweilen führt, ver-
sezte ihn in Unwillen. Die Herrschaft, welche die
Aristotelische Philosophie noch damals behauptete,
brachte eine gleiche Wirkung bei ihm hervor. Die

Zweiter Theil.   F   Be-

Betrachtung, daß diese Philosophie so vielerlei verschiedene Meinungen bei den Griechen, bei den Römern, bei den Arabern, bei den Alten und Neuen
habe hervorbringen können, die Bemerkung, daß die
Philosophie seines Zeitalters nicht sowohl eine Er-
forschung der Wahrheit, als eine Kunst sei, durch
listige und betrügliche Griffe zu streiten — stimmten ihn aufs neue zum Skepticismus.   Die Cartesische Philosophie fand Anfangs an Huet einen gros-
sen Bewunderer.   Bald aber fand er, daß die Pe-
ripatetiker nicht ganz dadurch widerlegt wären, und
sah zu gleicher Zeit einen neuen Vertheidiger der Epi-
kurischen Lehre, den Gassendi, aufstehen.   Diese
Lehre schien ihm die Impietät zu begünstigen — in
dieser Verlegenheit wandte er sich zum Platonismus,
der ihm am besten mit der christlichen Religion zu
harmoniren schien.   Er suchte feste unerschütterliche
Fundamente der Wahrheit, einen strengen Zusammenhang der Lehren, und fand in der Platonischen
Philosophie nichts als eine schöne Einkleidung und
reizende Bilder.   Er fand, daß in diesem Systeme
oft durch einen Cirkel Säze gegenseitig durch einander erwiesen, und daß oft für und wider einen Saz
gleich viele und gleich starke Gründe vorgebracht wurden.   Er fand, daß aus Platos Schule die verschie-
densten Secten hervorgegangen wären, von welchen
sich jede für die ächte ausgebe.   Nach dem Studium
der Schriften Platos und der Platoniker fand er sich
mehr als jemals von der Gewißheit entfernt.   Er
durchgieng alle philosophische Systeme.   Die Lehre
des

des Arcesilas, des Pyrrho, des Carneades gefiel ihm
am besten. Er glaubte, daß sie die Natur des
menschlichen Verstandes besser erkannt hätten, als
alle andere Weltweisen. Er verließ übrigens ihre
Meinungen in verschiedenen Puncten und bildete sich
sein eigenes System. Endlich ward er durch fort-
gesetztes Nachdenken, und besonders durch das Studium des Sextus zum vollkommenen Pyrrhonier [68]).

Hievon zeigten sich schon Spuren in seiner evan-
gelischen Demonstration, die im Jahre 1679
das erstemal herauskam, und für den gelehrten Theologen noch immer ein sehr unterrichtendes Buch ist.
Schon hier sezt er der schwachen, schwankenden Vernunft das Licht und die unerschütterliche Festigkeit
des christlichen Glaubens, der eignen Untersuchung
die Autorität entgegen. Schon hier hält er dem
Carneades Lobreden, und behauptet, daß sich niemand um die Philosophie mehr verdient gemacht habe als er. Er erwählte izt den geistlichen Stand
und bestieg eine geistliche Würde nach der andern.
Die erste Frucht der Muße, welche er in diesem
Stande genoß, war seine Censur der cartesia-
nischen Philosophie, die im Jahre 1689 herauskam, und gleichfalls nicht undeutliche Spuren
einer skeptischen Denkart enthielt. Noch deutlicher
zeigten sich diese in seinen Alnetanischen Unter-

F 2   suchun-

68) Diese Erklärung des Ursprungs seines Pyrrhonismus ist
aus seinen Schriften, vorzüglich aus der Vorrede zu seiner
Schrift von der Schwachheit des menschlichen
Verstandes abstrahirt.

suchungen, die im Jahre 1690 nachfolgten. Er
suchte hier die Uebereinstimmung der Vernunft und
des Glaubens zu zeigen, aber ganz und gar auf Un-
kosten der Vernunft. Sein Hauptzwek geht dahin,
zu zeigen, daß wir gar nicht wissen, ob und wie unsre
Ideen mit den äussern Objecten übereinstimmen, daß
uns also die Vernunft bloß in eine traurige Ungewißheit leite, aus welcher uns allein der Glaube
helfen könne. Das Widersinnische und Paradoxe
vieler Glaubenslehren sucht er dadurch zu retten, daß
er bemerkt, es gebe viele eben so widersinnische Lehren und Gewohnheiten, die von den weisesten Völ-
kern angenommen würden. Man bemerkt übrigens
in dieser Schrift deutlich, daß unter andern auch das
ihn für den Skepticismus einnahm, weil er ihn für
das beste Mittel hielt, der emporkommenden Cartesischen Philosophie Abbruch zu thun, gerade wie izt
manche den Skepticismus gegen die Kantische Philosophie gebrauchen, der übrigens eben deswegen, weil
er gegen alle philosophische Systeme gebraucht werden kann, obgleich deswegen anscheinend stärker, doch
gegen das einzelne System nur desto schwächer ist.
Die skeptischen Aeusserungen in den Schriften, welche Huet während seines Lebens herausgab, machten
noch nicht viel Aufsehen: man sah sie vielmehr für
fromm an, und sie wurden auch, weil sie in gelehrten
und lateinisch geschriebenen Werken verborgen lagen,
nicht so bekannt. Deswegen erstaunte die ganze gelehrte Welt, als nach seinem Tode ein hinterlassenes
Werk von der Schwachheit des menschlichen

Ver-

Verstandes erschien, in welchem der vollendetste
Skepticismus systematisch vorgetragen war. Viele
erklärten es für ein untergeschobenes Werk, viele behaupteten, dieser berühmte Bischoff, der ehmals die
Wahrheit der Religion mathematisch demonstrirt habe, seie ein durchaus ungläubiger Zweifler gewesen.
Es wurde von dem Herausgeber streng erwiesen, daß
Huet wirklich der Verfasser sei, und der Stil so wie
die Uebereinstimmung der darinn herrschenden Denkart mit dem Innhalte seiner übrigen Schriften kann
jedem Leser dasselbige erweisen. Aber diese Schrift
war einmal ganz dem Skepticismus gewidmet und
in französischer Sprache geschrieben. Sie machte daher weit mehr Eindruk, und ihr Innhalt wurde weit
bekannter, als bei seinen übrigen Schriften geschehen
war ⁶⁹). In dieser Schrift kommen der Hauptsache
nach keine anderen Gründe gegen die menschliche Gewißheit vor, als schon Sextus vorgetragen hatte,
nur daß sie Huet nach seiner Weise ordnet und ein-
kleidet, auf die zu seiner Zeit herrschenden philosophischen Systeme Rüksicht nimmt, und von dem
Reichthum seiner eigenen Kenntnisse Gebrauch macht.
Seit Sextus war kein so gelehrtes und vollständiges
Werk über den ganzen Geist der Skepsis erschienen;
und sie so durchaus gegen alle Einwürfe vertheidigt
worden. Dabei enthält diese Schrift sehr viele Er-

F 3   läu-

69) Sie ist auch deutsch übersetzt Frankfurt am Mayn 1724.
Der Uebersetzer hat in den Anmerkungen den Skepticis-
mus vorzüglich aus den Grundsätzen der Wolfischen
Philosophie zu bestreiten gesucht.

läuterungen der Geschichte der Philosophie überhaupt und der skeptischen insbesondere. Es wäre überflüssig und ermüdend, die vielen philosophischen, historischen und theologischen Gründe gegen die Wahrheit und Gewißheit der menschlichen Erkenntniß, welche hier ausgeführt werden, hier darzustellen. Desto mehr Aufmerksamkeit verdient die Art, wie Huet seinen Skepticismus auch hier noch mit dem christlichen Glauben zu verbinden strebt.

Er behauptet, daß sich allerdings in den Objecten selbst Wahrheit finde, indem Gott die Sachen erkenne, wie sie seien, allein bei dem Menschen seien unübersteigliche Hindernisse vorhanden, diese Wahrheit selbst zu erkennen (§. 235). Er will auch nicht leugnen, daß der Mensch zur Erkenntniß der Wahrheit gelangen könne, sondern nur behaupten, daß der Mensch nicht gewiß wissen könne, ob seine Kenntniß wirklich mit den Objecten übereinstimme (§. 236. 237). Er gibt auch eine Gewißheit der Seeligen zu, welche noch größer sei, als die Gewißheit in Glaubenssachen, die der Mensch hienieden haben könne (§. 13). Der Glaube ist es seiner Meinung nach, der dasjenige sehr gewiß macht, was der Vernunft nach ungewiß ist, und der die schwache Vernunft stärkt, der uns erst gewiß machen kann, daß es Körper gebe, der überhaupt nicht nur in Glaubenssachen, sondern auch in solchen, die nicht zum Glauben gehören, den Mangel der Vernunft ersezt (§. 239. 246) [70]). Der Glaube ist aber seiner

Mei=

70) Vergl. auch Quaestt. Alnet. L. I, c. 3. p. 36. f.

Meinung nach) eine Gabe Gottes, sowohl in diesem
als in dem zukünftigen Leben (§. 281 — 285).
Huet führt selbst in der Folge den Einwurf an, den
man ihm mit Recht machen konnte, daß der Skepticismus auch den Glauben zerstöre, daß er zum Glauben an Offenbarung unfähig mache und zu einer gänzlichen moralischen Verschlimmerung leite (§. 318 —
324). Was er sowohl in dieser Schrift, (§. 380 —
410) als auch schon vorher in dem ersten Buche seiner alnetanischen Untersuchungen auf diesen Einwurf
antwortet, zeigt wohl, in welche Verlegenheit er ihn
sezte. Es besteht der Hauptsache nach in folgendem.
Der Beifall in Glaubenssachen kommt nicht aus der
Vernunft, sondern aus einer übernatürlichen Wirkung Gottes. Er gründet sich auf die prima veritas
revelata, die um ihrer selbst willen, nicht wegen der
Evidenz, mit welcher sie der Vernunft erscheint, geglaubt werden muß. Die Vernunft ist nicht die
Ursache (objectum formale) des Glaubens, jedoch
das instrumentum. Sie räth selbst zum Glauben.
Selbst die ersten Vernunftgrundsäze, wenn sie mit
den Glaubenssäzen nothwendig verbunden sind, müssen um des Glaubens willen geglaubt werden, und
werden alsdann aus menschlich-gewissen göttlich-ge-
wisse Säze. Wie das Licht sich selbst und andere
Gegenstände zugleich sichtbar macht, so macht die
prima veritas, indem sie uns Geheimnisse offenbart
und uns den Glauben einflößt, zugleich, daß der
Glaube und die geoffenbarten Gegenstände aufgenommen werden. Auch die Beweise der Glaubwürdig-

F 4 keit

keit der chriſtlichen Religion ſind blos wahrſcheinlich,
der Glaube aber macht ſie gewiß. ——

Aus dieſer Deduction iſt ſoviel klar, daß Huet
genörhigt iſt, irgend etwas dogmatiſches in ſeinen
Skepticismus zu legen, ſo bald er ihn mit dem Glauben in Harmonie bringen will. Aber die Frage hat
er gar nicht berührt: Wie können wir denn wiſſen,
daß uns der Glaube von Gott gegeben worden iſt,
und daß gewiſſe Säze wirklich geoffenbaret ſind? Haben nicht verſchiedene Menſchen und Völker die aller-
widerſprechendſten Säze als Offenbarungen und ihren
Glauben an dieſelbigen als eine Gabe Gottes ſelbſt an-
geſehen? Haben wir hier mehr als bei den natürlichen Gegenſtänden unſrer Erkenntniß ein Mittel,
unſre Vorſtellungen und Empfindungen mit den Objecten zu vergleichen? Findet alſo nicht derſelbige
Skepticismus bei dem Glauben Statt, der bei der
Vernunft Statt findet? Die verſchiedenen Glaubensarten ſind wie die verſchiedenen philoſophiſchen
Meinungen, Gebräuche, Sitten auch hier ein τρο-
πος επoχης, und die Unmöglichkeit einer gewiſſen
objectiven Erkenntniß iſt hier noch größer, als bei
natürlichen Gegenſtänden, weil hier noch weit mehr
ein Betrug der Einbildungskraft und der frühen Gewohnheit zu befürchten iſt, als bei unſern alltäglichen
Erfahrungen. Huet zerſtört alſo wirklich mit der
Vernunft auch den Glauben. Daß er aber dieß
wirklich ſelbſt gefühlt haben ſollte, dieß iſt mir nicht
wahrſcheinlich. Erziehung, Gewohnheit, der Eindruk religiöſer Gebräuche, gründen oft den Glauben
ſo

so tief in dem Menschen, daß er ihn nicht einmal in
Zweifel sezen kann, und daß er das Uebernatürliche
seines Ursprungs zu empfinden glaubt, wodurch voraus alle Zweifel zum Stillschweigen gebracht werden. Es ist übrigens deutlich, daß Huet hier in seinen Hauptideen dem Montagne und Bayer folgt.
Warum hat aber er, der sonst so viel citirt, sie nirgends angeführt?

Huet wollte lieber Jdiognomifer, als Skeptifer oder Pyrrhonier heissen, weil er doch in Manchem, besonders in Ansehung des Zweks, welcher
bei ihm der Glaube sei, von der Secte der lezten ab-
weiche, und weil er überall nur seiner Meinung sei,
ohne übrigens aufzuhören, daran zu zweifeln, und es
mit etwas anderm zu vertauschen, so bald es ihm
wahrscheinlicher vorkomme (§. 303).

Die Skeptifer, die wir bisher haben auftreten
sehen, waren bloß Deutsche und Franzosen gewesen.
Im Jahre 1665 trat ein Engländer, Namens
Glanvil, mit einer scientifischen Skepsis
auf, welche bekannter zu seyn verdiente, als sie es
wirklich ist [71]). Er wurde, wie sich zum voraus
bei dem herrschenden Geiste des Zeitalters befürchten
ließ, von vielen für einen gefährlichen Zweifler er-
flärt. Er war es nicht — aber er war auch kein

F 5 ent-

---

71) Scepsis scientifica: or confest ignorance, the way to
science; In an Essay of the vanity of dogmatizing and
confident opinion. With a reply to the exceptions of
the learned Thomas Albius. By Joseph Glan-
vill, M. A. London 1665. 4.

entscheidender Dogmatifer. Er war ein bescheidener Zweifler in vielen Stücken, und suchte einen
Mittelweg zwischen Dogmatismus und Skepticismus. Er sah in seinem Zeitalter und besonders in
seinem Vaterlande, zwo Hauptpartheien. Die eine
stüzte sich auf Vernunft und Philosophie und war
atheistisch — die andere declamirte wider Vernunft
und Philosophie und war abergläubisch. Der einen
suchte er zu zeigen, daß es eine Unverschämtheit ist,
wenn der Atheismus auf Philosophie Anspruch macht,
und der andern, daß es nur ein Beweis von Unwissenheit ist, zu behaupten, daß die Kenntniß der Natur zur Irreligion leitet. Die Montagne und
Charron sind deutlich von ihm benuzt worden, und
haben ihn auf viele seiner Ideen geleitet. Wenn er
den Grund der Schwäche unserer intellectuellen Kräfte in dem Sündenfalle sucht, so hieng dieß mit den
Zeitbegriffen zusammen, und darf seinen philosophischen Geist nicht verdächtig machen. Wirklich sieht
der Mensch nicht nur in Ansehung seiner moralischen
sondern auch seiner intellectuellen Kräfte wie ein Wesen aus, das aus einem bessern Zustande getreten
ist — eine Idee, die auch in der Pythagoreischen
und Platonischen Philosophie herrscht. Den größten
Theil der Schrift nimmt eine Schilderung der menschlichen Unwissenheit nach den verschiedenen Objecten
derselben ein, wobei der Verfasser vorzüglich auf den
Cartesischen und Aristotelischen Dogmatismus Rüksicht nimmt. Verschiedene skeptische Gründe sind
hier mit einer Feinheit und einem Scharfsinne ausgeführt,

führt, mit welchen sie vorher noch nie behandelt worden waren. Glanvil nimmt auch auf die Fortschritte Rükficht, welche die Physik zu seiner Zeit gemacht hatte und zeigt, wie sie nur unsre Unwiffenheit
in Anfehung der Naturgegenstände mehr ins Licht gestellt haben. Er gebraucht Descartes und Male-
branches Philofopheme über die Eigenschaften der
Körper zu eben diefem Zwefe. Er schließt die Quellen der vielen menschlichen Irrthümer mit viel
Scharffinn und Methode auf. Er fucht die Urfachen
zu erklären, warum die peripatetische Philofophie fo
viele Anhänger erhalten habe und zeigt überall ihre
schwachen Seiten. Er fucht durch viele Gründe zu
erweifen, daß es keine Wiffenschaft im Sinne der
Dogmatiften gebe. Unter diefen Gründen ist vorzüglich derjenige merkwürdig, der von der Caufa-
lität hergenommen wird. Glanvil behauptet, daß
wir eigentlich von keinem Dinge fagen können, es feie
die Urfache des andern, fondern nur, daß eines das
andere begleite oder auf daffelbe folge [72]). Er findet, daß die Urfachen fo mit einander verbunden zu
feyn fcheinen, daß wir nicht Eine zu kennen im Stande find, ohne alle zu kennen — und daß in der Welt
alles

[72] S. 142. All knowledge of caufes is deductive:
for we know none by fimple intuition; but through the
mediation of their effects. So that we cannot conclu-
de any thing to be the caufe of an other, but from its
continual accompanying it: for the caufality itfelf is
infenfible. But now to arque from a concomitan-
cy to a caufality, is not infallibly conclufive: yea in
this way lies notorious delufion.

alles so unter einander gemischt ist, daß wir nicht
leicht einer Ursache ihre bestimmte Wirkung zuschreiben können. Sollte ihn nicht Hume benuzt haben?
Der lezte Theil der Schrift klingt wirklich ganz skeptisch — aber der Zwek des Verfassers geht doch
nicht auf den eigentlichen Skepticismus, sondern er
will lieber etwas übertreiben, um die Sachen desto
eher wieder ins Gleichgewicht zu bringen [73]). Zulezt legt er es dem Dogmatismus noch zur Last, daß
er das Kind der Unwissenheit und der Leidenschaften,
daß er der Störer des Friedens und der Urheber der
Irrthümer sei, daß Unbescheidenheit Ungezogenheit
und einen kleinen, engen Geist verrathe [74]).

Eine

73) Er drükt sich sehr schön darüber so aus: Thus have I in
this last particular playd with the Dogmatist in a per-
sonated Scepticism: and would not have the de-
sign of de whole discourse measur'd by the seeming
tendency of this part on't. The sciolist may here
see, that what he counts of all things most absurd and
irrational, hath yet considerable shew of probability
to plead its cause, and it may be more then some of
his presumed demonstration. 'Tis irreprehensible in
Physitians to cure their patient of one disease, by ca-
sting him into another, less desperate. And I hope,
I shall not deserve the frown of the ingenuous for my
innocent intentions; having in this only imitated the
practice of bending a crooced stick as much the other
way to straighten it. And if by this verge to the
other extream, I can bring the opinionative
confident but half the way, viz. that discreet mo-
dest aequipoize of judgment, that becomes the sons of
Adam; I have compast what I aim at. p. 163 f.

74) Schön sagt Glanvil S. 171: Il betrayes a poverty
and narrowness of spirit, in the dogmatical assertors.
There

Eine vortrefliche Apologie der Philosophie macht den Beschluß, welche den Verfasser
auch ganz von dem Verdachte des Skepticismus
freispricht — ein Verdacht, gegen welchen er sich
auch in der Antwort auf die Beschuldigungen des
Thomas Albius sehr geschikt vertheidigt.

Die Skeptiker, von welchen wir bisher gesprochen haben, waren einzelne wenige Ausnahmen von
einem allgemein herrschenden theologischen und philosophischen Dogmatismus. Sie waren ruhige und
friedliche Zuschauer eines lebhaften Kampfs unzähli-
ger Gegner, von welchen jede Parthie allein im Be-
sitze der Wahrheit zu seyn glaubte. Niemand merkte
viel auf ihre Stimme, weil sie ohnehin von keiner
großen Wirkung war. Nach und nach ereigneten
sich verschiedene Umstände, welche die Sache vor ein
größeres Publicum brachten und verschiedene Vertheidiger der menschlichen Gewißheit erwekten. Die
Aristotelische Philosophie sank immer mehr in ihrem
Ansehen, die Cartesische Philosophie fand eine Menge Gegner, sie schien selbst vielen zum Skepticismus
zu

There are a set of Pedants, that are boon to slavery.
But the more generous spirit preserves the liberty of
his jugdment and will not pen it up in an opiniati-
ve dungeon; with an equal respect he examins all
things and judgeth as impartially as Rhadamanth: when
as the pedant can hear nothing but in favour of the
conceits he is amorous of; and cannot see, but out of
the grates of his prison. The determinations of the
nobler mind are but temporary and he holds them but
till better evidence repeal his former apprehensions.

zu leiten, und hatte zu einem neuen Systeme mehr
Vorschläge gethan, als sie ausgeführt.   In England
fieng der Geist des Zweifels an, die herrschende Religion anzugreifen, und gieng bald bei vielen in eine
Verwerfung der christlichen Offenbarung über, wodurch der Vernunft von der andern Seite wieder an
Kraft beigelegt wurde, was ihr von der einen genommen worden war.

Unter diesem Umstand trat der wahrhaft große
Johann Locke (geb. 1632 † 1704) im Jahre
1697 mit seinem Versuche über den menschlichen Verstand hervor. Er betrat nach der Methode eines Baco und Hobbes den Weg der Erfahrung.   Er machte von dieser Methode eigentlich
für die ganze Philosophie Gebrauch, und wenn sein
Werk aufmerksame Leser und Freunde genug finden
konnte, so war dadurch eine Revolution in der Philosophie gemacht.   Es war wirklich so beschaffen, daß
ihm dieß gelingen konnte.   Es ist mit einer so erhabenen philosophischen Ruhe, mit so viel Popularität
und Klarheit, in einer so natürlichen Ordnung, mit
einem so umfassenden Geiste, mit einer so reinen
prunklosen Wahrheitsliebe geschrieben, daß es Leser
aller Art anziehen und zum Denken reizen konnte.
Wirklich hat nicht leicht ein philosophisches Werk
von gleicher Bedeutung und Umfange so viele Leser
und Freunde auch ausser dem gelehrten Stande gefunden, und sich einen so daurenden Ruhm bis auf
unser Zeitalter erworben. Zwar ist es wirklich nur ein
Versuch, mit dem Locke die weitaussehende Absicht
                                                   nicht

nicht hatte, welche wirklich dadurch erreicht worden ist.
Er ward unter dem Schreiben weiter geführt, als er
vorausgesehen hatte. Er fand ihn bei der Vollendung
sehr unvollkommen und mangelhaft, und wenn er ihn
noch einmal hätte ausarbeiten können, so würde er
ohnezweifel selbst auf wesentliche Veränderungen in
seinem Systeme geleitet worden seyn. Ein philosophischer Leser dieses Versuchs wird auch nicht selten
unphilosophische Beweise, Lücken, Mangel an Be-
stimmtheit und Methode, Weitschweifigkeit und wieder unverhältnißmäßige Kürze in demselben bemerken und oft wünschen, daß ihm die lezte Hand nicht
gefehlt haben möchte. Aber nichts destoweniger wird
er sich nicht enthalten können, den Verfasser zu ver-
ehren und zu lieben, und auch in dem nicht in allen
Theilen vollendeten Werke die Hand des Meisters zu
bewundern. Ich gestehe, daß für mich dieser Versuch eine meiner erquikendsten und lehrreichsten Lectüren gewesen ist. Wenn man dieß Werk ganz geniessen will, so muß man es übrigens im Originale lesen: es verliert, was freilich nicht bei allen philosophischen Schriften, aber bei allen philosophischen
Originalwerken der Fall ist, in jeder Uebersezung und
in jedem Auszuge ungemein viel.

Locke verwarf alle angeborne Ideen. Es ist ihm
gelungen, seine Meinung beinahe in der ganzen philosophischen Welt nach und nach geltend zu machen,
aber izt wird niemand, der mit der Philosophie fort-
geschritten ist, seiner Meinung so ohne alle Einschränkung und nähere Bestimmung beipflichten können.

nen. Locke behauptet, daß es nur zweierlei Ideen —
Ideen der S e n s a t i o n und der R e f l e x i o n gebe.
Die ersten werden aus der äusseren, die andern
aus der i n n e r e n Erfahrung geschöpft. Die Gegenstände der lezten sind die Operationen unserer Seele,
und sie selbst sind mit dem Bewußtseyn verbunden,
daß es unsere Ideen sind. In der lezten Bestimmung hat sich Locke ohnezweifel geirrt. Wie dem
auch sei, so behauptet er, daß unsere Ideen jedes-
mal reine Abbrücke ihrer Objecte sind, diese mögen
nun in der Sensation oder Reflexion liegen, daß diese Ideen ganz e i n f a c h e Vorstellungen sind, die weiter nicht zergliedert, aber aufs allermannichfaltigste
zusammengesezt werden können, und am Ende den
ganzen Reichthum unsrer Erkenntniß ausmachen.
Die V e r n u n f t ist bei ihm bloß ein Vermögen, die
Uebereinstimmung und den Widerspruch in ihren logischen Verrichtungen wahrzunehmen, und die zusammengesezten Vorstellungen auf einfache zu redu-
ciren. W a h r h e i t ist bei ihm eine solche Vereinigung oder Trennung der Z e i c h e n der Dinge, welche mit der Vereinigung oder Trennung der bezeich-
neten Dinge selbst übereinstimmt. Dieß Verbinden oder Trennen der Zeichen heißt eigentlich ein
S a z. Wahrheit ist also eigentlich nur in den Säzen [75]). Locke sezt aber hiebei voraus, daß die Ideen
mit

---

75) Truth is nothing but the joining or separating of
signs, as the things signified by them do agree or dis-
agree one with an other. The joining or separating
of signs here meant is what by an other name we call
pro-

mit ihren Objecten vollkommen übereinstimmen, und
nennt dieß in der Folge Realwahrheit (real truth
im Gegensaze gegen mental truth).   Aber er zeigt
keineswegs, daß die Ideen wirklich mit ihren Objecten übereinstimmen, und läßt auf diese Art dem
Skepticismus ein weites Feld, der auch diesen Vortheil in der Folge wohl benuzt hat.   Er ist geneigt,
zu glauben, daß alle Wahrheit zulezt auf einen still-
schweigenden Saz (tacit proposition) hinaus
laufe, wodurch er wahrscheinlich den Beifall bezeichnen will, den wir Eindrüken als Wirkungen wirk-
licher Dinge unwillführlich schenken.   Aber, ohne
sich weiter darüber zu erklären, geht er sogleich auf
die Wahrheit und Gewißheit allgemeiner Säze über
und behauptet, daß nur in diesen allgemeine Gewißheit möglich sei [76]).   Wenn übrigens Locke die vollkommene Uebereinstimmung unsrer simplen Ideen
mit ihren Objecten behauptet, so gibt er doch zu, daß
                                                 unsre

proposition. So that truth properly belongs only to
propolitions.

[76]) IV, 6, 16. — General certainty is never to be found
but in our ideas. Whenever we go to seek it elfe-
where in experiment or obfervation without us, our
knowledge goes not beyond particulars. It is the con-
templation of our own abftract ideas, that alone is able
to afford us general knowledge. IV, 7, 7. — as to real
exiftence, fince that has no connection with any other
of our ideas, but that of ourfelves et of a firft being,
we have in that concerning the real exiftence of all
other beings not fo much as demonftrative, much lefs a
felf — evident knowledge and therefore concerning
thofe there are no maxims — IV, 9, 1. 11, 1.

Zweiter Theil.   G

unfre Kenntniß der Objecte, befonders der Subftan-
zen äufferft ungewiß und mangelhaft fei ⁷⁷), und
daß unfere complexe Ideen, als willkührliche Zufam-
menfezungen mit den Objecten nur felten, oft wenig
oft gar nicht übereinftimmen.

Locke hat die Unterfcheidung zwifchen erften und
zweiten Eigenfchaften der Körper vorzüglich in Gang
gebracht.   Von den zweiten behauptete er, daß fie
unabhängig von unfrer Empfindung nichts in den
Körpern felbft feien.   Es ift kein Wunder, wenn in
der Folge behauptet wurde, daß dieß eben fowohl
von den erften gelte, indem wir fie blos in unfrer
Empfindung kennen und nicht wiffen, ob fie etwas
auffer uns find. So arbeitete Locke für den Idealismus und Skepticismus ⁷⁸).

Den Begriff von Gott läßt er gleichfalls aus
der Zufammenfetzung einfacher Begriffe entftehen ⁷⁹)
und gebraucht den cosmologifchen Beweis für die
Exiftenz deffelben ⁸⁰).   Allein bei der Dunkelheit,
in welcher er die Frage läßt: ob und wie wir uns
von der Exiftenz der Gegenftände auffer uns überzeugen können? und bei feiner Behauptung, daß wir
die Exiftenz der Geifter nicht gewiß wiffen können,
ob er gleich die Exiftenz Gottes ausdrüflich aus-
nimmt

77) Z. E. IV, 1. 4.
78) Er verwirft felbft den Idealismus nicht geradezu IV, 2.
14. Als Keime zu Humifchen Ideen können befonders betrachtet werden IV, 3, 16. 26 — 29.
79) II, 23.
80) IV, 10.

nimmt [81]), möchte dieser Beweis mit seinem Systeme nicht harmoniren. In Ansehung der Immaterialität der Seele ist er selbst vollkommener Skeptiker [82]). In Ansehung der Moral ist Locke am
wenigsten befriedigend, und leitet zum moralischen
Skepticismus. Er stellt die Tugend als etwas vor,
das blos deswegen gebilligt werde, weil es nützlich sei,
er bringt sehr auf die widersprechenden moralischen
Grundsäze und Sitten verschiedener Menschen und
Nationen, um zu zeigen, daß moralische Begriffe
und Grundsäze nicht angeboren sind [83]). Dabei behauptet er freilich, daß moralische Wahrheiten einer
mathematischen Demonstration fähig sind, aber wie
benimmt er sich dabei? Er rechnet die moralischen
Begriffe unter die Complexe, welche von uns selbst
zusammengesezt werden, welche nicht Copieen, sondern Urbilder seien, welche sich nicht auf wirklich existirende Gegenstände, nicht auf Substanzen, sondern
auf modos beziehen. Hier, sagt er, ist die voll-
kommenste Gewißheit möglich, da wir die Harmonie oder Disharmonie der einfachen Vorstellungen,
aus welchen die moralischen Begriffe zusammengesezt
sind, aufs genaueste bemerken können, und die Ideen
selbst vollkommen deutlich sind [84]). Er beruft sich

G 2 ausser-

81) IV, 11, 12.
82) IV, 3, 6.
83) I, 2, 6. ff.
84) IV, 3, 18. 4, 7. Certainty being but the perception
of the agreement or disagreement of our ideas and demonstration nothing but the perception of such agreement by the intervention of other ideas or mediums,
our

ausserdem noch darauf, daß der Begriff von Gott, als unserm Schöpfer und Regenten, und von uns selbst als vernünftigen von ihm abhängigen Wesen, ganz klar sei, und daß eben deswegen die daraus hergeleiteten moralischen Regeln eines strengen Beweises fähig seien [85]). Aber wo liegt nun nach Lockes Theorie der Ursprung der moralischen Begriffe? Er kann ihn nirgends anders suchen, als theils in der äusseren Erfahrung, in der Beobachtung der nüzlichen und schädlichen Folgen unsrer Handlungen, theils in unserer Idee vom Willen Gottes. Beides ist eine unsichere Quelle. Weder aus der einen, noch aus der andern können reine moralische Regeln hergeleitet werden. Die Folgen der Tugend sind oft physisch schädlich, die Folgen des Lasters oft physisch nüzlich für uns, und die Folgen der Handlungen in der ganzen Dauer unsrer Existenz können wir unmöglich berechnen und überschauen. Auch der Wille Gottes, ohne vorhergegangene reine moralische Begriffe, die wir demselben beilegen, gibt keine festen moralischen Regeln an die Hand, indem der eine dieß der andere das Gegentheil sich als Willen der Gottheit denken kann und wirklich gedacht hat. Bei Locke hat also die Moralität keine sicheren Stüzen, so sehr er ihr auch das

---

our moral ideas as well, as mathematical, being archetypes themselves and so adequate and compleat ideas; all the agreement or disagreement, which we shall find in them, will produce real knowledge as well as in mathematical figures.
85) IV, 3, 18.

das Wort redet und so viel Ehre er ihr mit seinem
Beispiele machte.   Locke hat daher ganz wider seine
Absicht mehr zur Verbreitung des Unglaubens und
zur Erzeugung des Skepticismus beigetragen, als
vielleicht irgend ein anderer Schriftsteller, so sehr er
auch für Religion und Tugend eiferte und so sehr er
durch Bestimmung der verschiedenen Grade von Gewißheit in der menschlichen Erkenntniß und durch
Aussöhnung der Vernunft und des Glaubens der
Zweifelsucht entgegenarbeiten wollte.   „Es geschah
— sagt selbst sein Zögling und Verehrer Lord
Shaftsbüry [86])—daß alle diejenigen, welche man
heutzutage Freidenker nennt, diejenigen Grundsäze
angenommen haben, welche Hobbes in diesen lezten
Zeiten aufstellte.   Locke gieng eigentlich denselbigen
Weg und die Tindals und andere freie Schriftsteller
sind ihm nachgefolgt, so sehr ich ihn auch aus seinen
Schriften und aus seinem Umgange als einen aufrichtigen Gläubigen und einen redlichen Christen kenne.
Locke war es, der den ersten gefährlichen Schlag that:
den Hobbes Character und niedrige, sclavische Grundsäze in der Politik nahmen das Gift seiner Philosophie weg.   Locke war es, der die Fundamente erschüt-
terte, der alle Ordnung und Tugend aus der Welt
verwies und selbst die Ideen derselben (welche einerlei
mit der Idee eines Gottes sind) für unnatürlich und

G 3   nicht

86) Letters written by a nobleman to a young man at
the university. London 1716 finden sich bei verschiedenen
Englischen Editionen des Versuchs über den menschlichen
Verstand.

nicht in unsern Gemüthern gegründet erklärte. Er
spielt auf eine armselige Weise mit dem Worte: angeboren ⁸). Was hat aber die Geburt oder das
Fortschreiten des Fötus ausser Mutterleibe mit diesem
Falle zu thun? Die Frage ist nicht von der Zeit, zu
welcher die Ideen in uns kamen, oder von dem Augenblik, wo ein Körper aus dem andern hervorkam;
sondern das ist die Frage: ob die ganze Einrichtung
der Menschen so ist, daß, wenn sie erwachsen sind,
früher oder später — wenn? ist einerlei — die Idee
und das Gefühl von Ordnung, von einer Weltregie-
rung und einem Gotte unfehlbar, unvermeidlich,
nothwendig in ihnen entstehen muß? — Aber da
kömmt der leichtgläubige Locke mit seinen Indischen
und Barbarischen Geschichten von wilden Nationen,
welche keine solche Idee haben (wie er sich von Reise-
beschreibern — ach den gelehrten Schriftstellern! den
glaubwürdigen Männern! den großen Philosophen!
bereden läßt). — Tugend hat bei Locke keinen andern
Maaßstab, Gesez oder Regel, als Gewohnheit und
Mode. Moralität und Gerechtigkeit hängen allein
vom Geseze und der Willkühr ab; und Gott ist ein
vollkommen freies Wesen, nach seinem Sinne, frei,
alles zu thun, selbst das Böse: denn, wenn er es
will, so wird es dadurch gut: Tugend kann Laster,
Laster Tugend seyn, wenn es ihm so gefällt: also weder Recht noch Unrecht, weder Tugend noch Laster
sind

87) The right word, sezt Shaftsbury hinzu, though less
used is connatural.

sind es in sich selbst; auch ist keine Spur oder Idee von denselben in die menschlichen Seelen eingedrükt. Die Erfahrung und der Catechismus lehren uns alles! Es muß etwas seyn, wie das, was die Vögel ihre Nester bauen und ihre Kleinen eben so bald fliegen lehrt, als sie volle Federn haben." — —

Ein Zeitgenosse von Locke war

Peter Bayle [88])

(geb. 1647 † 1706) ein Mann, der Genie und Fleiß in gleich hohem Grade verband, eine Menge Vorurtheile seines Zeitalters mit glüklichem Erfolge bekämpfte, gelehrte Kenntnisse unter allen Ständen verbreitete, und in seinen zahlreichen Schriften einen Saamen ausstreute, der auch in folgenden Generationen noch wirkte und neue große Schriftsteller hervorbrachte. Er konnte noch neben den Locken und Leibnizen glänzen und wenn er diesen Männern an philosophischem Tiefsinne nachstand, so übertraf er sie an litterarischen und historischen Kenntnissen und noch mehr durch den großen Einfluß, welchen seine Schriften auf die Menschheit im Großen, auf Volksmeinungen und herrschende Denkart gehabt haben.

Schon in seiner frühesten Jugend bemerkte man eine brennende, unauslöschliche Lernbegierde an ihm. Er las bald alle Bücher, die ihm in die Hände fielen

G 4 und

[88]) La vie de Mſr. Bayle par Mſr. des Maizeaux. — S. auch Schlegels Kirchengeschichte des 18 Jahrh. I, 420 —430.

und unter derselben besonders polemische. Aber
Plutarch und Montagne wurden schon die Lieb-
lingslectüre des Jünglings. Der erste wekte seine
Lust zur Geschichte und bildete seinen Geschmack in
derselben. Der zweite scheint seine Denkart über
Philosophie und Theologie auf sein ganzes Leben am
meisten bestimmt zu haben. Als er im Jahre 1669
nach Toulouse reißte, um seine Studien fortzusetzen,
war er schon mit Zweifeln gegen seine Religion erfüllt. Dieß war eine Wirkung der vielen Contro-
versbücher, die er gelesen hatte [89]). Die Jesuiten
zu Toulouse entdekten bald den glüklichen Fang, den
sie in ihm thun könnten. Sie bewogen ihn, zur
Römischkatholischen Religion überzutreten. Alte
Eindrüke, die wieder erwachten, die Vorstellungen
und Bitten eines Bruders und eines Freundes brachten ihn aber nach 17 Monaten dahin, wieder zur
Reformirten Religion zurükzukehren. Er beschreibt
diese Rükkehr so, daß man fast daraus schliessen
möchte, er seie nicht durch überzeugende Gründe dazu
bewogen worden, und habe überhaupt damals eine
geringe Meinung von der Religion gehabt [90]).

Bayle war ein vortreflicher Character. Ein
edler, zärtlicher Freund, ein ehrerbietiger und gehor-
samer Sohn, mit wenigen Ausnahmen edelmüthig
selbst

---

89) Man sehe seinen Brief bei Desmaizeaux S. 18.
Not. A.
90) Apres quoi les premieres impressions de l'education
ayant regagné le dessus, je me crus obligé de rentrer
dans la religion où j'etois né l. c.

selbst gegen Feinde, bescheiden bei einem Ruhme, dessen sich wenige neuere Schriftsteller haben erfreuen können, bis zum Erstaunen arbeitsam, so daß er der Liebe zur Wissenschaft beinahe alle andere Freuden des Lebens und das Glük der Ehe aufopferte, rein und untadelhaft in seinen Sitten, so daß er auch seinen Feinden Achtung einflößte. Die Züge zu dieser Characteristik liegen in seinem ganzen Leben zerstreut.

Seine ersten litterarischen Untersuchungen fielen auf theologische Gegenstände. Am meisten Aufsehen unter seinen ersten Schriften machten seine Gedanken über die Cometen. Er bekämpfte darin nicht nur den Irrthum, daß die Cometen Vorbedeutungen göttlicher Gerichte wären, sondern behauptete auch zum Erstaunen des Publicums, daß die Religion auf die Sitten und Charactere der Menschen keinen großen Einfluß habe, daß der Atheist tugendhaft, und der Gläubige lasterhaft seyn könne, daß Atheismus nicht schlimmer, als abergläubische Religion sei, daß ein Staat von Atheisten ganz glüklich und sicher seyn könne. Diese Säze klangen damals noch fürchterlicher, als sie izt klingen, wiewohl fast die neueste Geschichte Bayles Behauptung umstürzen möchte. Bayle scheint zu diesen Behauptungen vorzüglich durch ein einseitiges Studium der Geschichte der Religionen und ihrer Wirkungen, durch eine gewisse Kälte gegen die Religion, die aus seinen bisherigen Schiksalen entsprang, durch einige harte Angriffe, die er von Theologen auszustehen hatte, und durch den Mangel einer scharfen Unter-

scheifcheidung der verschiedenen Gattungen von Religionen, geleitet worden zu seyn. So viel Sophismen und Mißverständnisse seine Untersuchung auch enthält, so wenig er erwiesen hat, daß die Religion auf die Sitten der Menschen keinen Einfluß habe (es folgt selbst aus vielen von ihm angeführten Beispielen das Gegentheil) so hat doch dieß Werk das Verdienst, daß es die Tugend als etwas an sich Gutes und Verbindliches auch unabhängig von der Religion schildert.

Bayle war ein so großer und judiciöser Litterator, als es wenige gab. Wenige haben ein so freies Räsonnement, einen so glüflichen Wiz, und eine so reiche Litteratur in ihren Schriften verbunden, und wenige ihre Litteratur auf eine so angenehme Art zu verschwenden gewußt. Nur Lessing, der sich auch großentheils nach ihm gebildet hat, scheint in dieser Rüksicht mit ihm verglichen werden zu können. Bayle wurde der Urheber einer litterarischen Kritik, von der man vorher kein solches Beispiel gesehen hatte. Seine Neuigkeiten aus der Republik der Wissenschaften sind das erste gute Journal, das Gelehrsamkeit und Scharffinn, Gemeinnüzigkeit, Unterhaltung und Wiz verbindet.

Bayle wurde der erste philosophische und beredte Schriftsteller über die Toleranz, und war in dieser Rüksicht weit mehr für sein Zeitalter, als Voltaire für das seinige.

Seine Schriften hatten ihm schon lange den Vorwurf des Atheismus und der Irreligion zugezogen,

gen, als im Jahre 1695 sein historisch-kriti-
sches Wörterbuch zu erscheinen anfieng — das
erste Werk, dem er seinen Namen, wiewohl unger-
ne, vorsezte. Dieses Werk zog ihm bald beinahe
allgemein den Verdacht des Pyrrhonismus zu. Dieser Verdacht war wirklich gegründet, ob ihn gleich
verschiedene neuere Schriftsteller davon haben los-
sprechen wollen [91]). Es läßt sich ganz natürlich erklären, wie Bayle nach und nach zum Skepticismus
geleitet wurde. Schon in seiner Jugend hatte ihn
die Lectüre polemischer Schriften in seinem Glauben
zweifelhaft gemacht. Eine zweimalige Religions-
veränderung, langwierige und drükende theologische
Streitigkeiten mit Gegnern, wie Jurieu, die Bemerkung, daß die Religionsstreitigkeiten meist von dem
allzugroßen Zutrauen der Menschen zu ihren Einsichten herrühren, ein anhaltendes und umfassendes
Studium aller philosophischen Systeme, eine große
Vorliebe für Montagne, ein entschiedener Hang zur
Freiheit und Unabhängigkeit im Denken mußten diese Denkart nach und nach beinahe nothwendig bei
ihm hervorbringen. Zwar hat sich Bayle nirgends
aus-

91) „Kein Vorwurf ist allgemeiner und bekannter, als daß
Bayle ein Skeptiker gewesen sei, welchen Namen er eben so
wenig verdient, als irgend einer seiner entscheidendsten Gegner" Meiners Gesch. der Weltw. S. 270, „Bayle war
meines Bedenkens so wenig ein Skeptiker, als er ein Manichäer war; und wenn er die Rolle des Pyrrhonisten spielt,
so thut er es, um eine gewisse deductionem ad absurdum
gegen die Theologie seines Zeitalters auszuführen" Platner Aphor. I. 318.

ausdrüklich zum Skepticismus bekannt. Zwar hat
er niemals den ganzen Pyrrhonier im alten Sinne
des Worts gespielt. Er hat vielmehr manche Säze
dogmatisch vertheidigt. Aber er ist ein wahrer Skeptiker in Ansehung der wichtigsten Fragen der Philosophie gewesen, er hat wie seine Vorgänger Vayer,
Huet und andere der Vernunft gar kein Recht in
Glaubenssachen zugestanden. Er hat alle philosophische Systeme ohne Unterschied angegriffen und
kein anderes an ihre Stelle gesezt. Er hat den Skeptikern überall die größten Lobsprüche ertheilt, und
nicht undeutlich eine große Vorliebe für ihre Denkart bliken lassen. Er hatte, wie andere Skeptiker,
die Neigung, schon im grauesten Alterthum Anhänger dieser Secte, und selbst unter den Dogmatikern
verdekte Pyrrhonier zu ahnden. Er hat bei vielen
Fragen ganz die skeptische Methode gebraucht, ohne
etwas zu entscheiden. Dieß Alles ist freilich so sehr
in seinem Wörterbuche zerstreut, daß es ein Leser,
der es nicht lange gebraucht hat, nicht leicht bemerken wird. Zuweilen schliessen einzelne, gelegenheit-
liche Bemerkungen an einem Orte, wo man sie gar
nicht sucht, seine Denkart ganz deutlich auf.

Ich habe mir dieß Urtheil nach einem langen
und sorgfältigen Gebrauche des Baylischen Wörter-
buchs und anderer seiner Schriften abstrahirt. Ich
will nur Einiges zum Beweise desselben anführen:
denn Alles, was ich anführen könnte, würde einen
für diese Geschichte verhältnißmäßig zu großen Raum
einnehmen.

Bayle

Bayle erklärt sehr oft die menschliche Vernunft für ein höchst schwaches, veränderliches Ding, ohne feste Grundsäze, ohne sichere Mittel zur Erkenntniß der Wahrheit — für ein Vermögen, das auch bei seiner größten Anstrengung mehr zur Ungewißheit als zur Gewißheit leite — und das überall mehr Schwierigkeiten aufwerfen als Auflösungen geben könne [92]). Er erklärt den Skepticismus für die Folge

92) §. E. Art. Acosta Not. G. Si Acosta eût vécu encore six ou sept ans, il auroit peut-être nié la religion naturelle, parceque sa miserable raison lui eut fait trouver des difficultez dans l'hypothese de la providence et du libre arbitre de l'être éternel et necessaire. Quoiqu'il en soit, il n'y a personne, qui, en se servant de la raison, n'ait besoin de l'assistance de Dieu: car, sans cela, c'est un guide qui s'égare: et l'on peut comparer la philosophie à des poudres si corrosives, qu'après avoir consumé les chairs baveuses d'une plaie, elles rongeroient la chair vive et carieroient les os et percevoient jusqu'aux mouelles. La philosophie refute d'abord les erreurs; mais si on ne l'arrête point la, elle attaque les véritez: et quand on la laisse faire à sa fantaisie, elle va si loin, qu'elle ne sait plus où elle est, ni ne trouve plus où s'asseoir. Il faut imputer cela à la foiblesse de l'esprit de l'homme, ou au mauvais usage qu'il fait de ses prétendues forces. Par bon heur ou plutôt par une sage dispensation de la providence il y a peu d'hommes qui soient en état de tomber dans cet abus. Art. Hipparchia Not. D. La raison nous a été donnée pour nous addresser au bon chemin, mais c'est un instrument vague, voltigeant, souple et qu'on tourne de toutes manieres comme une girouette Art. Lucrece Not. F. nach verschiedenen Einwürfen gegen die Vorsehung: Je sai bien, qu'on peut inventer mille raisons contre ces difficultés, mais on peut aussi inventer mille repliques; l'esprit de l'homme est encore plus fécond

Folge einer befferen Kenntniß der Dinge und für
eine Denkart, die sich nie bei mittelmäßigen Köpfen
finden werde [93]). Er beruft sich oft auf die verschiedenen und widerstreitenden Meinungen der Menschen,
so wie auf die Unbeständigkeit des einzelnen Menschen in seinen Meinungen, um daraus die Ungewißheit alles menschlichen Wissens herzuleiten [94]).

Keine Frage verwirrte Baylen mehr und gab
ihm mehr Veranlassung zum Zweifel, als die über
den Ursprung des Uebels. Er behauptete, daß die
Manichäer den christlichen Theologen Einwürfe machen könnten, welche durch das Licht der Vernunft
unauflöslich seien. Nicht als wenn er das Mani-
chäische System hätte vertheidigen wollen; er erklärte es vielmehr für unhaltbar und behauptete, daß es
gleichfalls die Schwierigkeiten nicht auflöse — aber
eben dadurch gab er zu verstehen, daß die ganze
Frage für den menschlichen Verstand unauflöslich
sei. Der wahre Christ muß seiner Meinung nach
die biblische Lehre vom Ursprung des Uebels auf
Gottes Wort glauben und auf die Einwürfe der
Vernunft nicht hören, weil solche Geheimnisse gar
nicht für ihr Forum gehören [95]). Eben so behandelte

fécond en objections qu'en solutions; de sorte qu'il
faut avouer que sans les lumieres de la revelation la
philosophie ne se peut debarrasser des doutes, qui se
tirent de l'histoire humaine.
93) Art. Xenophanes.
94) Art. Jupiter, Pomponatius, Heracleotes.
95) Art. Manicheens, Pauliciens und besonderes Eclaircisse-
ment II. beim 4 Theil des Dict. Unter dem Art. Paul. sagt
er

delte Bayle andere nicht weniger wichtige Fragen der
Philosophie. Er bringt überall die Vernunft in Widersprüche mit sich selbst und mit dem christlichen
Glauben. Das lezte ist sein Hauptzwek in dem
merkwürdigen Artikel: Pyrrhon. Er läßt hier zwei
Abbés über die Sache sprechen, um seinen Pyrrhonismus zu verschleiern, aber der Eine Abbé spielt
offenbar Bayles eigene Rolle, wie man aus der Vergleichung seiner Grundsäze mit anderweitigen Behauptungen in den Baylischen Schriften deutlich
sieht. Dieser Abbé erklärt sich ohngefähr so: Wenn
Arcesilas wieder in die Welt käme und mit unsern
Theologen zu streiten hätte, so würde er tausendmal
furchbarer seyn, als er es für die Dogmatiker des
alten Griechenlands war. Die neue Philosophie hat
den Pyrrhoniern neue Vortheile verschafft. — Der
Cartesianismus hat die lezte Hand an das Werk gelegt, und unter den guten Philosophen zweifelt niemand mehr, daß die Skeptiker Ursache haben zu behaupten, daß die Eigenschaften der Körper, welche

in

er unter andern: Il est plus utile, qu'on ne pense, d'
humilier la raison de l'homme, en lui montrant avec
quelle force les hérésies les plus folles, comme sont
celles des Manichéens, se jouent de ses lumieres, pour
embrouiller les verités les plus capitales. Cela doit
apprendre aux Sociniens, qui veulent que la raison
soit la regle de la foi, qu'ils se jettent dans une voïe
d'égarement, qui n'est propre qu'à les conduire de
degré en degré jusques à nier tout ou jusques à douter
de tout et qu'ils s'engagent à être battus par les gens
les plus execrables. —

in unsere Sinne fallen, nichts als Schein sind. Jeder
von uns kann wohl sagen: Ich fühle Hize bei
der Gegenwart des Feuers, aber nicht, Ich
weiß, daß das Feuer an sich sebst so ist, wie
es mir zu seyn scheint. — Dieß war die Sprache der alten Pyrrhonier. Heut zu Tage führt die
Philosophie eine weit positivere Sprache: die Wärme, der Geruch, die Farben ꝛc. sind nicht in den
Objecten unserer Sinne; es sind Modifikationen meiner Seele; ich weiß, daß die Körper nicht so sind,
wie sie mir erscheinen. Man hätte gern die Ausdehnung und die Bewegung davon ausnehmen wollen; aber man konnte nicht. Denn wenn die Objecte unsrer Sinne uns gefärbt, warm, kalt ꝛc. scheinen, und es doch nicht sind, warum sollten sie nicht
auch Ausdehnung und Figur zu haben, in Ruhe oder
Bewegung zu seyn scheinen können, ohne wirklich
dergleichen etwas an sich zu haben? [96]) Noch mehr.
Die Objecte der Sinne könnten vielleicht nicht die
Ursachen meiner Sensationen seyn; ich könnte die
Wärme und die Kälte fühlen, Farben, Figuren,
Bewegung, Ausdehnung sehen, wenn es auch keinen Körper in der Welt gäbe. Ich habe also keinen
hinlänglichen Grund der Existenz der Körper. Aber
sollte

---

96) Der Abbé Foucher hat diesen Einwurf in seiner Critique de la Recherche de la vérité vorgetragen. Der Vater Malebranche hat darauf nicht geantwortet; er fühlte aber die Stärke des Einwurfs und gestand, daß es schwer
sei, sich vom Daseyn der Körper zu überzeugen, und daß
nur der Glaube uns vollkommen davon überzeugen könne.

sollte uns Gott darinn betrügen? Wenn er uns in
Ansehung der Farben ꝛc. betrügen kann, so kann er
es auch in Ansehung der Ausdehnung und Bewegung.
Man sieht, daß Bayle schon die Consequenzen aus
dem loaischen und Cartesischen Systeme zog, welche
Berkeley und Hume nachher gezogen haben.
Der Abbé geht noch weiter: „Wenn irgend ein Sieg
über den Skeptiker zu hoffen wäre, so müßte man
ihm vor allen Dingen beweisen, daß die Wahrheit
an gewissen Kennzeichen unfehlbar zu erkennen ist.
Wenn es irgend ein solches Kennzeichen geben könnte, so müßte es die Evidenz seyn. Aber der
Glaube verwirft vieles als falsch, was von der
höchsten Evidenz ist. 1) Es ist evident, daß Dinge,
welche von einem dritten nicht verschieden sind, unter
sich selbst nicht verschieden sind. — Die Offenbarung des Geheimnisses der Dreieinigkeit erklärt dieß
Axiom für falsch. 2) Es ist evident, daß zwischen
Individuum, Natur und Person kein Unterschied ist:
dasselbige Geheimniß aber hat uns gelehrt, daß die
Personen vervielfältigt werden können, ohne daß die
Individuen und Naturen es werden. 3) Es ist evident, daß, um einen Menschen zu machen, der reell,
und vollkommen eine Person ist, es hinlänglich sei,
einen menschlichen Körper und eine vernünftige Seele
zu vereinigen. Das Geheimniß der Menschwerdung
hat uns gelehrt, daß dieß nicht hinlänglich ist. 4) Es
ist evident, daß ein menschlicher Körper nicht an
mehreren Oertern zugleich seyn kann — das Geheimniß der Eucharistie lehrt uns, daß dieß alle Tage

Zweiter Theil. · H ge-

geschieht. — 5) Es ist evident, daß die Acciden-
zen einer Substanz nicht ohne ihre Substanz bestehen
können — das Geheimniß der Transsubstantiation
lehrt uns aber, daß dieß falsch sei. — Eben so ist
es in der Moral. 1) Es ist evident, daß man das
Uebel verhüten muß, wenn man es kann, und daß
man sündigt, wenn man es erlaubt, indem man es
verhindern könnte. Inzwischen zeigt uns unsre Theologie, daß dieß falsch ist: sie lehrt uns, daß Gott
nichts thut, was nicht seiner Vollkommenheiten würdig wäre, indem er doch alle Unordnungen duldet,
welche in der Welt sind, und welche er leicht verhindern könnte. 2) Es ist evident, daß eine Creatur,
die nicht existirt, an keiner bösen Handlung mitschul-
dig seyn kann, und daß es ungerecht ist, sie als Mit-
schuldige an einer solchen Handlung zu bestrafen.
Nichts destoweniger zeigt uns unsre Lehre von der
Erbsünde, daß diese Evidenzen Irrthümer sind.
3) Es ist evident, daß man das Moralischgute dem
Nüzlichen vorziehen muß. — Und doch sagen uns
unsre Theologen, daß Gott, da er die Wahl zwischen
einer vollkommen geordneten, mit allen Tugenden aus-
geschmükten und einer Welt wie diese, hatte, wo Sünde
und Unordnung herrschen, doch die lezte vorgezogen hat,
weil er dabei mehr das Interesse seines Ruhms hatte.—
Man könnte glauben, daß Bayle hier blos die Absicht
habe, die Theologen ad absurdum zu treiben, und durch
eben dieß Räsonnement die Gewißheit der evidenten Aussprüche der Vernunft anerkenne. Allein unmittelbar darauf scheint er der Vernunft wieder alles
Anse-

Anfehen abzufprechen, und den Glauben für die einige Zuflucht aus dem peinlichen Zuſtande zu erklären,
in welchen die größte Anſtrengung der Vernunft uns
zu verſezen pflegt [97]). Am ſchlimmſten iſt aber das,
daß Bayle nicht undeutlich zu verſtehen gibt, woran
andere ähnliche Skeptifer vor ihm nicht dachten, daß
auch die Theologie dem Pyrrhonismus blos ſtehe und
daß er hier am gefährlichſten ſei [98]), wodurch freilich
der Verdacht des Pyrrhonismus, der auf ihn fiel,
noch mehr Schein erhielt. Uebrigens hat Bayle nie
unehrerbietig von der Schrift und ihren Lehren ge-
ſprochen, aber ſich eben ſo wenig darauf eingelaſſen,
ihre Göttlichkeit zu erweiſen, ſondern ſie immer vor-

H 2   aus-

97) Quand on eſt capable de bien comprendre tous les
    moïens de l'epoque, qui ont été oppoſés par Sextus
    Empiricus, on ſent que cette Logique eſt le plus
    grand effort de ſubtilité, que l'eſprit humain ait pû
    faire; mais on voit en meme tems, que cette ſubtilité
    ne peut donner aucune ſatisfaction: elle ſe confond
    elle même; car ſi elle étoit ſolide, elle prouveroit,
    qu'il eſt certain qu'il faut douter. Quel cahos et
    quelle gêne pour l'eſprit! Il ſemble donc que ce mal-
    heureux état eſt le plus propre de tous à nous con-
    vaincre, que notre raiſon eſt une voye d'égarement,
    puisque lorsqu' elle ſe déploie avec le plus de ſubtili-
    té, elle nous jette dans un tel abime. La ſuite natu-
    relle de cela doit être, de renoncer à ce guide et d'en
    demander un meilleur à la cauſe de toutes choſes.
    C'eſt un grand pas vers la religion chretienne, car elle
    veut que nous attendions de Dieu la connoiſſance de
    ce que nous devons croire et de ce que nous devons
    faire: elle veut que nous captivions notre entende-
    ment à l'obeïſſance de la foï.

98) Not. B. und C.

ausgesezt. Dieß thut er auch in der Erläuterung
über die Pyrrhonier [99]), und zieht aus dieser
Voraussezung die Folge, daß die Philosophie sich demüthig den Aussprüchen der Schrift unterwerfen
müsse.   Christus, sezt Bayle hinzu, sei nicht gekommen, um irgend eine Secte zu begünstigen, sondern über alle menschliche Weisheit durch ungelehrte
und unwissende Gesandte zu siegen, und seine Lehre
der menschlichen Philosophie gerade entgegenzusezen.
Hätten die Apostel die Pyrrhonier gekannt, so würden sie sich nicht mit ihnen eingelassen haben, sie würden es der Zeit und der Vorsehung überlassen haben,
die Eitelkeit ihrer Lehre aufzudeken — sie würden
ihnen das Himmelreich abgesprochen haben, ehe sie
den alten Menschen abgelegt hätten.   Die Pyrrhonier wären der Gnade auf dem Wege der Streitigkeiten nicht empfänglich, sie müssen nicht auf feine
Untersuchungen, die ihnen nur mehr Stoff zu Zweifeln gäben, sondern auf den Glauben geführt und
ermahnt werden, Gott auf sein Wort zu glauben.
Es sei izt die Zeit, wo man wie Lactanz versichern
könne, daß man die wahre Religion nur dann finden
könne, wenn man sich an die vorgebliche und scheinbare Thorheit wende, unter welcher Gott die Schäze
seiner Weisheit verborgen hat.   Philosophie und
Evangelium seien einander ganz entgegengesezt; der
Gegenstand der ersten sei das Evidente, des zweiten
das Unbegreifliche, und je unbegreiflicher eine Lehre
sei,

99) Eclairc. bei dem IV. Bde. des Dict.

sei, desto größer sei das Verdienst des Glaubens. Dieser Erklärung nach scheint Bayle allerdings auch die christliche Religion, was sie nach seiner Vorstellung war, bezweifelt zu haben.

Bayle blieb nicht beim Allgemeinen stehen, er kehrte seine Zweifel gegen die wichtigsten einzelnen Wahrheiten. Er findet im Begriffe von Gott Widersprüche und unauflösliche Schwierigkeiten [100]), so wie im Begriffe von Schöpfung und Erhaltung der Seele und ihrer Freiheit [101]). Er brachte ohngefähr eben so viel für die Immaterialität der Seele als wider dieselbe vor [102]). Die Wunder behauptet und verwirft er nicht [103]).

Gegen die reine Moral hat Bayle nirgends keine Zweifel erregt, sondern vielmehr oft mit Wärme und Zuversicht von ihr gesprochen. Seine Einwürfe gehen blos gegen gewisse Lehren der theologischen Moral nach damaligen Begriffen, und auf die Unvereinbarkeit gewisser theologischen Dogmen mit den Grundsätzen der reinen Sittenlehre [104]). In der

H 3　Ge-

---

100) Oeuvres diverses T. IV. p, 342. 348. Dict. Art. Pauliciens Not. T. Art. Simonides Not. F,

101) S. Art. Pyrrhon — Sennert — Derodon — Dermaizeaux Vie de Bayle S. 92 — 94. 103. Crousaz Examen du Pyrrh. Sect. IX.

102) Art: Dicaearchus vergl. mit Art. Sennert — Rorarius — Continuat. des pensées diverses Art. I, 3. p. 148. Rep. aux Quaest. T. IV. p. 211.

103) Art. Spinoza Not. R.

104) Ich weiß wohl, daß ihm Crousaz Sect. V. auch einen ausschweifenden moralischen Skepticismus vorgeworfen hat, aber

Geschichte war er zwar, wie sich erwarten ließ, kein eigentlicher Pyrrhonier, aber er machte sie ungewisser, als selbst die vorsichtigsten Geschichtschreiber sie zu machen pflegen [105]).

Man würde zu weit gehen, wenn man Baylen im Ernste für einen vollendeten Pyrrhonier halten wollte. Wenn er ganz die Rolle eines Pyrrhoniers zu spielen scheint, so geschah dieß wohl, um die stolzen

aber ich habe bei näherer Untersuchung der Stellen gefunden, daß er ihm Unrecht thut.

[105] Critique generale de l'histoire du Calvinisme Lettre I. II. Er sagt unter andern: Je vous avoue que je ne lis presque jamais les historiens dans la vûe de m'instruire des choses qui se sont passées, mais seulement pour savoir ce que l'on dit dans chaque nation et dans chaque parti, sur les choses qui se sont passées — — Sur ce pied là je ne crois en general autre chose, si non que les protestans de France ont été armez quelquefois; qu'il y a eu une bataille de Jarnac et de Montoncour et que certaines autres choses reconnües de tout le monde se firent en ce tems-là. Ne m'en demandez pas davantage. Furent-ils les derniers à se servir des voyes de fait et avant que d'en venir là, observerent-ils plusieurs précautions capables de faire leur apologie? Je n'en sai rien; leurs histoires le disent, mais les historiens du parti contraire les démentent. Les catholiques furent-ils de bonne foi à observer les traités? Employerent-ils les voyes de la douceur pour réduire le Calvinisme? Ils ont des historiens qui l'assurent, mais on s'inscrit en faux contre eux et on les traite d'imposteurs. Dispute la-dessus qui voudra, pour moi je veux être Pyrrhonien; je n'affirme ni l'un ni l'autre et cela me suffit, pour ne trouver dans toutes ces guerres, aucun préjugé legitime contre la divinité de ma religion. —

zen und entscheidenden Dogmatisten seines Zeitalters
zu demüthigen und in die Enge zu treiben. In seinem philosophischen Cursus [106]) erhebt er zwar
gleichfalls viele Zweifel, gibt aber zu, daß es viele
Kenntnisse gibt, welche den Namen der Wissenschaft
verdienen. Hingegen in Metaphysik und Theologie
scheint er ein ehrlicher und philosophischer Zweifler
gewesen zu seyn.

Bayle starb mit dieser Denkart. Seine Unterhaltungen des Maximus und Themi-
stus [107]), in welchen ihn der Tod unterbrach, enthalten eine Vertheidigung der in seinen Schriften vorgetragenen philosophischen und theologischen Behauptungen gegen le Clerc und Jaquelot. Er bleibt
darinn ganz bei den Grundsäzen, die er im Artikel
Pyrrho und in der Erläuterung über die Pyrrhonier
vorgetragen hatte, und häuft neue Zweifel gegen die
Vorsehung und andere theologische Lehren [108]).

Bayle wurde durch seine Freimüthigkeit in viele
unangenehme Streitigkeiten und Unfälle verwikelt.
Sie kostete ihm seine Lehrstelle zu Rotterdam. Er
H 4 trug

106) Er ist im IV. Bande seiner Oeuvres diverses gedrukt.
107) Auch im IV. Bd. der Oeuvres.
108) In dem Berlinischen Magazin der Wissenschaften und
Künste I. Jahrg. 16 St. 1782 steht ein Brief von Bayle
an Shaftsbürn, der zwar nicht ächt ist, aber seine wahr-
scheinliche Denkart in seiner lezten Krankheit vortreflich
charakterisirt.

trug seine Leiden mit Geduld und Heiterkeit. Die
Wissenschaften waren sein Trost, und er spricht öfters
von den Freuden, die ihm seine philosophische Ruhe
und sein stilles litterarisches Leben gewähre, mit einer
Art von Begeisterung. Er konnte derselben auch
durch die glänzendsten Versprechungen und Anerbie-
tungen, durch die anlokendsten Einladungen, die aus
dem Auslande und besonders aus England an ihn er-
ergiengen, nicht mehr entrissen werden [109]).

Das philosophische Genie des großen Leibniz
entwikelte sich an Lockes Versuch über den menschlichen Verstand, und an Bayles Zweifel gegen die
Vorsehung und die Freiheit. Diese drei großen Männer konnten nicht nur zu gleicher Zeit als Philosophen
existiren, ohne sich zu verdunkeln, sondern es schien
auch, als wenn der Glanz des einen immer durch den
andern gehoben werden sollte. Jeder derselben hatte
neben dem philosophischen Verdienste noch andere,
auf

[109] Bayle schreibt um diese Zeit in einem Briefe vom Jahr
1706 unter andern: La bonne fortune vient à moi trop
tard. Si elle se fut présentée plûtôt, elle m'eût rendu
le plus content de tous les hommes: j'aurois suivi
avec la plus grande ardeur les raisons qui me font juger
que le sejour de la capitale est avantageux aux gens de
Lettres. Plût-à-Dieu que vers l'année 1690 plûtôt
on un peu après une condition aussi douce, aussi glo-
rieuse que celle qu'il a plû à Mylord d'Albemarle de
de m'offrir, se fut présentée! C'eut été le comble de
mes souhaits et le vray moyen d'acquérir plusieurs connoissances et plusieurs degrez d'esprit et de lumieres
qui me manquent et que je n'aurai jamais. —

auf welche er sich stüzen konnte. Leibniz war größer und schöpferischer in allen Wissenschaften, aber Locke und Bayle haben auf ein größeres Publicum gewirkt.

Es ist ein schönes Schauspiel, wie Leibniz und Bayle über die erhabensten Gegenstände mit einander streiten, mit welcher Achtung, mit welchem sanften Duldungsgeiste sie sich behandeln, und mit welcher Kunst, mit welchem Tieffsinne, mit welcher Erhabenheit zulezt Leibniz ein System aufführt, um Vernunft und Evangelium in Harmonie zu bringen, um die Vorsehung gegen alle Einwürfe zu retten und den Menschen mit seinem Loose zufrieden zu machen — ein System, das Kenner des Wahrhaft-Großen und Edlen immer bewundern werden, wenn sie auch viele Theile desselben nicht mehr haltbar finden sollten — wenn es ihnen auch scheinen sollte, daß Leibniz mehr habe bestimmen wollen, als die menschliche Vernunft bestimmen kann, und daß es ein System von Theodicee gibt, das der Moralität noch günstiger ist.

Lockes Versuch hat uns Deutschen in Leibnizen den Urheber neuer Versuche über den menschlichen Verstand [110]) geschenkt, die wir dem Engli-

H 5　　　　　　schen

110) Oeuvres philosophiques latines et francoises de feu Msr. Leibniz — publiées par Msr. Rud. Eric Raspe avec une preface de Msr. Kaestner à Amsterdam et Leipzig 1765. S. 3 — 520.

schen Werke stolz entgegensezen können, obgleich vielleicht Leibniz nie ein Werk von solcher Vollkommenheit geschrieben hätte, wenn nicht jener Versuch vor-
angegangen wäre. Leibniz geht hier einen Weg, der
dem Lockischen geradezu entgegengesezt ist. Locke hatte
ein beinahe in allen seinen Theilen consequentes System des Empirismus aufgeführt, Leibniz erwekte
den Spiritualismus wieder, und führte ihn weit voll-
ständiger, schärfer und deutlicher aus, als vorher je
geschehen war. Locke verwarf alle angeborne Vorstellungen, Leibniz bemerkte gewisse Vorstellungen in
der menschlichen Seele, die ihren Grund nicht in der
Erfahrung, und zwar weder in der äussern noch in
der innern Erfahrung haben können, sondern die
man angeboren nennen kann, weil die Seele sie aus
einem angebornen Vermögen erzeugt. Locke sezte die
Uebereinstimmung unserer Vorstellungen mit ihren
äussern oder innern Objecten voraus, und sah auf
diese Art in der Uebereinstimmung der Vorstellungen
unter sich auch das Criterium der objectiven Wahrheit und Gewißheit. Leibniz unterschied das Vermögen der Sinnlichkeit und die daraus entstehenden
Vorstellungen genau von dem Vermögen der Vernunft und des Verstandes und den aus ihnen entsprin-
genden Vorstellungen. Jene Vorstellungen sind nach
seinem Systeme verworren und stellen blos den
Schein der Dinge dar, diese stellen die Dinge, wie
sie an sich sebst sind, dar. Jene haben etwas
Zufälliges und Veränderliches an sich und
be-

beziehen sich blos aufs Einzelne aufs Besondere — diese sind allgemein und nothwendig
und beziehen sich auf das Ganze; sie stellen die
wahre Beschaffenheit der Dinge an sich dar; sie
zusammengenommen machen das Objectiv-Wahre in
unsern Erkenntnissen aus, sie sind immer und überall
sich gleich und wahr. Dieß System, das hier nicht
weiter aus einander gesezt werden darf, enthält einen
sehr strengen Dogmatismus und greift den Skepticismus in seinem Hauptsize an. Schade daß es die
Hauptsache, die Uebereinstimmung der allgemeinen
Vorstellungen mit den Dingen an sich nicht erwies
und dadurch dem Skepticismus eine sehr bedeutende
Blöße gab ''').

Der neuere Skepticismus hatte nach und nach
Aufmerksamkeit genug erregt und seine Wirkungen
deutlich genug geäussert, um verschiedene Versuche
von Widerlegungen zu veranlassen. Schon im Jahre 1625, also zu Anfang dieser Periode, hatte der
Pater Mersenne, ein zu seiner Zeit sehr berühmter Gelehrter in Orientalischen Sprachen und Physik,
und ein eifriger Anhänger von Descartes, vorzüglich die Gewißheit der Mathematik gegen die Skeptiker

---

111) Vergl. Reinhold über die Fundamente des philosophischen Wissens — Ebend. Abhandlung über den Skepticismus — Heydenreich Charakteristik der größten
Weltweisen unsers Jahrhunderts im Leipziger Histor. Ca-
lender für das Jahr 1794.

ptiker zu retten gesucht [112]).   Dieser Mann war gewohnt, überall Atheisten und Zweifler zu ahnden
und auf die härtesten bürgerlichen Strafen gegen sie
anzutragen [113]).   Daher läßt es sich erklären, warum er schon zu seiner Zeit veranlaßt wurde, eine
weitläuftige Schrift gegen den Skepticismus auszu-
arbeiten.   Der nächste Widerleger des Skepticismus war ein Gegner der Cartesischen Philosophie,
Martin Schoock [114]).   Seine Schrift enthält
manche richtigen und artigen Bemerkungen über die
Geschichte der ältern Skeptiker.   Seine Widerlegung enthält, auch neben manchen schwachen Gründen, auch viele scharfsinnige, die übrigens den Pyrrhonismus, mit welchem es dieser Holländer zu thun
hat, eigentlich nicht widerlegen, sondern nur zeigen,
daß er in keiner Menschenseele ganz ausführbar sei.
Der Verfasser läßt sich nicht nur auf den allgemeinen
Pyrrhonismus, sondern auch auf die Einwürfe desselben gegen einzelne Wissenschaften ein, worinn er dem
Sextus fast Schritt vor Schritt folgt.   Im Jahre
1661

---

112) La vérité des Sciences contre les Sceptiques par Msr.
Mersenne à Paris 1625.

113) S. Brucker T. IV. P. II. p. 242. Not. 9.

114) Martini Schoockii de Scepticismo pars prior
sive libri quatuor: quibus, qua antiquorum, qua recen-
tiorum Scepticorum deliria ex suis principiis solide dis-
cutiuntur, atque certitudo non minus disciplinarum
universalium, quam philosophiae theoreticae asseritur.
Groningae 1652.

1661 zeigte Silhon die gefährlichen Folgen von Montagne's Skepticismus und suchte ihn zu widerlegen [115]). Er zeigte, daß die christliche Religion die Existenz Gottes, die Gewißheit des Zeugnisses der Sinne und die Möglichkeit, die Glaubwürdigkeit der Wunder zu prüfen, vorausseze, daß also der Pyrrhonismus sie ganz und gar zerstöre. Seine Widerlegung ist sehr deutlich und für den gemeinen Menschenverstand überzeugend. Einen christlichen Gläubigen wird sie bekehren können. Die ganze Schrift ist in einem classischen französischen Stile geschrieben und enthält viel Lehrreiches auch über Moral und Politik. Im Jahre 1697 erhob sich der Niederländer Willemandy mit großem Geräusche und kündigte dem Skepticismus den Krieg an [116]). Er schilderte die Folgen desselben für alle Wissenschaften und Künste und für das ganze menschliche Leben mit fürchterlichen Farben. Er witterte ihn überall, selbst in dogmatischen Systemen. Er suchte ihn durch sich selbst zu zerstören, durch seinen Innhalt, durch

115) De la certitude des connoiffances humaines, ou font particulierement expliquez les principes et les fondemens de la morale et de la politique etc. par le Sr. de Silhon, Conſeille d' eſtat ordinaire I. Partie à Paris 1661. 4.

116) Scepticismus debellatus ſeu humanae cognitionis ratio ab imis radicibus explicata; ejusdem certitudo adverſus Scepticos quosque veteres ac novos invicte aſſerta; facilis ac tuta certitudinis hujus obtinendae methodus praemonſtrata. Lugd. Batav. 1697. 4.

durch seine Methode, durch die Handlungsart der
Skeptiker. Er treibt ihn auf alle mögliche Art ad
absurdum und stellt ihm einen sehr strengen Dogmatismus entgegen, wobei er keinem hergebrachten Systeme folgt, sondern seinen eigenen Weg geht. Huet
fand in Muratori einen besondern Gegner [117]).
Bayles zahlreiche Gegner und Leibnizens zahlreiche Anhänger kämpften für den Dogmatismus mit
sehr glüklichen Waffen.

Inzwischen hatten verschiedene Umstände, unter
welchen Bacos, Hobbes und Lockes Schriften
nicht die am wenigsten merkwürdigen sind, eine Reihe
von Männern geweckt, welche die christliche Religion
in ihren ersten Fundamenten angriffen, die bisher immer noch, auch bei den unzähligen Streitigkeiten und
Trennungen in der christlichen Kirche, auch von den
entgegengesezten Parthieen als ausgemacht vorausgesezt worden waren. Dieß gab die Veranlassung,
daß einige Gegner der christlichen Offenbarung nun
der menschlichen Vernunft eine desto größere Würde
und Untrüglichkeit zuschrieben, und auf diese Art
Gegner des Skepticismus aus Verwerfung des christlichen Supernaturalismus wurden. Hingegen ent-
stan-

---

117) Delle forze dell intendimento umano, o sia il Pir-
ronismo confutato. Trattato di Antonio Muratori, opposto al libro del pretoso Monsignore Huet in-
torno al debolezza dell' umano intendimento. Ediz. III
in Venezia 1756.

standen auch theologische Skeptiker, welche die christliche Religion nicht verwarfen, sondern bloß Zweifel gegen sie vorbrachten und sie als etwas characterisirten, das über unsern Horizont erhaben sei und worüber sich nichts Gewisses ausmachen lasse, in so fern sie mehr lehren soll, als die Vernunft. Aber dieser Skepticismus wurde auch von verschiedenen auf die Moral und Religion der Vernunft ausgedehnt, wiewohl noch keiner ein ganzes System des Skepticismus consequent ausführte.

Zu der ersten Classe gehören Collins [118]) und Lyons [119]). Zu der zweiten Classe gehören Tindal [120]), Shaftsbüry und gewissermasen auch Bolingbroke. Shaftsbüry führte den Geist der Platone und Xenophonte wieder in die Philosophie ein, und ließ sie die Sprache des feinen, urbanen aber ungekünstelten Umgangs reden. Er besaß Seelenkraft genug, um die Ideen eines großen und verehrten Lehrers zu verlassen und einzusehen, daß sie der Religion und Tugend gefährlich werden können.

Er

---

118) A discourse of freethinking occasioned by the rise and growth of a sect call'd Freethinkers London 1714.

119) The infallibility of human jugdment, its dignity and excellency, being a new art of reasoning and discovering truth, by reducing all disputable cases to general and self-evident propositions. edit. V. London 1725.

120) Christianity as old as the creation — London 1730.

Er hat nie die christliche Offenbarung geradezu angegriffen — er scheint Manches Große und Edle in
ihr aufrichtig geschäzt und lebhaft empfunden zu haben — aber er wirft Zweifel gegen sie auf, er schürzt
Knoten, die er nicht löst — jedoch auch dieß im an-
ständigsten Tone von der Welt. Bolingbroke,
der mit einer seltenen Energie und mit Blifen des
Genies schreibt, treibt den historischen Skepticismus sehr weit, um der in der Bibel enthaltenen Geschichte alle Glaubwürdigkeit zu nehmen[111]). Dieser Mann schwankte lange zwischen Aberglauben und
Unglauben hin und her, bis er am Ende seines Lebens in die wildeste allgemeinste Zweifelsucht und in
den trostlosesten Unglauben versank, wozu ohne Zweifel seine Schiksale und seine ausschweifende Lebensart
nicht wenig beitrugen. Unter diejenigen, welche von
der Bezweiflung oder Verwerfung der christlichen
Religion zu einer Bezweiflung der Religion und
Moral übergehen, kann man auch Chubb und vielleicht Mandeville rechnen. Jener macht die göttliche Vorsehung, Vergeltung und Unsterblichkeit
zweifelhaft, und dieser ist ein Sophist, der die Moral in Fabeln bespottet, jedoch so, daß man nicht
recht daraus kommen kann, wie es eigentlich gemei-
net ist.

Jedoch die meisten englischen Gegner der Offenbarung stimmten darinn überein, daß sie der Vernunft

111) Of the study of history Letter IV.

nunft ein großes Ansehen und eine große Gewißheit
zuschrieben.   Dieß veranlaßte einige Vertheidiger
der christlichen Religion, wieder die alte Litaney von
der Schwäche der Vernunft und der Ungewißheit
ihrer Aussprüche anzustimmen, Vernunft und Offenbarung einander entgegenzusezen, und so der lezten
den Sieg verschaffen zu wollen.   Ihre Gegner nahmen ihren Vortheil wahr und erklärten, daß, wenn
die christliche Religion unvernünftig wäre, sie
nichts dagegen hätten.   Einer derselben, der
sichtbar Baylen nachgeahmt hat, stellte die Aussprüche der Vernunft in der Religion so zweifelhaft, das
Christenthum selbst über alle Vernunft so erhaben,
den Glauben an dasselbe als ein so erstaunendes
Wunder vor, das alle Kräfte des Verstandes umkeh-
re und das am meisten glauben mache, was der
Vernunft und Erfahrung am meisten zuwider sei —
daß man Anfangs nicht wußte, ob man den Verfasser unter die Feinde oder Vertheidiger des Christen-
thums zählen sollte.   Aber dieser Verfasser ist höchst-
wahrscheinlich weder Naturalist, noch Supernaturalist, sondern ein ganzer Religionszweifler gewesen [122].   Die Veranlassung war dringend, die christliche Religion als etwas Vernunftmäßiges vorzustellen, welches dann auch von einer Reihe englischer
Schriftsteller geschehen ist.

Je-

---

[122]) Christianity not founded on argument London
1742.

Zweiter Theil.   J

Jener skeptische Schriftsteller hatte selbst Clarkes erhabene und scharfsinnige Philosopheme über Gottes Daseyn und Eigenschaften angegriffen. Dieser Clarke wurde in der philosophischen Theologie für England ohngefähr eben das, was zu derselbigen Zeit Leibniz für Deutschland wurde. Kaum wird die reinere Gotteslehre und der vernünftige Christianismus je einen edleren, helleren und würdigern Vertheidiger gefunden haben. Ueberhaupt erhoben sich nach und nach unter dem immer mehr um sich greifenden Unglauben und der sich immer mehr verbreitenden Zweifelsucht verschiedene Schriftsteller, die solchen Gegnern in mehr als einer Rüksicht mehr als gewachsen waren. Ditton entwikelte die Begebenheit der Auferstehung Jesu mit einer Fruchtbarkeit und einem Interesse, mit welchem sie bisher noch nie behandelt worden war, und suchte zugleich den historischen Pyrrhonismus zu widerlegen [123]). Butler [124]) zeigte auf eine höchst feine und scharfsinnige Art, wie der Lauf der Natur uns auf eben die Ideen und Wahrheiten leite, die uns die Religion zu glauben gebietet, wie sich in der christlichen Religion dieselbe göttliche, über das Menschengeschlecht waltende Haushaltung zeige, die man in dem Gange der Vorsehung

[123]) A discourse, concerning the resurrection of Jesus Christ — by Humphry Ditton London 1712. P. II.

[124]) Analogy of religion natural and revealed to the course of nature London 1736.

sehung überhaupt bemerken könne, wie in den Lehren
des Evangeliums die reinsten moralischen und religiösen Grundsäze gleichsam als in Hüllen verborgen
liegen. Er zeigte den Skeptikern, für welche er
nach seinem eignen Geständniß (S. 477. deutsch.)
dieß Werk vorzüglich geschrieben hat, welche große
Verbindlichkeit und welche Achtung gegen das Christenthum ihnen auch ihre Denkart in Ansehung der
Religion noch auflege, wenn es ihnen anders nicht
gleichgültig ist, noch für ehrliche und rechtschaffene
Männer gehalten zu seyn. Butlers und Dit-
tons Werke gehören unter die lehrreichsten theologischen Schriften, die geschrieben sind. Berkeley,
ein eben so sonderbarer als geistvoller und liebenswür-
diger Weltweiser [125]), stellte die schreklichen Folgen

J 2 des

125) Annual Register 1763. Supplements to the new bio-
graphical Dictionary Vol. XII. In der ersten Schrift
heißt es unter andern: Here (in the Trinity college at
Dublin) he soon began to be looked upon as the greatest genius or the greatest Dunce in the whole university; those, who were but slightly acquainted with
him, took him for a fool; but those, who shared his
most intimate friendship, looked upon him as a prodigy
of learning and good nature. When ever he appeared
abroad, which was but seldom, he was surrounded by
a crowd of the idle or the facetious, who followed him,
not to be improved, but to laugh — — — His busi-
ness as a fellow allowed him sufficient leisure and his
genius prompted him to scrutinize into every abstruse
subject. He soon therefore was regarded as one of
the best metaphysicians in Europe; his logis was looked
upon rather as the work of a man skilled in the meta-
physics, than in the dialect of the schools; his treatise
upon

des Unglaubens für das Wohl und die Moralität der menschlichen Gesellschaft mit einer bittern Satyre und einer unwiderstehlichen Beredsamkeit dar. Der Idealismus war lange vor ihm geahndet und durch die Descartes, Malebranche und Bayle vorbereitet worden — er aber stellte ihn dogmatisch fest. Er behauptete in mehreren Schriften, die mit eben so viel classischer Eleganz als Gründlichkeit geschrieben sind, es gebe gar nichts dergleichen in der Welt, das wir Materie nennen, sondern es existire überall nichts, als Geister und Ideen, und unter den Ideen gebe es keine abstracten [125]). So sehr diese Behauptungen dem Skepticismus günstig zu seyn scheinen, und auch wirklich zur Erzeugung desselben beigetragen haben, so erklärte doch Berkeley in den Gesprächen zwischen Hylas und Philonous, in welchen er seine Ideen am deutlichsten ent-

upon matter was also thought to be the moſt ingenious paradox that ever amuſed learned leiſure and many were the answers made to it by the literati of Europe. — Some tine after his return (von der Tour de l'Europe) he was promoted to a Deanery in which ſituation he wrote his Minute philoſopher, one of the moſt elegant and genteel defences of that religion, which he was born to vindicate both by his virtues and his ingenuity. — S. auch die Nachrichten in der deutſchen Ueberſetzung von Berkeleys philoſophiſchen Werken I. Theil Leipzig 3781.

126) New Theory of viſion 1709. Treatiſe on the principles of human knowledge 1710. Dialogues between Hylas and Philonous 1713.

entwikelt hat, schon auf dem Titelblatte, daß sie ab-
gefaßt seien, um die Wirklichkeit und die
Vollkommenheit der menschlichen Erkenntnisse, die unkörperliche Natur der Seele
und die unmittelbare Vorsehung der Gottheit gegen Skeptiker und Atheisten klar
zu erweisen. In der Schrift selbst behauptet er,
daß der Glaube an eine Körperwelt die Ursache un-
zähliger unnützer Grübeleien gewesen sei. Er hoft,
daß, wenn man seine Principien annehme, der Atheismus und Skepticismus gänzlich zu Boden stürzen,
daß dadurch viele Dunkelheiten aufgehellt, viele
Schwierigkeiten gelößt, verschiedene unnüze Zweige
der Wissenschaften abgesondert werden werden. Er
verspricht sogar von seinem Systeme, daß es die Speculation in nähere Verbindung mit der Praxis bringen, den Menschen von Paradoxen zum schlichten
Menschenverstande zurükführen und das Gefühl der
Tugend, das fast von der Erde verschwunden sei,
wieder zurükbringen könne (S. 59 — 61. deutsche
Uebers.) Der Idealismus schneidet allerdings eine
Menge Untersuchungen über die Körperwelt und
ihren Ursprung, über das Verhältniß und die wech-
selseitigen Einwirkungen des Geistes und des Körpers, über Sinnlichkeit ꝛc. — Untersuchungen, um
welche sich von jeher die Metaphysik vorzüglich gedreht hat, und damit eine Menge Zweifel ab — er
nimmt für das Geistige ein — er entreißt dem Atheisten eine Menge seiner Einwürfe — aber er kann

wohl

wohl bei keinem Menschen zur vollen Ueberzeugung
gebracht werden, und läßt sich nur auf eine sehr künst-
liche Art mit dem dogmatischen Theismus vereinigen.
Berkeley leugnete die Existenz der sinnlichen Dinge
nicht, er leugnete nur ihre von einem andern Verstande unabhängige Existenz. Er unterschied zweierlei Gattungen von Ideen — solche, die wir selbst
hervorbringen, und solche, die wir wahrnehmen.
Die von uns wahrgenommenen Ideen existiren unabhängig von unserm Geiste, weil wir wissen, daß wir
nicht Urheber derselben sind, daß wir nicht willkührlich bestimmen können, welche Ideen wir haben wollen, wenn wir Augen und Ohren öfnen. Solche
Ideen müssen also in einem andern Geiste existiren, nach dessen Willen sie sich uns darstellen — die
Mannichfaltigkeit, Ordnung und Art dieser Eindrüke bringen uns zu dem Schlusse, daß eben dieser
Geist weise, mächtig und über allen Ausdruk gut ist
(203. 205. 207. 211. 212.) Das ganze Gespräch schließt Philonous so: Sehen Sie den
Springbrunnen dort, Hylas! Das Wasser erhebt
sich als eine Säule bis zu einer gewissen Höhe,
theilt sich und fällt wieder in das Bassin zurük, von
wo es sich erhoben hatte. Seine Erhebung sowohl
als sein Fall sind Wirkung eines und desselben Ge-
sezes der Schwere. Auf eben die Art bringen die
Grundsäze, die auf dem ersten Anblik zum Skepticismus zu führen scheinen, wenn sie bis zu einem gewissen Punct verfolgt werden, zu den gewöhnlichen
Be-

Begriffen des gemeinen Menschenverstandes zurück.
Berkeley fand deswegen, daß sein Idealismus mit
dem gemeinen Menschenverstande übereinstimme,
weil demselben zufolge, wirklich alles was wir wahrnehmen, sowohl die primäre als secondäre Eigenschaften der Körper existiren, und das gar nicht vor-
stellbare Einwirken des Körpers in den Geist weg-
fällt (S. 296 ff.) [27]. Gegen das Ende seines Lebens dachte er sehr gering von allen metaphysischen
Untersuchungen und fieng an, die ganze Gewißheit
dieser Wissenschaft zu bezweifeln. Er wandte sich
also zu wohlthätigern Studien, vorzüglich zur Politik und Arzneikunde, und gab bald in beiden die tref-
lichsten Proben [28]. Wenige Gelehrte haben einen
so großen daurenden Ruhm der Tugend erhalten als
er, und P o p e hat ihn schon durch die Zeile ver-
ewigt: To Berkeley every virtue under heaven.

Die Revolution in der Theologie hatte in Eng-
land angefangen, in Deutschland ward sie fortgesezt.
Dort gieng sie vorzüglich von Locke aus, hier von
Leibniz und Wolf, und den immer bekannter werden-
den Werken der englischen sogenannten Naturalisten.
Dort hieng sie mehr an philosophischen und histori-
J 4 schen

127) Der Berkeleyische Idealismus ist verschieden beurtheilt
von R e i d; Essays on the intellectual powers of man.
Edinburgh 1785. II, 10. K a n t Kritik der reinen Vernunft S. 274. ff. P l a t n e r Aphorism. I, 409. ff. Vergl.
Allg. deutsch. Bibl. 52. B. 1s St. S. 160 ff.
128) S. Annual Register l. c.

ſchen Unterſuchungen, hier ſollte ſie mehr von einer
verbeſſerten Kritik, Exegeſe und Kirchengeſchichte
ausgehen. Mit dieſer Revolution war mehr oder
weniger eine Revolution in allen Wiſſenſchaften verbunden — vorzüglich aber in der Philoſophie, und
in ſo fern hängt ſie mit der Geſchichte des Skepticismus ſehr enge zuſammen.

Geschichte des Skepticismus.

VI. Periode
Von Hume bis Kant und Platner.

David Hume.

Hier ist ein Mann, der beides als Weltweiser und
als Geschichtschreiber Epoche gemacht hat, der
bis auf diesen Tag das ganze gebildete Publicum in
hohem Grade interessirt, und dessen Ruhm, obgleich
stiller und langsamer gegründet, doch den Ruhm der
Rousseau und Voltaire überleben zu wollen scheint.
Ich hoffe also bei meinen Lesern Verzeihung zu finden, ja vielleicht einigen Dank einzuernten, wenn
ich hier einen weitern Gesichtspunct fasse, als bei
allen vorhergehenden Skeptikern, und ihn nicht nur
als Weltweisen, sondern zugleich als Menschen und
Gelehrten überhaupt schildere [129]).

Hume

129) Die unmittelbar folgenden Nachrichten von Humes Leben sind genommen aus The life of David Hume written
by himself. London 1777. Französisch: à Londres 1777.
Deutsch: Walchs neueste Religionsgeschichte Th. VIII.
Supplement to the life of David Hume containing genuine anecdotes and a circumstantial account of his
death and funeral. To which is added a certified co-
py of his last will and testament vergl. Eschenburgs
Brit. Mag. I, 83 ff. A letter to Adam Smith on the
life, death and philosophy of his friend David Hume,
by one of the people called Christians Oxford 1777.
Apology for the life and writings of David Hume,
with a parallel between him and the late Lord Chester-
field: to which is added an adress to one of the people

Hume ist zu Edinburg den 26. April 1711 geboren.   Sein Vater war ein Schottischer Laird und
stammte von den Grafen von Home oder Hume ab,
seine Mutter war aus einer nicht weniger angesehe-
nen Familie.   Die Familie war nicht reich, und
David als der jüngere Sohn erhielt nur einen sehr
geringen Antheil von dem ohnehin nicht ansehnlichen
Vermögen.   Sein Vater starb als er noch nicht erwachsen war, und ließ ihn sammt einem ältern Bruder und einer Schwester unter der Leitung einer Mutter, die bei vielen seltenen Verdiensten auch das hatte, daß sie sich, obgleich jung und schön, doch ganz
der Erziehung ihrer Kinder widmete.

Hume vollendete den in England gewöhnlichen
Studiencursus mit ziemlich glüklichem Erfolge, ohne
sich weiter unter seinen Mitschülern durch Kenntnisse
und Talente besonders auszuzeichnen.   Was ihn vielleicht allein auszeichnete, war ein sehr frühzeitiger
ent-

ople called Chriſtians. By way of reply to his letter
to Adam Smith — London 1777. Curious particulars
and genuine anecdotes reſpecting the late Lord Cheſterfield and David Hume, with a parallel between theſe
celebrated perſonages, and an impartial character of
Lord Cheſterfield.   To which is added a short vindi-
cation of the chriſtian cauſe and character, occaſioned
by a recent reflection thrown upon them by the author
of the apology etc. London 1788.   Annual Regiſter
for the year 1776. London 1777 S. 27 — 33. Anecdoten und Characterzüge aus David Humes Leben habe ich
in der Berliner Monatsſchrift Novemb. 1791 S. 402 ff.
angeführt.   Man ſehe auch Zimmermanns ſchöne
Schilderung: Von der Einſamkeit Th. I. S. 69 — 78. und
die Anecdoten in Sturz verm. Schriften 1. Samml.

entschiedener Geschmak und eine lebhafte Freude an
der Literatur, welche auch die herrschende Leidenschaft
seines Lebens und die Hauptquelle seines Vergnügens
wurde. Nach hergebrachter Schottischer Sitte konnte ein Sohn von einer guten Familie sich weder dem
Commerz, noch dem geistlichen Stande widmen.
Geistliche Aemter werden in Schottland, wegen der
geringen damit verbundenen Besoldungen, nur von
niedrigeren Ständen gesucht. Ein jüngerer Sohn
von einer Familie, wie die Humische, mußte entweder Officier oder Rechtsgelehrter oder Arzt werden.
Hume wurde von seiner Familie zum Rechtsgelehrten
bestimmt, weil sie glaubte, daß der fleissige, gemä-
sigte und verständige Jüngling sich am besten zu diesem Stande schike. Er empfand aber eine unüber-
windliche Abneigung gegen jeden andern Gegenstand
des Studiums, als die Philosophie und alte Literatur. Seine besondere Abneigung gegen die Jurisprudenz floß ohne Zweifel noch aus dem Bewußtseyn
her, daß sich sein gemäßigtes, an Indolenz gränzen-
des Temperament, und sein geringes Talent zur Elo-
cution mit dem Stande des Rechtsgelehrten in England nicht vereinigen lasse. So wenig Fleiß er auf
die Jurisprudenz verwendete, und so wenig er im
Sinne hatte, bei derselben zu bleiben, so gab ihm
doch diese Bestimmung Veranlassung, die Schottischen Geseze zu studiren.

Inzwischen besaß er nicht Vermögen genug, um
eine solche bloß literarische Lebensart fortzusezen. Er
sezte sich über die Vorurtheile hinweg, und gieng

1734

1734 nach Briſtol, um ſich der Handlung zu widmen. Am Ende einiger Monate fand er, daß er ſich dazu durchaus nicht ſchike.

Er begab ſich nach Frankreich, für welches er ſchon lange, wider die Gewohnheit der Engländer, einige Vorliebe hatte, und wo er mit geringern Koſten leben konnte. Hier fieng er den Lebensplan an, den er nachher mit ſo viel Beharrlichkeit und Glük verfolgt hat. Er erſezte den Mangel der Reichthümer durch die genaueſte Oekonomie, er lebte in der vollkommenſten Unabhängigkeit und meiſt blos mit ſich ſelbſt und ſeinen Büchern, er verachtete alles, was nicht dazu diente, ſeine Talente in der Literatur zu vervollkommnen. Dieſe feurige Liebe zur Wiſſenſchaft verminderte ſein Intereſſe an den meiſten Dingen, für welche andere ſich lebhaft intereſſiren, und vermehrte ſeine mehr ſcheinbare als wahre Kälte in ſeinem äuſſern Betragen.

In Frankreich lebte er meiſt auf Landhäuſern, zuerſt bei Rheims, alsdann bei la Fleche in Anjou. Hier ſchrieb er ſeinen Tractat über die menſchliche Natur, der ſichtbar durch ſeine Unterſuchungen über die Syſteme der Locke und Berkeley veranlaßt worden iſt. Nachdem er drei vergnügte Jahre in Frankreich zugebracht hatte, kehrte er im Jahre 1737 nach London zurük, und ließ zu Ende des Jahrs 1738 ſeinen Tractat druken [130]). Nie war
eine

130) A Treatiſe of human nature being an attempt to introduce the experimental method of reaſoning into moral ſubjects. III. Vol. 1739 u. 40.

eine literarische Unternehmung unglüklicher und mehr
wider die Erwartung ihres Urhebers ausgefallen.
Das Werk starb in der Geburt, und erhielt selbst
nicht einmal die Auszeichnung, unter den Fanatikern
einiges Murren zu erregen. Es enthielt eigentlich
ein gemäßigt-skeptisches System, das aus Berkeleyischen und Lockischen Grundsäzen ganz natürlich
herzufließen schien, aber zugleich mit so viel Kunst
und Feinheit, mit so viel Tiefsinn und Geschmak, mit
so systematischem Geiste uud neuen Zügen aufgeführt,
als bisher der Metaphysik noch nie wiederfahren war.
Aber eben diese Beschaffenheit des Werks und das
große Ansehen, in welchem Locke und Berkeley vorzüglich damals standen, machten, daß dasselbe nur wenig gelesen wurde und keine große Aufmerksamkeit
erregte. Der Verfasser wählte, wie seine Vorgänger, den empirischen Weg, wurde aber dadurch auf
einen philosophischen Skepticismus geleitet, der noch
nie so consequent und so angenehm war vorgetragen
worden. Dieß ist nach dem, was wir in der vorhergehenden Periode über die Systeme, von welchen
er ausgieng, bemerkt haben, gar nicht zu verwundern. In dem ersten Bande handelte er vom
menschlichen Verstande, im zweiten von den
Gemüthsbewegungen und Leidenschaften, im
dritten von der Moral. Die Kritik und Politik sollte noch hinzukommen, und auf diese Art
ein ganzes System der Philosophie und Alles
für den Menschen Wissenswürdigen geliefert werden

ßen [131])   Das wenige Glük, welches die ersten Theile gemacht hatten, hielt ihn zurük, das Ganze zu vollenden, nicht aber, es nachher in einer andern Gestalt dem Publicum zu geben.   Dieß wichtige Werk,
dessen Ideen und Vortrag in der Folge beinahe allgemeine Bewunderung erwarben, und in mehr als
einer Wissenschaft eine Revolution vorbereiteten,
ward von Hume in einem Alter von etlich und zwan-
zig Jahren entworfen, gedacht und größtentheils geschrieben.   Es ist izt in England sehr selten, und
ich habe es dort selbst zu einem hohen Preiße gekauft.
Ich würde es hier genauer charakterisiren, und besonders mit seinen Versuchen genauer vergleichen,
wenn es nicht durch Jakobs Uebersezung in Deutschland bekannter geworden wäre.   Was übrigens davon in eine Geschichte des Skepticismus gehört, wird
weiter unten vorkommen.

Hume ließ sich durch diesen ersten so unverdien-
ter Weise mißlungenen Versuch nicht abschreken,
einen zweiten zu wagen.   Er scheint bemerkt zu haben, daß die wissenschaftliche Anordnung und Form

und

131) S. l. c. Advertisement.   In der Schrift selbst sagt er
S. 5: The sole end of Logic is to explain the principles and operations of our reasoning faculty and the
nature of our ideas: morals and criticism regard our taste
and sentiments: and politics consider men as united
in society and depend on each other.   In these four
sciences of Logic, Morals, Criticism and Politics is com-
prehended almost every thing, which it can any way
import us to be acquainted with, or which can tend
either to the improvement or ornament of the human
mind.

und hie und da eine Dunkelheit und Unrichtigkeit im
Ausdrufe, auch wohl die Materie selbst, dem glüklichen Fortgange seines Werks vorzüglich im Wege
stand. Er zog sich also wieder ins Landleben zurük,
und sezte die Anstrengung seines Geistes zur Hervorbringung neuer Produkte mit verdoppeltem Eifer fort.
Er wählte Gegenstände, die ein größeres Publicum
interessiren konnten. Er handelte sie in kleineren
Aufsäzen ab, denen er so viel Reize und Klarheit gab,
als die Materie trug. Im Jahre 1742 ließ er den
I. Theil seiner moralischen, politischen und litterarischen
Versuche zu Edinburg druken, die das Gepräge eines
höchst gebildeten, kenntnißreichen, von dem Geschmake
der Alten ganz durchdrungenen Geistes trugen, und
verschiedene politische Räsonnements enthielten, welche
das Interesse der Nation reizen konnten. Er sprach
hier von der Freiheit der Presse, von der Möglichkeit, die Politik in eine Wissenschaft zu bringen, von
dem Ursprunge und den ersten Principien einer Regierung, von der Unabhängigkeit des Parlaments,
von der britischen Constitution, von den Parthieen
in Großbritannien, von bürgerlicher Freiheit, eben
so glüklich, scharfsinnig und beredt von der Würde
und Schwäche der menschlichen Natur, von der Delicatesse des Geschmaks und der Leidenschaft, vom
Aberglauben und Enthusiasmus, von Beredsamkeit,
vom Ursprunge und Fortgange der Wissenschaften,
von der Denkart des Epikureers, Stoikers, Plato-
nikers und Skeptikers, von Polygamie und Ehe-
scheidung, von Simplicität und Feinheit in der

Zweiter Theil.　　　　K　　　　Schreib-

Schreibart, von Nationalcharaktern, von der Tra-
gödie und der Regel des Geschmaks.   Diese Versuche wurden so günstig aufgenommen, daß sie Humen seinen ersten litterarischen Unfall vergessen machen konnten.   Während der Muße, in welcher er
diese Versuche schrieb, machte er die griechische Sprache, die er in seiner früheren Jugend nachläßig getrieben hatte, zum Gegenstand eines neuen Studiums.

Im Jahre 1745 erhielt er einen Brief vom
Marquis von Annaldale, der ihn einlud nach England zu kommen, um mit ihm zu leben.   Die Eltern und Freunde dieses jungen Mannes wünschten,
daß Hume ihm die Sorgfalt und die Leitung widmen
möchte, welcher der Zustand seiner Seele und seiner
Gesundheit so sehr bedurfte.   Hume brachte ein
Jahr bei ihm zu.   Nach Ende desselben erhielt er
eine neue Einladung vom General Saint-Clair,
der ihm vorschlug, ihn als Secretär zu einer Expe-
dition zu begleiten, welche zuerst gegen Canada bestimmt war, sich aber mit einer Landung auf der Kü-
ste von Frankreich endigte.

Im Jahre 1746 — dieß hat er in seiner eigenen Lebensbeschreibung ganz übergangen — meldete
er sich nach Pringles Tode um die Lehrstelle der
Moralphilosophie zu Edinburg, welche alle seine
Wünsche erfüllt haben würde.   Der Adel und die
Gentry verwendeten sich mit großem Eifer für ihn,
aber da die presbyterianische Geistlichkeit ein Recht
hat, gegen einen der drei vom Stadtrathe vorgeschlagenen

genen Candidaten zu excipiren, so schlugen sie Humen
wegen seiner Grundsäze aus, und Beattie erhielt
die Stelle. Hume hat gleichfalls nicht erzählt, daß
in der Versammlung der Schottischen Geistlichkeit
eine Untersuchung über die in seinen Schriften herrschenden Grundsäze angestellt, und Censuren über
ihn, als einen Irrlehrer, vorgeschlagen wurden [132]).

Das folgende Jahr 1747 schlug ihm eben dieser General vor, ihn gleichfalls als Secretär bei seiner militärischen Ambassade an die Höfe von Wien
und Turin zu begleiten. Er legte eine Officiersuni-
form an, und wurde an diesen Höfen als Aide be
Camp des Generals vorgestellt. — Diese beiden
Jahre waren beinahe die einigen Unterbrechungen
seiner Studien während seines ganzen Lebens. Er
brachte sie sehr angenehm und in guter Gesellschaft
zu. „Damals, sagt er, machte mich meine Besoldung, verbunden mit meiner Oeconomie, zum Herrn
von Glüksgütern, die ich unabhängig nannte, obgleich meine Freunde sich fast des Lachens nicht enthalten konnten, wenn ich aus diesem Tone sprach.
Kurz ich besaß damals ohngefähr 1000 Pfund Sterling.“

In Turin arbeitete Hume den ersten Theil seines Tractats über die menschliche Natur ganz neu
aus. Er vertheilte ihn in mehrere kleinere Versuche,
gab dem Stile mehr classische Vollkommenheit, dem

K 2   Räson-

132) S. Curious Particulars S. 3. f. Annual Register
L. c.

Räsonnement mehr Schärfe und Consequenz und
kürzte das Ganze ab.   So entstand seine Untersuchung über den menschlichen Verstand.
Sie wurde zu London gedrukt, machte aber in England nicht viel mehr Glük, als der Tractat.   Als
Hume aus Italien nach seinem Vaterlande zurük-
kam, hörte er zu seiner großen Betrübniß in ganz
England jedermann von den freien Untersuchungen des Doctor Middleton sprechen, indem seine
eigenen Untersuchungen ganz und gar vernach-
läßigt oder unbekannt waren.   Inzwischen lagen in
diesen Untersuchungen die Keime zu einer Revolution
in der Philosophie, welche auch in der Folge dadurch
bewirkt worden ist.   Seine moralischen und politischen Versuche wurden um eben diese Zeit in
London neu aufgelegt.   Nichts desto weniger fand
Hume gar nicht Ursache, mit der Aufnahme derselben zufrieden zu seyn.

Er begab sich 1749 nach Schottland.   Seine
Mutter war gestorben: er lebte zwei Jahre mit seinem Bruder auf seinem Landhause.   Hier schrieb er
den zweiten Theil seiner Versuche, welche er political discourses nannte, und seine Untersuchungen
über die Principien der Moral, welche
eigentlich der umgearbeitete zweite Theil seines Tractats waren.   Die Hauptgegenstände seiner politischen Untersuchungen waren der Handel, das Geld,
das Interesse (Zins), die Taxen, das Gleichgewicht
der Macht, der öffentliche Credit, der gesellschaft=
liche Grundvertrag, der passive Gehorsam, die Be-
völ=

völferung der alten Staaten, die Coalition der Parthieen, die protestantische Succeffion in Großbritannien.   Seine moralischen Grundsäze müssen nachher
besonders dargestellt werden.

Izt fieng Hume an zu bemerken, daß die Aufmerksamkeit des Publicums auf seine Schriften immer mehr rege würde.   Sein Verleger Millar schrieb
ihm, daß sie, ausgenommen jenen unglüklichen Tractat, der Gegenstand der Unterhaltungen zu werden
anfangen, daß der Debit derselben täglich zunähme,
und daß man neue Editionen derselben fordere.   Die
Geistlichen, und unter denselben Warburton, fiengen zuerst an dagegen zu sprechen und zu schreiben.
Hume hatte sich fest vorgenommen, nie einem litterarischen Gegner zu antworten, und diesem Vorsaze
ist er auch beinahe unabänderlich treu geblieben. Die
Widersprüche schienen ihm einen Zuwachs von Reputation anzuzeigen, und munterten ihn um desto mehr
auf, jemehr er gewohnt war, die gute Seite der
Dinge mehr als die schlimme zu fassen.   „Diese
Geistesstimmung, sagt er, ist mehr werth, als mit
10000 Pfund Sterling Renten geboren zu seyn.“

Im Jahre 1752 machte er seine obenangeführ-
ten politischen Untersuchungen zu Edinburg
durch den Druf bekannt — das einige seiner Werke,
welches gleich bei seiner Erscheinung Beifall fand.
In eben diesem Jahre wurden seine Untersuchungen über die Principien der Moral zu London gedruft, welche er unter allen seinen Schriften
K 3   ohne

ohne Ausnahme für sein bestes Werk hielt. Indessen erregte es bei seiner Erscheinung keine Sensation.

Um eben diese Zeit ward ihm eine Bibliothekarsstelle zu Edinburg angeboten. Er nahm sie an, ob sie gleich nur mit einer Besoldung von 50 Guineen verbunden ist, weil sie ihm die Gelegenheit verschaffte, nach Muße alle auserlesenen Schriftsteller und sehr schäzbaren Papiere in einer der besten Bibliotheken Europens zu benuzen. Diese Lage erwekte in ihm den Gedanken, eine Geschichte von England zu schreiben — ein Gedanke, vor welchem er Anfangs erschrak, wenn er den großen Zeitraum erwog, durch welchen er die Geschichte durchzuführen hatte. Er faßte sogleich den Gesichtspunct, dabei auf die gegenwärtig herrschenden Gesinnungen und Irrthümer der Partheien vorzüglich Rüksicht zu nehmen. Da es ihm schien, daß der Foctionsgeist vorzüglich seit der Thronbesteigung des Hauses Stuart seine Wirkungen auf die Volksmeinungen geäussert habe, so entschloß er sich, mit dieser Epoche den Anfang zu machen. Die Idee begeisterte ihn — er glaubte der einige Geschichtschreiber zu seyn, der unpartheiisch, ohne alle eigennüzige Absichten, ohne alle Nationalvorurtheile geschrieben hätte, und zählte auch wegen des Interesse des Gegenstandes auf allgemeinen Beifall. Aber er ward grausam getäuscht. Anfangs nahm man nur wenig Notiz davon. Es wirkte aber hier eine Ursache, die Humen selbst unbekannt gewesen zu seyn scheint, die er wenigstens in seinem Leben nicht anführt. Die erste Edition sei-

ner

ner Geschichte von Großbritannien, unter der Regierung Jakobs I. und Carls I. wurde im Jahr 1754 von Hamilton Balfour und Neil verlegt. Hamilton versprach sich einen großen Profit von diesem Buche, zog also nach London und öfnete seine Bude. Keiner der londner Buchhändler wollte ein Exemplar von ihm nehmen, weil sie ihre Privilegien durch ihn gekränkt glaubten. Hamilton wandte sich in dieser Verlegenheit an seinen Freund Millar, der ihm bei dieser Gelegenheit eine von denjenigen Proben von Freundschaft gab, wobei man seinen Freund unter dem Scheine des Wohlwollens auf die feinste Art ruinirt. Er verband ihn dadurch, daß er ihm 50 Exemplare des Werks abnahm: wenn aber jemand in seinem stark besuchten Buchladen nach demselben fragte, so sagte er: „Es ist ein unvollendetes Werk — bald wird ein zweiter Band herauskommen — der erste Band steht Ihnen inzwischen zum Gebrauche zu Dienste.“ Der großmüthige Mann! So ließ er seine 50 Exemplare unter einigen hundert Lesern circuliren, ohne ein einiges zu verkaufen, und — erreichte seine Absicht, seinem Freunde die Käufer zu entziehen und ihn dahin zu bringen, ihm sein Recht auf dasselbe, als ein unbedeutendes Ding um eine Kleinigkeit zu verkaufen ¹³³).

Daß der Innhalt der Humischen Geschichte großes Aufsehen erregt hatte, zeigte sich bald auf eine freilich für den Verfasser sehr unangenehme Art.

K 4   Von

---

133) Curious Particul. S. 4. f.

Von allen Seiten erhob sich ein Geschrei des Tadels
und selbst des Abscheus.   Engländer, Schotten und
Irländer, Whigs und Torys, Anglicaner und Non-
conformisten, Freigeister und Andächtige, Patrioten
und Höflinge — alle vereinigten sich gegen ihn, und
dieß war ein großer Beweiß seiner Unpartheilichkeit.
Was Humen am wehesten that, war das, daß nach
dieser ersten Gährung das Buch in Vergessenheit zu
sinken schien, und ihm Millar sagte: er habe in einem
Jahre nicht mehr als 45 Exemplare davon verkauft.
Dieß konnte aber kaum anders seyn, da Hume keiner
Parthie geschmeichelt hatte, von allen Parthieen
verschrieen wurde und gewisse gemeinschaftliche Vorurtheile derselben angegriffen hatte.   Solche Werke
sind immer mehr für die Nachwelt als für die Zeitgenossen.   Hume ward auf eine Zeitlang ganz muth-
los.   Er faßte einen Widerwillen gegen sein Vaterland, und entschloß sich, seinen Namen zu ändern,
sich in irgend einer französischen Provinzialstadt nie-
derzulassen, und nie in sein Vaterland zurückzukeh-
ren.   Aber der Krieg zwischen Frankreich nnd England wurde auf einmal erklärt, und Hume war in
der Ausarbeitung des zweiten Bandes seiner Geschichte schon weit fortgerükt. Er faßte wieder Muth,
und entschloß sich, sein Werk fortzusezen.

Ehe er den zweiten Band desselben herausgab,
ließ er seine natürliche Geschichte der Religion zu London mit einigen andern kleinen Aufsäzen
drufen.   Dieß neue Product blieb Anfangs ziemlich im Dunkeln, und manche Leser wußten gar nicht,

was

was sie daraus machen sollten, und was der Ver-
faffer eigentlich damit wolle [134]). Hume hatte seine
Abficht so künftlich verstekt, daß nur feinere Blike
sie bemerken konnten. Auch Hurd, der mit viel
Bitterkeit dagegen schrieb [135]), und eben dadurch die
Celebrität des Werks beförderte, sah in dem Ver-
faffer einen Deiften, der an keine Vorsehung glaube, da doch das Werk deutlich einen Religionszweifler verräth.

Im Jahre 1756 gab Hume den zweiten Theil
seiner Geschichte heraus, welcher die Periode vom
Tode Carls I. bis zur Revolution begrif. Dieser
zweite Band wurde etwas beffer aufgenommen, als
der erste, und diente selbst dazu, den erften ein wenig zu heben. Die Parthie der Whigs wurde zu-
friedener mit dem Geschichtschreiber. Hume war
vor der Herausgabe dieses zweiten Theils erinnert
worden, daß die Religionsgrundsäze, welche er äuf-
sere, dem Debit seines Werks sehr im Wege stehen
würden. Er ließ sich hiedurch bestimmen, im zweiten Theile da, wo er von religiösen Parthieen spricht,
eine Note hinzuzusezen, welche eine Art von Apologie für seine Religionsgrundsäze enthält, in welcher
er zeigt, daß der Mißbrauch der Religion nichts gegen ihren rechtmäßigen Gebrauch beweise, und daß

K 5 es

---

134) Critical Review 1757. Febr.
135) Remarks on Mr. David Hume's Effay on the natural
history of religion addreffed to the Rev. Dr. Warburton 1757.

es in dem Geschichtschreiber keine Irreligion verrathe, wenn er in jeder Religionssecte, die er zu er-
wähnen Gelegenheit finde, Fehler und Unvollkom-
menheiten bemerke [116]). Sobald aber sein litterarischer Ruf gegründet war, so strich er diese Stelle
wieder weg. Was soll man dazu sagen?

Im Jahre 1759 erschien die Geschichte des
Hauses Tudor, welche beinahe eben so viel Geschrei erregte, als die der zwei ersten Stuart. Am
meisten Aufsehen machte die Geschichte der Elisabeth.
Dieß Werk ist es aber eigentlich, das Hume's historischen Ruhm gründete. Ohngefähr um dieselbige
Zeit kam Robertsons Geschichte der Regierung
der Königin Maria von Schottland und ihres
Sohns

---

136) T. II. ed. 1756. p. 449. Hier stehen unter andern folgende Erklärungen über den Werth und Zwek der Religion: The proper office of religion is to reform mens
lives, to purify their hearts, to inforce all moral duties
and to secure obedience to the laws and civil magistra-
tes. While it pursues these salutary purposes, its operations, though infinitely valuable, are secret and silent,
and seldom come under the cognizance of history.
That adulterate species of it alone, which inflames faction, animates sedition and prompts rebellion, distin-
guishes itself on the open theatre of the world and is
the great source of revolutions and public convul-
sions. — — Every institution, however divine, which
is adopted by men, must partake of the weakness and
infirmities of our nature; and will be apt, unless care-
fully guarded, to degenerate into one extreme or the
other. What species of devotion so pure, noble and
worthy the supreme being, as that which is most spiri-
tual, simple, unadorned, and which partakes nothing
either of the senses or imagination. —

Sohns Jacob bis zu seiner Besteigung des Englischen Throns heraus — ein Werk, welches bis zum
Enthusiasmus von Personen aller Stände bewundert
wurde. Viele Gegenstände sind von beiden Geschichtschreibern mit gleicher Ausführlichkeit behandelt worden. Es erfolgte natürlich eine Vergleichung. Die verständigsten und scharfsinnigsten Prü-
fer fanden, daß die philosophische Würde, der richtige und kunstvolle Plan, die Kraft der Diction, die
feine Verkettung der wirkenden Ursachen und Umstände, die lebhaften Sittengemälde, die umfassenden und zugleich hellen Blicke in das Interesse der
Nationen und die Intriguen der Höfe, unabhängig
von den vielen schäzbaren Untersuchungen, welche
Hume's Werk auszeichnen, der classischen Reinheit
des Stils, der glüklichen Wahl von Umständen,
der scharfen Unterscheidung der Beweggründe, der
feinen Zeichnung von Characteren, welche Robertsons Schrift zu einer der anziehendsten Lectüren in
der englischen Sprache machen, zum wenigsten das
Gleichgewicht halten können [137]).

Inzwischen arbeitete Hume den noch übrigen
vorhergehenden Theil der Englischen Geschichte zu
Edinburg in einer glüklichen litterarischen Ruhe aus.
Im Jahr 1761 kam er in zwei Bänden heraus,
und obgleich der Erfolg dieses Werks glüklicher war,
als der vorhergehenden, so war er doch weit unter
dem Verdienste desselben. Aber Hume hatte die
Freu-

137) Vergl. Annual Register 1776.

Freude, zu sehen, daß der Beifall, den seine Schriften erhielten, mit jedem Tage stieg, und daß selbst seine unbedeutenderen Schriften mit der größten Begierde gesucht wurden. Auch bezahlten ihm die Buchhändler dafür mehr, als sonst je in England gegeben worden war. Sein Zwek war erreicht, sein Ruhm verbreitete sich über Europa, er war reich und dadurch unabhängig geworden. Er zog sich izt in der Absicht in sein Vaterland zurük, es nie wieder zu verlassen, und nahm die innere Satisfaction mit sich, nie etwas von einem Vornehmen und Mächtigen verlangt oder auch nur aufs entfernteste geschmeichelt zu haben. Uebrigens wurde die Regierung aufmerksam auf ihn, und Lord Bute verschafte ihm eine beträchtliche Pension vom Hofe. Diesen Umstand verschweigt Hume in seinem Leben gänzlich — ob er es gegen die Aufrichtigkeit seiner politischen Gesinnungen und gegen die Wahrhaftigkeit seiner Geschichte beweisen könne? — darüber wollen wir uns des Urtheils enthalten. Hume war 50 Jahre alt und hofte, den Rest seines Lebens in einer philosophischen Ruhe beschließen zu können, als er im Jahre 1763 von dem Grafen von Hertford, mit welchem er gar keine Verbindung gehabt hatte, den Antrag erhielt, ihn bei seiner Ambassade nach Frankreich zu begleiten, um die Geschäfte eines Legationssecretärs zu verwalten, mit der Hofnung, den Titel selbst bald zu erhalten. Hume schlug den Antrag aus, so vortheilhaft er auch war, weil er eine Abneigung gegen alle Verbindungen mit den Großen hatte

und

und fürchtete, sein Character und sein Alter möchten sich nicht zu der Höflichkeit und Lustigkeit der Gesellschaften in Paris schiken. Lord Hertford erneuerte seine Bitten — Hume gab zulezt nach, und fand alle mögliche Ursache, sich zu dieser Verbindung Glük zu wünschen.

Zu Paris fand er eine Aufnahme, die nur mit der Aufnahme Voltaires daselbst verglichen werden kann. Seine Schriften waren lange daselbst bewundert worden. Sein Name, seine Grundsäze, seine Geschichte waren damals in der Mode. Er wurde von Leuten aus allen Ständen geschmeichelt. Die Damen überhäuften ihn mit ihren Gunstbezeugungen. Er ward in alle Gesellschaften gebeten und war der Gegenstand der allgemeinen Unterhaltung. So sehr dieß den allerdings sehr ehrgeizigen Hume schmeichelte, so lästig war es ihm doch, weil er diese Höflichkeit nicht zu erwiedern wußte und merkte, daß er ganz anders erschien, als man erwartet hatte, und daß diese Leute durch ihre Höflichkeiten, am Ende mehr sich selbst, als ihm Complimente machten. Er entzog sich ihren excessiven Höflichkeiten so sehr er konnte, aber je mehr er sich zurükzog, desto mehr wurde er dadurch überhäuft. Seine Kälte, sein stilles, gemäßigtes Wesen in großer Gesellschaft, sein wenig vortheilhaftes Aeusserliches mißfiel in den ersten Zeiten der Bewunderung nicht, und alles wurde auf Rechnung des großen Philosophen geschrieben, aber nach und nach wurde die beleidigte Eitelkeit der Damen dadurch rege, und Hume fieng an bei der Weiberwelt aus der Mode zu kommen. Es mag

wohl

wohl wahr seyn, was Sturz erzählt, daß sie hie
und da sagten: „Ce Mſr. Ume eſt une bête." Hume
ſelbſt gefiel ſich vorzüglich deswegen in Paris, weil
er die Zahl ſolcher Perſonen, die Geiſt, Kenntniſſe
und Höflichkeit mit einander verbinden, daſelbſt
auſſerordentlich ſtark fand — und ſicher hatte das
alte Paris hierinn einen Vorzug vor allen andern
Städten.

Im Jahr 1765 ward Hume zum wirklichen
Legationsſecretär ernannt. Nachdem Lord Hertford
zum Vicekönig von Irland erhoben war, ſo blieb
Hume als chargé d'affaires zu Paris, bis zur Ankunft des Herzogs von Richmond. Während ſeines
Aufenthalts zu Paris entſtand ſeine erſte Bekannt-
ſchaft mit Jean Jaques Rouſſeau. Als er im
Jahre 1766 nach England zurükkehrte, führte er
Rouſſeaun mit ſich, und hofte dieſen Mann ſeinem
Vaterlande auf immer geſchenkt zu haben. Hume
überhäufte ihn mit Freundſchaft und Güte, und ver-
ſchafte ihm eine Penſion vom Könige von England,
um ihn deſto mehr an ſein zweites Vaterland zu feſ-
ſeln und ihm daſelbſt eine unabhängige Exiſtenz zu
geben. Die Freundſchaft dauerte nicht lange. Rouſ-
ſeaus und Humes Charactere waren zu ſehr von einander verſchieden, und ſchon der Gedanke, in ſeinem
Freunde und litterariſchen Nebenbuhler einen Wohlthäter und Beſchüzer betrachten zu müſſen, führte
vielleicht für Rouſſeau etwas mit ſich, was mit einer
dauerhaften Freundſchaft nicht beſtehen konnte, und
eben dieß Verhältniß legte vielleicht in Humes Be-

tra-

tragen, ihm selbst unbemerkt, etwas, was Rouſ
ſeaus ſeines Gefühl beleidigte. Rouſſeau fand in
des launigten und heitern Engländers Scherzen Beleidigungen, und in ſeinem Betragen einen geheimen Plan, ihn zu ruiniren. Er hörte Humen einmal des Nachts ausrufen: Ah! je tiens Jean Jaques
Rouſſeau! in dieſen Worten ſah er den höllischen
Plan, ihn durch Freundſchaft in ſeinem litterariſchen
Ruhme und im Fortſchreiten auf ſeiner Laufbahn zu
tödten. Es wurden ihm Briefe erbrochen und entwendet — auch dieß taugte zu jenem Plane, den er
ſich einbildete — auch dieß ſollte ein Werk Humes
ſeyn. Er ſah in ſeiner Penſion eine Entehrung und
klagte, man habe ſeinen Namen mißbraucht, und
Geld wider ſeinen Willen begehrt. Es erſchien in
den Zeitungen ein Brief von Friedrich dem Großen
an Rouſſeau, der aber Walpolen zum Verfaſſer
hatte. In dieſem Briefe lud ihn der König zu ſich
ein, und ermahnte ihn, ſeine Paradorieen zu laſſen
und endlich einmal vernünftig und glüklich zu werden. Rouſſeau klagte Humen öffentlich als Verfaſ
ſer dieſes Briefes an. Bald war Rouſſeau feſt
überzeugt, daß Hume mit ſeinen Feinden zu Paris
in einer Verſchwörung gegen ihn begriffen ſei. Es
erfolgte eine gänzliche Trennung, und der Streit
wurde von beiden Seiten vor das Publicum gebracht, das zulezt wenigſtens größtentheils zu Gun
ſten Humes entſchieden hat [138]). Der unglükliche,

und

138) Man ſehe über dieſen Streit, deſſen weitere Auseinander
ſezung und Beurtheilung nicht hieher gehört: Exposé ſuccinct

und durch Unglük mißtrauisch und schwermüthig ge-
wordene Rousseau ist übrigens, auch im Falle er sich
in seinem Verdachte gänzlich betrogen hätte, das
moralische Ungeheuer nicht, wofür ihn Hume und
seine Anhänger bei dieser Gelegenheit haben aus-
schreien wollen. Es fielen verschiedene Umstände
vor, die ihn wirklich zu einem Verdacht berechtig-
ten, und die in seiner lebhaften und schwarzen Einbildungskraft sich von selbst in ein Gewebe von Bosheit vereinigen mußten. Vielleicht war eine dritte
Hand mit im Spiele, und alsdann wäre zwar Hume
unschuldig, aber Rousseau wäre auch zu entschuldi-
gen. Rousseau hatte im Jahr 1769, während
seines Aufenthalts in der Gegend von Lyon, seine
Gouvernantin, Mademoiselle Le Vasseur, aus
Dankbarkeit geheirathet. Sie war, wie Freunde
Rousseaus selbst bezeugen, ohne Talente und Reize,
wußte aber nach und nach eine Herrschaft über ihn zu
erwerben, welche die Quelle vieler Leiden seines Lebens war. Die Celebrität ihres Gatten war für sie
ein Sporn mehr, sich seiner ganz zu bemächtigen —
sie

cinst de la contestation qui s'est elevée entre Msr. Hume
et Msr. Rousseau avec les pieces justificatives, à Londres
1766. Tableau philosophique de l'esprit de Msr. de Voltaire Genéve 1771. Art. Rousseau. Reflexions sur les con-
fessions de Jean Jaques Rousseau, sur le caractère et le
genie de cet écrivain, sur les causes et l'etendue de
son influence sur l'opinion publique, enfin sur quelques
principes de ses opinions par Msr. Servan, à Paris 1783.
besonders S. 21 ff. 35 ff. 156 ff. Histoire literaire de
Geneve par Msr. Senebier T. III. p. 264 ff.

sie beherrschte ihn durch Kenntniß seiner Schwächen,
durch fortgesezte thätige Ansprüche auf seine Dankbarkeit, und durch eine List, die er nicht ahndete.
Sie wollte allein sein volles Zutrauen und seine ganze
Zuneigung besizen — sie wachte also über alle seine Be-
kanntschaften und über alle Besuche, die er erhielt
oder erhalten sollte — sie wies viele zurük, ohne daß
Rousseau etwas davon erfuhr, und dieß hat nicht wenig beigetragen, daß er beinahe allgemein für einen
höchst stolzen und bizarren Mann gehalten wurde.
Vielleicht war sie es, welche den Argwohn gegen Hume
in seine Seele pflanzte, welche des Engländers scharfen Blik und von seiner Freundschaft mit ihrem Gatten einen Abbruch in ihrer ehlichen Oberherrschaft
fürchtete [139]).

Im Jahr 1767 wurde Humen von Conway,
dem Bruder des Lord Hertfort, die Stelle eines Un-
ter-Staats-Sekretärs angetragen. Der Character
dieses Ministers und seine Verhältnisse mit Lord
Hertford erlaubten ihm nicht, diese Stelle auszu-
schlagen. Im Jahre 1769 zog er sich nach Edinburg zurük. Er war reich geworden: denn er hatte
1000 Pfund Renten, er fühlte sich gesund und mun-
ter, und hofte noch lange Zeit sein Vermögen, seinen Ruhm und seine Freunde zu geniessen.

Im Frühling 1775 wurde er von einem Uebel
in den Eingeweiden befallen, über das er sich Anfangs gar nicht beunruhigte. Im April 1776
schreibt

139) S. Senebier p. 270.

Zweiter Theil. L

schreibt er aber schon in seinem Leben: „Ich glaube,
daß mein Uebel tödtlich und unheilbar geworden ist.
Ich rechne auf eine nahe Auflösung.   Diese Krankheit war mit sehr wenig Schmerzen verbunden, und,
was noch auffallender ist, so habe ich ohngeachtet des
Dahinschwindens meines Körpers nie einen Augenblik von Niedergeschlagenheit der Seele empfunden,
so daß, wenn ich sagen müßte, welches diejenige
Zeit meines Lebens sei, welche ich am liebsten noch
einmal durchleben möchte, ich diese lezte Periode zu
nennen in Versuchung wäre: niemals habe ich mehr
Eifer für das Studiren, niemals mehr Heiterkeit für
die Gesellschaft gehabt.   Ich sehe, daß ein Mann
von 65 Jahren, wenn er stirbt, sich nur einigen
Jahren von Schwächlichkeit entzieht, und obgleich
verschiedene Umstände mich hoffen lassen können, daß
meine litterärische Reputation noch etwas mehr Glanz
erhalten wird, so weiß ich doch, daß ich sie nur noch
wenige Jahre werde genießen können.   Man kann
von dem Leben kaum mehr los seyn, als ich es izt
bin." —

Das Uebel wurde immer schlimmer.   Obgleich
Hume keine Genesung hofte, so ließ er sich doch von
seinen Freunden bereden, noch die Wirkungen einer
langen Reise zu versuchen.   Noch einige Tage vorher, ehe er sie antrat, sezte er sein eigenes Leben
auf, das der ersten Edition seiner Werke vorange-
sezt werden sollte.   Er reiste nach London gegen das
Ende April, als eben sein Freund, Adam Smith,
der berühmte Verfasser des Werks über die Natio-

nal-

nalreichthümer, aus dieser Stadt mit James
Home abgereist war, um ihn in Edinburg zu sehen.
Diese drei Freunde trafen sich auf der Route,
Smith war genöthigt, nach Edinburg zu reisen,
Home begleitete seinen kranken Freund nach London,
verließ ihn während seines ganzen Aufenthalts in
England nicht, und widmete ihm alle Sorgfalt, die
von einem so zärtlichen und wahren Freunde zu er-
warten war.

Hume's Krankheit schien Anfangs der Bewegung und der Luftveränderung zu weichen, und da er
zu London ankam, befand er sich weit besser, als da
er Edinburg verlassen hatte. Man rieth ihm, nach
Bath zu gehen, um den dortigen Brunnen zu gebrauchen. Dieser brachte eine so gute Wirkung hervor, daß Hume selbst anfieng, wieder einige Hofnung seiner Genesung zu schöpfen. Aber bald kamen
die Symptome wieder mit ihrer gewöhnlichen Heftigkeit. Von nun an gab Hume alle Hofnung auf,
und unterwarf sich seinem Loose nicht nur mit einer
vollkommnen Resignation, sondern selbst mit Ruhe
und einer ausserordentlichen Heiterkeit. Er schrieb
seinen Freunden nach Edinburg, daß er an einem
bestimmten Tage daselbst seyn würde, und lud sie
auf den folgenden Tag zur Mittagsmahlzeit ein. Als
er nach Edinburg zurückkam, fand er sich weit schwächer — die Mahlzeit fand aber doch Statt. Die
Gäste waren Lord Elibank, Professor Ferguson,
Home, der dramatische Dichter, Adam Smith,
D. Blair, D. Black und andere litterarische

Freun-

Freunde [140]).   Dieß sollte eine Art von Abschieds-
mahlzeit seyn.

Der Tod nahte sich sichtbar und regelmäßig —
man sahe ihn langsam sterben.   Aber seine Heiterkeit verminderte sich nicht.   Er fuhr fort, sich auf
seine gewohnte Art zu vergnügen; er verbesserte seine
Werke zu einer neuen Edition, er las einige angenehme Bücher, er machte zuweilen gegen Abend eine
Parthie Whist.   Er gieng mit seinen Freunden um,
er ließ sich öfters zu ihnen in einer Sänfte bringen.
Inzwischen wurde sein Zustand immer schlimmer, er
war aus einem starken Manne ein hageres Gerippe
geworden, und sein Blik kündigte den nahen Tod
an.   Seine Heiterkeit blieb aber so natürlich, sein
Umgang und seine ganze Lebensart hatten sich so wenig geändert, daß, ohnerachtet aller jener Symptome, viele Personen nicht glauben konnten, daß er
seinem Ende nahe sei.

Er hatte bereits sein Testament gemacht, als er
noch verschiedene scherzhafte Legate machte, die sich
für die Feierlichkeit eines gerichtlichen Actus nicht
ge-

---

140) Robertson war auch eingeladen, aber — er konnte
nicht kommen.   His flowery rival in historic fame
was also invited.   But alas! the Lord Advocate of Scot-
land invites this reverend Doctor on that very
day to a turtle feast.   What was to be done?   both
invitations could not be embraced — the contest was
short: for as it would seem, this historians taste is almost as elegant in eating, as in writing, he judiciously
preferred the turtle of my Lord Advocate to the mut-
ton of David Hume.   Cur. part. p. 11.

geschikt haben würden. Sein Freund Home der Dichter hatte einen gewissen Abscheu vor dem Portwein, und affectirte aus einer sonderbaren Delicatesse den Geschmak desselben gar nicht ertragen zu können. Hume hatte oft darüber gescherzt, und nun vermachte er seinem Freunde eine Bouteille Portwein und zehn Duzend Claret, unter der Bedingung, daß der Dichter den Portwein auf zwei Size austrinken sollte, ehe er den andern Wein kostete.

D. Dundas sagte ihm einmal: "Ich will Ihrem Freunde dem Oberst Edmonstone melden, daß ich Sie auf dem Wege der Wiedergenesung verlassen habe." "Doctor, antwortete Hume, da ich glaube, daß Sie gerne die Wahrheit sagen, so würden Sie besser thun, ihm zu sagen, daß ich so schnell davon eile, als meine Feinde, wenn ich dergleichen habe, es wünschen, und so sanft, als meine besten Freunde es verlangen können." Einige Zeit nachher kam Edmonstone selbst, seinen Freund noch einmal zu sehen. Er konnte sich nicht enthalten, ihm beim Weggehen noch einen Brief zu hinterlassen, in welchem er ihm ein ewiges Lebewohl sagte. Hume's Muth und Gemüthsruhe waren so aufrichtig, daß seine zärtlichsten Freunde wohl mußten, daß sie mit ihm als mit einem sterbenden Freunde reden dürften, und daß diese Offenheit ihm eher schmeichle, als ihn beleidige. Adam Smith trat gerade in das Zimmer, als Hume diesen Brief laß, der ihm denselben auch communicirte. Smith sagte ihm,

daß ohngeachtet seiner sichtbaren Schwäche und gewisser schlimmer Symptome, doch seine Heiterkeit
noch so groß wäre, und das Lebensprincip noch so
stark in ihm zu seyn schiene, daß er immer noch einige Hofnung habe. „Ihre Hofnungen sind ohne
Grund, antwortete Hume. Eine beständige Diar-
rhee, länger als ein Jahr hindurch, wäre in jedem
Alter ein sehr gefährliches Uebel, in dem meinigen
ist sie ein tödtliches. Wenn ich mich des Abends
niederlege, so fühle ich mich schwächer, als wenn ich
des Morgens aufstehe, und wenn ich des Morgens
wieder aufstehe, so fühle ich mich schwächer, als ich
mich den Tag vorher niedergelegt hatte. Auch fühle
ich, daß einige Organe des Lebens angegriffen sind —
ich muß also bald sterben.“ „Nun, antwortete
Smith, wenn das ist, so werden Sie wenigstens die
Freude haben, alle ihre Freunde, und besonders die
Familie ihres Bruders, in einem glüklichen und blü-
henden Zustande zu hinterlassen.“ „Ja, sagte Hume, dieser tröstende Gedanke rührt mich so lebhaft;
daß, da ich vor einigen Tagen in Lucians Dialogen
die verschiedenen Vorwände las, welche die Todten
dem Charon vorbrächten, um nicht in seinen Kahn
zu steigen, ich auch nicht einen einzigen fand, der
sich für mich schifte. Ich habe keine Tochter zu ver-
sorgen, kein Gebäude zu endigen, noch einen Feind,
an dem ich mich rächen möchte. Ich konnte also
durchaus keine Entschuldigung finden, um von ihm
einigen Aufschub zu verlangen. Ich habe alles von
Wichtigkeit gethan, was ich je zu thun wünschte;
                                                    nie

nie könnte ich hoffen, meine Anverwandte und meine
Freunde in einer beſſern Situation zu laſſen, als izt:
ich habe alſo alle Urſachen vergnügt zu ſterben. Ich
könnte zwar dem Charon allerlei luſtige Entſchuldi-
gungen machen, aber er würde mir nur grob antworten. — Ich könnte ihm z. E. ſagen: Guter Charon, ich habe meine Werke verbeſſert, um eine neue
Edition zu veranſtalten; gib mir doch Zeit zu ſehen,
wie das Publicum ſie aufnehmen wird. Aber ich
höre ihn ſchon antworten: „Wenn du die Wirkungen
deiner Verbeſſerungen wirſt geſehen haben, ſo wirſt
du wieder andere machen wollen. Solcher Vorwände
würde kein Ende ſeyn. Alſo, Freund, in den Kahn!"
Ich könnte fortfahren: „Ein bißchen Geduld, bra-
ver Charon! ich habe mich bemüht, dem menſchlichen Geſchlechte die Augen zu öffnen. Wenn ich
einige Jahre länger lebte, ſo könnte ich das Vergnügen haben, die Menſchen von einigen der Uebel befreit zu ſehen, welche der Aberglaube über ſie gebracht hat." Aber Charon würde mich nicht länger
anhören und mir zurufen: „Was du ſagſt, wird in
hundert Jahren nicht geſchehen. Glaubſt du, daß
ich ſo lange warten werde? Alſo in die Barque, fau-
ler Schwäzer, ohne länger zu raiſonniren!"

Hume wurde immer ſchwächer — aber er erhielt
ſeine Heiterkeit, ſeine Gefälligkeit, ſeine geſellige
Laune auch noch in den lezten Tagen ſeines Lebens ſo
ſehr, daß, ſo oft ihn ein Freund beſuchte, er ſich
nicht enthalten konnte, länger und lebhafter zu ſprechen, als ſeine Schwäche erlaubte. Inzwiſchen war

ſeine

feine gefährliche Lage der allgemeine Gegenstand der Unterhaltung und des Nachfragens geworden [141]). Sein Freund Smith verließ ihn auf sein eigenes Bitten; bald nach seiner Ankunft zu Kirkaldy erhielt er folgenden Brief von Hume: „Liebster Freund! Ich bin genöthigt, mich der Hand meines Nieffen zu bedienen, um Ihnen zu schreiben: denn ich werde heute nicht aufstehen — — — — — — Es geht sehr schnell mit mir abwärts.   Ich habe die lezte Nacht ein kleines Fieber gehabt und hoffe, es werde das Ende dieser langwierigen Krankheit beschleunigen; unglüklicher Weise hat es sich wieder verloren. Ich kann nicht dazu stimmen, daß Sie um meinetwillen hieher kommen, ich würde Sie doch nur wenige Augenblike den Tag über sehen können. Doctor Black wird Sie genauer von dem Grade von Stärke unterrichten können, der mir noch übrig ist. Adieu." Dieser Brief wurde den 23. August 1776 geschrieben.   Bald darauf wurde er so schwach, daß er nicht mehr aufstehen konnte.   Am 25. starb er mit einer ungetrübten Heiterkeit der Seele.   Er hatte bis zum ezten Augenblik den ganzen Gebrauch seiner Vernunft beibehalten, er sprach noch in den lezten Stunden

den

141) Such was the eſtimation in which Mſr. Hume was held from his amiable qualities as a citizen, as well as from his literary fame, that for ſome weeks before his death his ſituation became the univerſal topick of converſation and equiry; each individual expreſſing an anxious ſolitude about his health, as if he had been his intimate and particular friend. l. c. p. 13.

den mit Sanftmuth und Zärtlichkeit, jedoch nicht
ohne sichtbare Anstrengung, mit den Personen, die
ihn umgaben. Er hatte selbst noch einen Platz, wo
sein Leichnam begraben werden sollte, gekauft —
einen Felsen, darinn niemand je geleget
war. Aus den besondern Aufträgen, die er in Ansehung seines Begräbnisses gab, kann es wahrscheinlich werden, daß er besorgte, sein Leichnam möchte
mißhandelt werden.

Die ängstliche Aufmerksamkeit des Publicums
auf jeden Umstand, der Humes Krankheit betraf,
war mit seinem Tode nicht geendigt. Als der Tod-
tengräber sein Grab zubereitete, fand sich eine große
Zahl neugieriger Zuschauer ein. Bei seinem Leichen-
begängnisse fand sich, ohngeachtet ein starker Regen
fiel, eine ausserordentliche Menge von Leuten aus
allen Ständen ein. Zwischen zwei Personen vom
Pöbl fiel folgender kurze Dialog vor: „Ach! er war
ein Atheist.“ — „Schadt nichts! er war ein recht-
schaffener Mann.“ — Nachher schikten viele Personen zu dem Küster um die Schlüssel zum Kirchhofe
und bezahlten ihm, um Zugang zum Grabe zu haben.
Als einmal ein andres Leichenbegängniß war, so versammelte sich eine so große Gesellschaft von einem be-
nachbarten Spaziergange bei Hume's Grabe, daß
sein Bruder unmittelbar darauf für nöthig fand, es
mit Schranken umgeben zu lassen. Zwei Personen
bewachten Hume's Grab acht Tage lang. Sein Betragen in seinen lezten Stunden veranlaßte verschiedene widersprechende Urtheile und selbst Schriften

L 5　　　　　　für

für und wider, die wir schon oben angeführt haben. [142])

Ich habe es schon anderswo versucht, seinen moralischen Charakter zu zeichnen [143]). Er selbst zeichnet
ihn in seinem Leben so: Ich bin, oder vielmehr ich
war, (denn dieß ist die Sprache, die sich izt für mich
ziemt) ein Mann von einem sanften Character, Herr
über mich selbst, offen, heiter und gesellig, gestimmt
für die Freundschaft, des Hasses nur in geringem
Grade fähig und gemäßigt in allen meinen Leidenschaften. Selbst die Begierde nach litterarischem
Ruhme, meine herrschende Leidenschaft, hat meinen
Character, ohngeachtet so mancher fehlgeschlagenen
Hofnungen, nie sauer gemacht. Mein Umgang war
weder jungen und flüchtigen, noch fleissigen und ein-
sichtsvollen Personen unangenehm, und da ich ein
besonderes Vergnügen in der Gesellschaft tugendhafter Frauenzimmer fand, so habe ich nie Ursache gehabt, mit ihren Betragen gegen mich unzufrieden
zu seyn. — Meine Freunde haben nie Veranlassung gehabt, irgend einen Umstand in meinem Betragen oder in meinem Character zu rechtfertigen:
nicht als wenn die Fanatiker nicht geneigt gewesen
wären, Fabeln zu meinem Nachtheile zu schmieden
und zu verbreiten; aber nie haben sie eine einige er-
finden

142) Sein Testament ist gedruckt Cur. Part. p. 17=25. Er
hinterließ ohngefähr 10000 Pfund selbsterworbenes Vermögen. Vom Könige hatte er eine Pension von 500 Pfund
gehabt.
143) Berl. Monatssch. a. a. O.

finden können, die irgend eine Wahrscheinlichkeit ge=
habt hätte" — Sein Freund Smith, der nicht
zu übertreiben pflegt, schildert ihn so: „Man kann
verschieden von seinen philosophischen Meinungen ur=
theilen, jeder kann sie billigen oder verdammen, je
nachdem er sie mit den seinigen übereinstimmend
oder denselben widersprechend findet — aber schwer=
lich kann sich eine Verschiedenheit in dem Urtheile
finden, das man von seinem Lebenswandel und Cha=
racter fällen wird. Nie waren die natürlichen An=
lagen eines Menschen glücklicher abgewogen und com=
binirt. Selbst da seine Vermögensumstände ganz
gering waren, hinderte ihn seine genaue Oekonomie
nicht, bei Gelegenheit Handlungen der Gutthätig=
keit zu verrichten. Seine Oekonomie selbst war nicht
auf Geiz, sondern auf Nothwendigkeit und Liebe zur
Unabhängigkeit gegründet. Die große Sanftmuth
seines Characters hat nie weder die Stärke seiner
Seele noch die Festigkeit seiner Entschlüsse erschüt=
tert. Sein habitueller Scherz war nichts als der
simple Ausfluß einer natürlichen Güte, und einer
durch Delikatesse und Bescheidenheit gemäßigten
Frölichkeit, und es fand sich darinn auch nicht der
leichteste Anstrich von jener Bosheit, welche so oft
das gefährliche Princip von dem ist, was man ge=
wöhnlich Geist nennt. Nie entwischte ihm ein et=
iger Scherz, der den Zwek gehabt hätte, wehe zu
thun. Auch gefielen seine Scherze selbst denjenigen,
auf welche sie fielen und von allen seinen großen und
liebenswürdigen Eigenschaften war vielleicht keine,

die

die seine Gesellschaft seinen Freunden angenehmer
machte, als sein Hang zum Scherze, obgleich sie
selbst gewöhnlich die Gegenstände desselben waren.
Diese natürliche Heiterkeit, die in der Gesellschaft
so angenehm, aber so oft mit frivolen und oberflächlichen Eigenschaften begleitet ist, verband sich in Hume mit dem angestrengtesten Fleiße, mit den mannichfaltigsten Kenntnissen, mit dem größten Tiefsinne und dem umfassendsten Geiste.   Kurz ich habe
ihn immer als denjenigen Mann betrachtet, der sich
der Idee am meisten nähert, die man sich von einem
vollkommen weisen und tugendhaften Menschen bil-
det." ―   Sein Bruder urtheilte etwas mäßiger
von seinen Vorzügen [144]).

Was Hume's Character vorzüglich ehrwürdig
macht, ist eine gewisse Beharrlichkeit bei Grundsäzen, die er als richtig anerkannt hatte, ein gewisses
stetes und unaufhaltsames Fortschreiten auf der Bahn
seiner ganzen Ausbildung, und eine durch Anstrengung erworbene Gleichmüthigkeit im Glük und Unglük.   Was er an Character und Geist ward, ward
er beinahe Alles durch sich selbst.   Beide hatten eine
seltene Unabhängigkeit, die mit Achtung für die Ver-
dien-

---

[144] Cur. part. p. 10. Notwithstanding the ideas, which
zealots may have formed of Mfr. Humes principles as
latitudinarian, as atheistical, as damnable, his brothers
notions of them were very different. Tor speaking of
the historian one day, he expressed himself in this manner: „My brother Davie is a good enough
sort of a man, but rather narrow minded."

dienste anderer und mit Bescheidenheit verknüpft
war. Dabei mußte er die Würde des Schriftstellers zu behaupten, die von manchen, selbst großen
Schriftstellern, durch Schmeicheleien gegen Vor-
nehme und Reiche und durch demüthige Dedicatio-
nen, erniedrigt wird.

Hume war ein Religionszweifler, und hat dadurch unleugbar vielen Menschen an ihrer Ruhe und
Tugend geschadet, aber er lehrte zugleich prüfen und
untersuchen, nicht dreist wegwerfen. — Dieß macht
seinem Character Ehre, und hat einen großen Theil
des Schadens verhütet. Er hatte große Achtung
für den reinen Deismus, er glaubte, daß das Edle,
das Erhabene allein in diesem Systeme vorhanden
sei, und daß der Mensch allein bei demselben seine
Würde fühlen könne. Allein er hielt es für zweifelhaft. Dreiste Wegwerfung desselben, wie sie zu
Paris gewöhnlich war, als er sich daselbst aufhielt,
konnte er nicht leiden, weil es ihm verwegen und unvernünftig schien, etwas ganz zu verwerfen, das doch
vielleicht wahr seyn könnte. Er vertheidigte daher zu
Paris den Deismus gegen die D'Alembert und
Diderot, und ließ sich gerne von ihnen für einen
Mann halten, der sich vom Aberglauben und religiösen
Vorurtheilen noch nicht ganz habe frei machen können [145]).

Hume

145) S. Universal Magazine Sept. 1792. Vol. 91. Gent-
lemans Magazine for August 1793 p. 688. aus einem
Briefe von D. Horne, wo es unter andern heißt: poor
Mr. Hume, who on your side of the water was thougt
to

Hume war nur selten bitter gegen seine Gegner,
und wo er es war, so war sein Unwillen bald verschwunden und gieng nicht leicht in Feindschaft über.
Gegen Hurd, Beattie und Tytler konnte er sich
nicht mäßigen, weil er in ihrem Betragen unedle
Kunstgriffe zu bemerken glaubte.   Aber er vergaß
auch das Unrecht, das er sich geschehen glaubte, und
gegen das Ende seines Lebens erklärte er, daß er
sich an keinem Feinde zu rächen habe. Wenn
er in den gegen ihn erschienenen Schriften Gründlichkeit und Geradheit sah, so nahm er sie mit Freuden
auf.   So nahm er Prices, Adams und Dou-
glas Schriften gegen seinen Versuch über die
Wunder sehr gut auf, und veranstaltete einmal
bei einem Aufenthalte zu London eine Mahlzeit mit
denselben bei seinem Verleger Millar, wobei er ihnen
insgesammt für die Ehrlichkeit und edle Art dankte,
womit sie gegen ihn geschrieben hätten, und einige
Stunden in großer Cordialität und Heiterkeit mit
ihnen zubrachte [146]).   So nahm er eine gegen seinen
Versuch über die Bevölkerung der alten und neuen
Welt großentheils gerichtete Abhandlung von Wal-
lace mit Dank und Achtung auf [147]).

Hume's

to have too little religion, is here thought to have too
much.

146) S. Vniv. Magaz. Vol. LXXVIII.

147) Dissertation on the numbers of mankind in antient
and modern times, in which the superior populousness
of antiquity is maintained with an appendix containing
additional observations on the same subject and some

re-

Hume's schwache Seite war ein ausschweifender litterarischer Ehrgeiz, der aber desto weniger beleidigt, da er ihn offen gesteht, und sich dadurch nicht leicht zu Unbilligkeiten gegen andere und zur Erbitterung bei mißlungenen litterarischen Versuchen, sondern blos zu fortgesezter und vermehrter Anstrengung seiner Fähigkeiten, und zum Hange zum Paradoxen antreiben ließ. Aus seiner Lebensbeschreibung blikt allerdings eine gewisse litterarische Eitelkeit und eine zu hoch gespannte Schäzung der Ehre hervor, die ein reines moralisches Gefühl beleidigen. Es darf auch bei einem so großen Manne gesagt werden, daß Ehre nicht das höchste Gut des Schriftstellers seyn soll, und daß der rechtschaffene Mann unendlich mehr werth ist, als der größte und berühmteste Schriftsteller, und eine edle Handlung mehr, als ein Werk des Genies.

Wir wollen nun Humen den Schriftsteller etwas genauer characterisiren.

Hume's S t i l hat ungemein viel Eleganz und Rundung, Harmonie und Deutlichkeit, aber er ist nicht correct und sich ungleich. In vielen Stellen hat er eine classische Reinheit und Vollkommenheit, aber in manchen ist er auch unrichtig, enthält viele schottische Provincialismen, Wörter und Constructionen, die der Analogie der Englischen Sprache

zu

remarks on Mſr. Humes political diſcourſe, of the populoußneß of antient nations. Edinburgh 1753.

zuwider sind [48]). Diese Mängel seines Stils sind
eines Theils seinem Vaterlande, und andern Theils
seinem Bestreben nach Originalität und Neuheit zuzuschreiben. Die großen Vorzüge seines Stils sind
wohl am meisten eine Frucht seines Studiums der
Griechen und Römer. Der Geist der Xenophonte
und Cicerone scheint seinen Schriften eingehaucht zu
seyn. In keinem Lande wird ein so vernünftiger
und edler Gebrauch von dem Studium der Alten gemacht, als in England. Dort werden sie nicht nur
als Fundgruben der Gelehrsamkeit, sondern als Mittel, große Redner und Schriftsteller zu bilden, und
das Gefühl des Wahren, Schönen und Guten zu
veredlen, als Schäze von großen und wichtigen politischen Ideen genuzt, und nicht nur in der Jugend
gelesen, sondern auch in der Folge nicht nur von Gelehrten, sondern auch von gebildeten Leuten aus allen
Ständen studirt, und man glaubt selbst, daß ihr
Studium mit der Sache der Freiheit zusammenhän-
ge. Hume hat ihnen wohl vorzüglich die Perspicui-
tät und Eleganz seines Stils, die sanfte Wärme,
die in seinen Schriften webt und seinen glüklichen politischen Blik zu danken. Hume hatte einen so feinen

---

148) S. Critical. Review Dec. 1786. Priestley's Letters P. I, p. 212. Der lezte sagt: As to his style, notwithstanding its excellence in some respects, I have
shewn in my English grammar (and as i have been in-
formed to Mfr. Hume's own satisfaction) that he has
departed farther from the true idiom of the english
language, than perhaps any other writer of note in the
present age.

nen und gebildeten Geschmak, als man nicht leicht
bei einem Schriftsteller von gleichem Tiefsinne und
Gelehrsamkeit antreffen wird. Nie waren vor ihm
schwere speculative Materien mit solchem Geschmake
bearbeitet worden. Durch ihn lernte die Muse der
ernsten Philosophie den Grazien wieder das Geheimniß ab, zu gleicher Zeit zu unterrichten und zu gefallen.

Aus ihrer schönen Hand

Empfiengen die Platone, die Humen

Und Fontenellen die Blumen,

Womit sie den rauhen Pfad der fließenden
Wahrheit bestreun,

Und wenn sie erbitten sich läßt, den Sterbli-
chen sichtbar zu seyn

Das leicht gewebte Gewand,

Das unsrer Augen schont und unter schlauer
Zierde

Nur das versteckt, was uns verblenden würde.

Wie weit interessanter schreibt Hume als Locke,
nur daß vielleicht bei dem lezten der anspruchlose simple Ton der Wahrheit und Aufrichtigkeit doch dauer-
hafter fesselt, als bei dem ersten das sichtbare Bestreben zu gefallen und zu reizen. Hume's feiner ge-
bildeter Geschmak verräth sich auch in verschiedenen
ästetischen Versuchen, in den Urtheilen über Dich-

ter und andre Schriftsteller, die in seiner Geschichte zerstreut sind [149]).

Hume hat den Geschmak der Alten, so weit es Zeit und Gegenstand erlaubte, und so weit ein Mann, wie er, Nachahmer seyn konnte, auch in die Geschichte gebracht. Kaum wird ein neueres Geschichtbuch ein so allgemeines Interesse erregt haben, als das seinige. — Dieß ist aber nicht blos Folge seines unleugbar unsterblichen Verdienstes, sondern auch des Gegenstandes und der damals herrschenden Achtung für den englischen Namen. Es wird nicht leicht eine Geschichte geben, die so voll interessanter Scenen, so voll der raschesten Revolutionen, so lehrreich in ihrer Entwiklung, so wunderbar mit der Universalgeschichte verknüpft, so im Großen dramatisch wäre, als die englische. Ein solcher historischer Stoff war einer allgemein interessirenden historischen Behandlung weit fähiger als hundert andere, und bot die reichste Ernbte wichtiger politischer Ideen, und das schönste Feld für historische Kunst und Zeichnung dar. Aber für einen solchen Stoff gehörte auch ein Meister, wenn er würdig bearbeitet werden sollte. Hume war ihm gewachsen. Er wurde der erste ächt philosophische Geschichtschreiber der neueren Zeiten, und man bemerkt in seiner Geschichte nicht nur philosophisches Talent und Blik, wie bei vielen andern

---

149) Jm 2. Bande der engl. Gesch. unter der Reg. Carl II. und Jacob II. ed. 4. steht auch eine äusserst elegante Uebersetzung der Horazischen Ode III, 3.

andern Geschichtschreibern auch, sondern zugleich den
Mann, der in alle Geheimnisse der Philosophie selbst
eingeweiht ist.　Hume erzählt nicht so angenehm und
unterhaltend als Voltaire, aber wahrer und lehr-
reicher.　Er hat nicht das starke Colorit, nicht die
Wärme, nicht die Stärke des Tacitus, aber er
reißt nichts desto weniger durch eine Art von Zauber
hin.　Dieser Zauber liegt, so viel ich bei der Lesung
dieses Werks habe fühlen können, in der vereinigten
Kraft einer ganz vortreflichen Anreihung der Begebenheiten im Kleinen und im Großen, eines höchst
richtigen und durchschauenden Blicks, einer höchst
glüklichen Wahl der Umstände, und einer ungemein
simplen, ungesuchten, natürlichen und edeln Art zu
erzählen.

Hume's Geschichte hat ihre Fleken, und zwar
so wohl in Ansehung gewisser Urtheile und Grundsäze, als auch in Ansehung der Form und Kunst.
Manche Begebenheiten sind gar nicht mit dem Interesse erzählt, dessen sie fähig gewesen wären.　Hume philosophirt und mahlt die Charactere in
der Geschichte vortreflich, aber er beschreibt oft
sehr mittelmäßig und matt.　Man hat bemerkt, daß
ihm kaum eine einige Beschreibung einer Schlacht
glüklich gelungen ist [5]).　Smollet ist in solchen
M 2　Be-

150) Towers Observations on Mſr. Hume's Hiſtory of
England, London 1778 ſagt: He could deſcribe a theo-
logical diſputation with abundantly more energy and
ſpirit than any warlike actions, though of the moſt
brilliant kind.　His deſcriptions of the battles of Creſ-
ſy,

Beschreibungen und Schilderungen weit glüklicher
als er. Hie und da wird Hume zu kalt und ermü-
bend, aber dieß ist doch nur meist da der Fall, wo
die Geschichte selbst es wird. Die Geschichte der
Sitten und der politischen Begriffe ist meist meister-
haft, aber in der Geschichte der Wissenschaften ist
Hume meist ungemein mangelhaft und oberflächlich.
Er hat manche Theile der englischen Geschichte durch
neue Forschungen erläutert, aber in andern hätte er
mit seinen Hülfsmitteln und Talenten weit mehr leisten können, als er wirklich gethan hat. Dieß ist
besonders bei den frühern Perioden der englischen Geschichte der Fall, mit welchen er sich nicht sehr genau
bekannt gemacht zu haben scheint [151]).

Aber kein Vorwurf ist ihm allgemeiner gemacht
worden und hat seinem Werke bei mehreren Personen
Schaden gethan, als daß er das Gouvernement von
England in den Zeiten vor der Accession des Hauses
Stuart, so viel es immer die Umstände erlauben,
arbiträr und despotisch vorstellt, daß er für das Haus
Stuart eine partheiische Vorliebe zu haben scheint,
und es entschuldigt, daß er die englische Freiheit nicht
als die Frucht von Keimen, die sich von den frühesten Zeiten an unter der Nation fanden, sondern als
eine

sy, Poictiers or Agincourt are much inferior, in point
of spirit, to his account of King Henry VIII. disputa-
tion with John Lambert."
151) Man sehe Whitakers History of Manchester —
Litteltons History of the life of King Henry II. —
und andere neuere englische Geschichtschreiber. —

eine ganz neue Eroberung vorstellt. Diese Grundsäze sind durch die ganze Geschichte durchgeführt, und
können allerdings als der Freiheit gefährlich, und als
eine feine Schmeichelei gegen die regierende Macht
erscheinen. Sie können dazu gebraucht werden, die
neuere englische Freiheit größer vorzustellen, als sie
ist, auf neuere Regenten ein allzu vortheilhaftes Licht
zu werfen, die Rechte der Krone unvermerkt auszu-
dehnen, und gewisse Einschränkungen derselben als
Eingriffe darzustellen. Diejenigen, welche für die
wahren Freiheitsfreunde in England gehalten seyn
wollen, behaupten auch meist die ganz entgegengesezten Grundsäze. Diese Umstände sind es, welche
vielen Leuten in England Vorurtheile gegen Hume's
Geschichte beigebracht, welche ihm den Verdacht zugezogen haben, daß er dem Gouvernement auf eine
feine Art geschmeichelt habe, und daß jene Pension
von 500 Pf. nicht blos deswegen gegeben worden sei,
um seine litterarischen Verdienste zu ehren, und welche gemacht haben, daß Rapin Thoyras doch im
Ganzen für unpartheiischer gehalten wird, als er.
Den Streit zu entscheiden habe ich weder hier Zeit,
noch überhaupt hinlängliche specielle Kenntnisse der
englischen Geschichte [52]).

M 3　　　　Daß

352) Man sehe darüber Towers l. c. S. 9. ff. der mir
übrigens hie und da Humen Unrecht zu thun scheint;
Hurds Dialogues, 5. Edit. London 1776. II. Vol. S.
326 ff. Lolme sur la constitution de l'Angleterre
P. I. ch. 1. 2. P. II, ch. 15. 16. besonders p. 103 sqq.
195 sqq. 235 sqq. 252 f, 260. 279. f. Der lezte hat vielleicht

Daß Hume die Aechtheit iener Briefe Mariens
von Schottland an Bothwell und ihren Antheil an
der

leicht über die Sache selbst am richtigsten geurtheilt. Von
H u r d wollen wir einige Stellen hersezen, weil sie zur Beurtheilung des ganzen Streitpuncts dienen: It is to be
lamented, that Mr. Hume's too Zealous concern for
the honour of the houſe of Stuart operating uniformly
through all the volumes of his hiſtory, has brought
disgrace on a work, whih in the main is agreeably
written and is indeed the moſt readible general account
of the engliſh affairs, that has yet been given to the
public. Hurd behauptet darauf, daß immer unter der Eng-
liſchen Nation eine gewiſſe Freiheit geherrſcht habe, und
daß ſie in den alten Stamm des Feudalgeſezes eingeimpft
war. This appears, fährt er fort, from Mr. Humes own
account of the feudal times, incomparably the beſt
part of his hiſtory of England. And it is to be preſu-
med, if to ingenuous a writer had begun his work at
the right end, he would have been led by the evidence
ce of ſo palpable a truth, to expreſs himſelf more fa-
vourably, indeed more conſiſtently of the engliſh conſtitution. But having by ſome odd chance written the
hiſtory of the Stuarts firſt and afterwards of the Tu-
dors (in both which he found it for his purpoſe to
adopt the notion of a deſpotic independent ſpirit in the
engliſh monarchy) he chuſes in the laſt part of his
work, which contains the hiſtory of England from
Julius Caeſar to Henry VII., to abide by his former
fancy; on this pretence, that in the adminiſtration of
the feudal government the liberty of the ſubjeſt was
incomplete and partial, often precarious and uncer-
tain: a way in which the learned hiſtorian may pro-
ve, that no nation under heaven ever was or ever will
be poſſeſſed of a free conſtitution. — Hurd behauptet
alsdann, daß jeder Freund der Freiheit, wenn er ſich ſelbſt
verſtehe, unter der freien Conſtitution Englands denjenigen
Plan von Regierung verſtehe, bei welchem die höchſte ge-
ſezgebende Macht (zu welcher auch die Macht, Abgaben zu
heben, gehöre) nicht dem Fürſten allein, ſondern ihm und
dem

der Ermordung ihres Gemahls behauptet — dieß
hat ihm viele Widersprüche und nachtheilige Urtheile
zugezogen, und es ist durch die ausführlichsten und
schärfsten Untersuchungen doch wahrscheinlicher geworden, daß er hierinn Unrecht habe ''').

So sehr Hume in seiner Geschichte gewisse politische Grundsäze verfolgt, so weit entfernt ist er, irgendwo philosophische und religiöse Grundsäze durch-
zusezen. Dieß gibt seiner Geschichte ein seltenes Gepräge von Unpartheilichkeit.   Aber sein philosophischer und religiöser Unglaube treibt ihn oft auf ein
anderes Extrem, auf ungerechte und harte Urtheile

M 4   über

dem Volke gemeinschaftlich gehöre, der dem Volke zugehö-
rige Theil der Constitution möge nun, wie in den Feudal-
zeiten des Königs oder des Königreichs großer
Rath, oder, wie nachher, das Parliament, oder, wie
zuletzt, die zwei Häuser des Parliaments genannt
werden.   Es hieße mit Worten zu sagen, daß diese Constitution zu verschiedenen Zeiten verschieden gewesen sei.   So
habe England nicht nur drei oder vier, wie Hume annehme, sondern vielleicht achtzig verschiedene Constitutionen
gehabt.   So lange die große Vertheilung der höchsten Macht
Statt gefunden habe, und dieß sei wirklich seit der Festsezung der Normänner der Fall, so sei die Nation immer im
Stande, oder wenigstens autorisirt gewesen, despotische Absichten und Anmaaßungen im Zaume zu halten.   Dieß habe
sie bei der Revolution gethan, habe aber dadurch keinen
neuen Regierungsplan geschaffen, sondern nur den alten
vollendet, und von einem alten Rechte Gebrauch gemacht.

853) An inquiry historical and critical into the evidence
against Mary queen of Scots. And an examination of
the histories of Dr. Robertson and Mr. Hume with
respect to that evidence, Edinburg 1772. von Tytler.
Mary Queen of Scots vindicated in III. Vol. London
1789. von Whitaker.

über Vertheidiger gewiſſer philoſophiſchen und religiöſen Meinungen. Wie ganz verkennt er den moraliſchen Zwek Jeſu und den moraliſchen Geiſt ſeiner
Lehre! Hätte er beides gekannt und geprüft — es
würde ihm gewiß Bewunderung abgenöthigt haben.
Wie hart und ungerecht urtheilt er über die Reformatoren [154]), die bei all ihren Fehlern doch gewiß viel
Großes und Edles an ſich hatten und auch von dem
Achtung verdienen, der nicht von ihrem Glauben iſt!
Hume nimmt gleichſam die Parthie der Katholiten
gegen die Proteſtanten, um den Glauben der lezten
und die Abſichten der Reformatoren herabzuſezen.
Seine Urtheile über den geiſtlichen Stand ſind viel
zu allgemein, verrathen zu wenig Zutrauen zur
menſchlichen Natur, zu wenig Glauben an die
menſchliche Tugend, beruhen auf ganz unrichtigen
Begriffen vom erhabenen Zweke des chriſtlichen Lehr-
ſtandes, und ſezen den Umſtand bei Seite, daß dieſer
Stand doch auch viele große, edle und wohlthätig
wirkende Männer hervorgebracht hat [155]).

Man

---

154) S. Letters on Mſr. Hume's Hiſtory of Great-Britain,
  Edinburgh 1756. Ma'claines Translation of Mosheims Eccleſiaſtical Hiſtory — Towers l. c. p. 65-
  76. Es iſt merkwürdig, daß die ſtärkſten hieher gehörigen
  Stellen, welche ſich in der Geſchichte des Hauſes Stuart
  Edit. Edinb. 1754. finden, in den nachfolgenden Editionen
  ausgelaſſen worden ſind, welches ohne Zweifel geſchah, um
  nicht manche Leſer zurükzuſtoſen.

155) Man ſehe ſeine Geſchichte in vielen Stellen, und beſonders die merkwürdige Note J. in dem Verſuche über die
  Nationalcharaktere.

Man hat Humen öfters in England beschuldigt,
daß er in seinen Urtheilen über die Englische Nation
und ihre Vorzüge oft zu kalt, oft zu ihrem Nachtheile ungerecht sei.   Diesen Vorwurf habe ich nicht gegründet gefunden.   Es ist wahr, daß Hume nicht
wie viele englische und nicht-englische Schriftsteller
alles lobt, was in England ist, und die eitle Natio-
naleigenliebe nicht verräth, die dem Engländer fast
angeboren zu seyn scheint.   Aber dieß ist ein Beweiß
mehr von seinem freien philosophischen Geiste und von
seiner gemäßigten Denkart [56]).

. Was Hume's politische Grundsäze betrift,
so ist darüber schon Einiges erinnert. Sie ganz darzustellen, möchte vielleicht in unsern Zeiten wohl heil-
sam seyn, und ich werde es vielleicht an einem andern
Orte thun — aber hier wäre es zu weitläuftig. Also
nur noch folgende Bemerkungen.   Das Charakte-
ristische von Hume's Politik ist das Gemäßigte
und das Einfache. Er geht auf der Mittelstraße.
Der leidenschaftliche Democratismus und das Auf-
stellen schöner politischer Ideale, die nicht ausführbar
sind, war ihm eben so unerträglich, als der grenzen-
lose Despotismus, und er hat sich verschiedenen Rouf-
feauischen politischen Ideen, die zu seiner Zeit an-
fiengen, in Umlauf zu kommen, mit vielem Scharfsinne und viel kaltem Verstande widersezt. Seine
M 5   polit-

---

[56]) Die Belege zu dieser Beschuldigung liegen in seiner
Geschichte und seinen Versuchen zerstreut. Man sehe
auch Treatise I, 258.

politischen Grundsäze, in Ansehung der Parthieen in
England, die er in seinem Versuche über diesen Gegenstand geäussert hatte, änderten sich in seiner Geschichte und auch in den verschiedenen Ausgaben der
lezten. Es findet sich in seinem Leben (S, 23) über
diesen Punct eine merkwürdige Stelle, die zu einigen
Bemerkungen Anlaß geben kann: „Ob ich gleich
durch Erfahrung belehrt war, daß die Whigparthie
in dem Besize war, alle Pläze sowohl im Staate, als
in der litteratur ersezen zu können, so war ich doch so
wenig geneigt, ihrem sinnlosen Geschrei nachzugeben,
daß ich in mehr als hundert Veränderungen, welche
ferneres Studium, lesen und Nachdenken mich in
(einer neuen Ausgabe) der Regierung der zwei ersten
Stuarts machen ließen, sie doch alle ohne Ausnahme zu Gunsten der Toryparthie machte.“ Aber ist
es wirklich wahrscheinlich, daß Studium und Nachdenken ihn durchaus blos zu solchen Aenderungen
geleitet haben sollten? Hat nicht vielleicht gerade das
Geschrei der Whigs ihn zu sehr einem andern Extreme genähert [57])? Hume beschwert sich, daß
seit der Revolution der Einfluß der Whigs für die
Wahrheit der Geschichte zerstörend war,
und „niemand, sagt er, ist noch aufgestanden, der
der Wahrheit allein geopfert und es gewagt hätte,
sie ohne Verschleierung oder Entstellung den Augen
des von Vorurtheilen eingenommenen Publicums
darzustellen. — Durch den Einfluß der Whigs
sind

[57] S. Towers l. c. p. 147.

sind die verächtlichsten Compositionen, sowohl in Ansehung der Form als der Materie, erhoben, fortge-
pflanzt, gelesen worden, wie wenn sie den berühmtesten Resten des Alterthums gleich gekommen wären [158]." Diese verächtlichen Compositionen sind, wie Hume uns in einer Note belehrt [159]),
die vom Rapin Thoyras, Locke, Sydney,
Hoadly rc. Hier ist Hume von der Bahn der
Mäßigung abgewichen, und man wird ihm nicht
Unrecht thun, wenn man ihn hier beschuldigt, daß er
aus Partheigeist und vielleicht aus Rivalität Schriftsteller herabgesezt habe, die jedem Freunde der bürgerlichen und religiösen Freiheit und jedem unpar-
theiischen Beurtheiler litterarischen Verdienstes lieb
und theuer seyn sollten.

Wir haben Humen noch von derjenigen Seite zu
schildern, welche uns hier die merkwürdigste seyn
muß, als Weltweisen. Die eigentliche Philosophie begrif seinem Plane nach eine Untersuchung
über den menschlichen Verstand, eine Theorie der Gemüthsbewegungen und Leidenschaften, und eine Untersuchung über die
Principien der Moral.

Die Untersuchung über den menschli-
chen Verstand ist ein höchst feines und neues System, das aus lockischen und Berkeleyischen Ideen
her-

158) History of England Vol. VIII, p. 322. f. edit. 1778.
159) l. c. 323. Diese Note findet sich nicht in der Edition von 1763.

hervorgegangen ist, und nicht weniger als den Zwek
hat, alle Fundamente der speculativen Philosophie
zu untergraben [16]). Die kaum zu übertreffende Ab-
stractionsgabe dieses Mannes zeigt sich vorzüglich in
diesem Werke, und nie sind vor demselben die Fragen, auf welche es bei aller speculativen Philosophie
am meisten ankömmt, und welche ihr eigentlich Interesse geben, auf so wenige Puncte so klar reducirt
worden, als hier, und mit einigen Hauptideen dieser
kurzen, aber höchst innhaltsvollen Untersuchung steht
oder fällt alle Metaphysik aus speculativer Vernunft.
Um diese Untersuchung hat sich auch seit ihrer Erscheinung meist alle Metaphysik von Belang in Deutschland und England gedreht. Sie ist auch unter uns
durch Uebersezungen und neuere philosophische Untersuchungen so bekannt geworden, daß hier keine detail-
lirte Darstellung ihres Innhalts erfordert werden
wird. Jedoch kann eine Angabe der Hauptideen in
einer Geschichte des Skepticismus nicht fehlen, und
ich finde sie um besto nothwendiger, da ich sehe, daß
auch

---

160) Hume's Hauptabsicht erhellt schon deutlich genug aus
dem Beschluß der Sect. I, p. 15. edit. Essays London
1784. „Happy if we can unite the boundaries of the
different species of philosophy, by reconciling pro-
found enquiry with clearness and truth with novelty!
And still more happy, if reasoning in this easy manner,
we can undermine the foundations of an abstruse philosophy, which seems to have hitherto served only as
a shelter to superstition and a cover to absurdity and
error!

auch noch von neueren Schriftstellern sein System zuweilen mißverstanden wird.

1.

Alle Vorstellungen zerfallen in zwei Claſſen, die
ſich blos durch verſchiedene Grade von Stärke und
lebhaftigkeit unterſcheiden.　Die weniger ſtarken
und lebhaften heiſſen Gedanken oder Ideen
(thoughts or ideas), die ſtärkeren und lebhafteren
kann man Impreſſionen nennen, in einem von
dem gewöhnlichen etwas abweichenden Sinne.　Zu
den Impreſſionen gehören nicht nur die Senſationen des Hörens, Sehens, Fühlens, ſondern auch
was wir bei Haß, Liebe und allen Gemüthsbewegungen und Begierden empfinden.

2.

Alle unſere Ideen oder weniger lebhafte Vorſtellungen ſind Kopieen von den Eindrüken oder
von den lebhafteren Vorſtellungen.　In ſo fern gibt
es keine angeborne Ideen, wohl aber angeborne Eindrüke, wenn man nämlich unter angeboren das Urſprüngliche verſteht, was von keiner vorhergehenden Vorſtellung abgeleitet iſt.

3.

Es gibt drei Principe einer regelmäßigen Verbindung der Ideen, 1) Aehnlichkeit, 2) Raum und
Zeit, 3) Urſache und Wirkung.

4. Alle

4.

Alle Gegenstände der menschlichen Vernunft können unter zwei Gattungen begriffen werden, 1) entweder sind es Beziehungen der Begriffe, wie die Säze der Geometrie, Arithmetik, Algeber und jeder anschauend oder demonstrativ=gewisse Saz, 2) oder Thatsachen. Das Gegentheil jeder Thatsache ist allezeit möglich, weil es keinen Widerspruch in sich faßt, und von der Seele mit gleicher Leichtigkeit und Deutlichkeit gefaßt wird, als wenn es objective Realität hätte.

5.

Aber woher kömmt die Evidenz, die uns von einem wirklichen Daseyn und einer wahren Thatsache versichert, und nicht von Zeugnissen der Sinne und dem Gedächtnisse abhängt? Warum glauben wir so fest an Thatsachen, die wir nicht durch die Sinne empfunden haben und deren wir uns nicht erinnern können? z. E. daß unser Freund izt auf dem Lande ist, daß da, wo Spuren von Kunst und Cultur sind, Menschen waren? Alles Räsonnement in Ansehung der Thatsachen gründet sich auf die Beziehung der Ursache und Wirkung. Es wird dabei immer eine Beziehung zwischen einem gegenwärtigen Factum und einem andern abwesenden vorausgesezt.

6.

Die Kenntniß dieser Verknüpfung zwischen Ursache und Wirkung wird niemals durch Schlüs-

Schlüsse a priori erlangt, sondern blos aus der Erfahrung, welche uns gewisse Gegenstände immer in Verbindung zeigt.

7.

Der Grund aller unserer Folgerungen aus der Erfahrung liegt gleichfalls nicht in Schlüssen a priori und auch nicht in andern gesezlichen Wirkungsarten des Verstandes, sondern lediglich in der Gewohnheit. Dadurch wird zwar der lezte Grund dieser Verfahrungsart nicht angegeben, aber doch ein Gesez der menschlichen Natur, das durch seine Wirkungen wohl bekannt ist, und über das wir wahrscheinlich nicht hinausgehen können. Immer aber wird eine den Sinnen oder dem Gedächtnisse gegenwärtige Thatsache vorausgesezt, wenn wir an eine abwesende glauben sollen. Also: Glaube an geschehene und wirklich existirende Dinge fließt blos aus einem den Sinnen oder dem Gedächtnisse gegenwärtigen Gegenstande, und zugleich aus einer in der Gewohnheit gegründeten Verbindung zwischen diesem und einem andern Gegenstande.

8.

Der Unterschied zwischen einer Fiction, wo der Mensch eine Reihe von Begebenheiten mit aller Täuschung der Wirklichkeit zusammensezt, und zwischen dem Glauben an wirkliche Thatsachen, liegt

in

in einem gewiſſen lebhafteren Gefühle, das mit dem lezten verknüpft iſt und das nicht von unſrer Willkühr abhängt — in einem Gefühle, das ſich auf geſchehene Eindrüke bezieht und eben deswegen lebhafter iſt.   Dieß findet ſowohl bei der Cauſalität, als auch bei dem Verhältniſſe der Aehnlichkeit und der Zeit und des Raums Statt.

9.

Der Begriff von Kraft und nothwendiger Verknüpfung iſt gleichfalls aus der Erfahrung geſchöpft.   Die Kraft, wodurch die Urſache wirkt und die Verknüpfung zwiſchen Urſache und Wirkung können wir ſchlechterdings nicht begreiffen.   Wir können uns die Möglichkeit der Verknüpfung nicht einmal vorſtellen.   Alle Begebenheiten ſind für uns, wie es ſcheint, getrennt.   Sie ſcheinen neben einander geſtellt, aber nicht verknüpft zu ſeyn. Der Begriff einer nothwendigen Verknüpfung unter den Begebenheiten entſteht aber durch die Wahrnehmug einer gewiſſen Zahl ähnlicher Begebenheiten, die beſtändig mit einander verknüpft waren.

10.

Alle Menſchen zu jeder Zeit ſind in der Lehre von der Freiheit und Nothwendigkeit einſtimmig geweſen, wenn man nämlich die Worte in dem vernünftigen Sinne nimmt, welchen ſie haben können, und die ganze Streitigkeit lag nur in den

Wor-

Worten. Was die Lehre von der Nothwendigkeit
betrift, so waren die Menschen im Grunde immer
darinn einig, daß in unsern Handlungen und den
Wirkungen unsers Gemüths ähnliche Gegenstände
beständig mit einander verbunden sind und wir durch
Gewohnheit bestimmt werden, den einen aus der
Erscheinung des andern zu folgern. Diese zwei
Umstände machen eben sowohl die Nothwendigkeit in
unsern Handlungen und Gemüthsbewegungen als in
der Materie aus. Jedermann erkennt dieß auch in
seiner gewöhnlichen Handlungsweise und Denkart,
und in seinen Urtheilen über andere an — nur nicht
mit ausdrüklichen Worten. Unter Freiheit versteht man nicht das, daß die Handlungen so wenig
Zusammenhang mit den Beweggründen, Neigungen und Umständen haben, daß sie nicht mit einer
gewissen Einförmigkeit aus denselben erfolgen, oder
nicht auf Folgerungen von dem Einen auf das Daseyn des andern leiten sollten. Dieß erkennt jedermann. Freiheit kann also nichts anders seyn,
als das Vermögen, nach den Bestimmungen des Willens zu handeln. Darüber ist im
Grunde jederman einig. Jedermann gesteht, daß
nichts ohne Ursache existirt, und daß Zufall blos
die Negation einer wirklichen, in der Natur vor-
handenen Kraft anzeigt. Man meint aber, es gebe
nothwendige und nicht nothwendige Ursachen. Allein man kann durchaus eine Ursache nicht
definiren, und den Ursprung dieses Begriffs nicht erklären, ohne die nothwendige Verknüpfung

der Ursache mit ihrer Wirkung in die Defini-
tion aufzunehmen.   Freiheit ist also, im Gegensaze nicht des Zwangs, sondern der Nothwendigkeit, eben das, was Zufall ist — folglich
nichts.

11.

Die Thiere lernen eben sowohl als die Menschen Vieles aus der Erfahrung, und schließen gleichfalls, daß dieselbigen Veränderungen aus denselbigen Ursachen entspringen.   Diese Folgerungen beruhen bei ihnen nicht auf einem Räsonnement, sondern
auch auf Gewohnheit.   Andere Kenntnisse empfangen sie von der Natur — es sind Instincte.
Aber auch unsere Erfahrungskenntnisse sind am Ende
nichts anders als Instincte, mechanische Kräfte, die in uns wirken.

12.

Ein Wunder ist eine Verlezung der Geseze der
Natur, und da eine feste unveränderliche Erfahrung
diese Geseze gegründet hat, so ist der Beweis gegen ein Wunder, der aus der Beschaffenheit der
Wunder selbst hergenommen wird, so vollständig, als irgend ein Beweiß aus der Erfahrung
möglich ist.   Kein Zeugniß wäre im Stande ein
Wunder zu beglaubigen, wenn es nicht so beschaffen
ist, daß die Falschheit desselben ein größeres Wunder seyn müßte, als die Thatsache, deren Wahrheit
dadurch bestätigt werden soll.   Da übrigens auch in
diesem

diesem Falle Gründe im Widerstreite stehen, so entsteht nur ein höherer Grad von Wahrscheinlichkeit.
Allein der Fall kann nicht einmal vorkommen, weil
kein Wunder in der ganzen Geschichte vorkömmt,
das durch eine hinlängliche Anzahl ganz glaubwür-
diger Zeugen bestätigt wäre, weil es ein Gesez unsrer Natur ist, dasjenige für wahrscheinlicher zu
halten, was am meisten Aehnlichkeit mit der größten Anzahl unserer vorigen Beobachtungen hat, weil
Wunder am zahlreichsten unter unwissenden und barbarischen Nationen sind, und weil allen Zeugnissen
für Wunder eine unendliche Zahl von Gegenzeugnis-
sen entgegensteht.

13.

Die Religion kann nicht auf Grundsäze der
Vernunft gegründet werden. In dem physisch-theo-
logischen Beweise für Gottes Daseyn schließt man
von der Wirkung auf die Ursache. Wenn wir von
einer besondern Wirkung auf ihre Ursache schließen,
so müssen wir die lezte der erstern ganz proportionirt
denken. Wir dürfen also der Ursache der Welt keine
anderen und keine größeren Eigenschaften beilegen,
als zur Hervorbringung der Welt erfordert wird.
Auch dürfen wir von der Ursache nicht wieder rük-
wärts schließen, und nicht über diejenigen Wirkungen, durch welche wir sie kennen, noch andere von
ihr ableiten. Wir sezen uns selbst unvermerkt an
die Stelle des höchsten Wesens und schließen, es
werde in allen Fällen dieselbigen Regeln beobachten,

die wir an seiner Stelle uns als vernünftig vorgeschrieben haben.   Aber der ordentliche Lauf der Natur überzeugt uns, daß sie durch ganz andere Principe und Maximen regiert wird als wir haben, und
es ist allen Regeln der Analogie zuwider, von unsern
Zweken und Handlungen auf die Bestimmungen
eines höhern, von uns ganz verschiedenen Wesens zu
schließen. Aber noch mehr.   Können wir denn überhaupt jemals eine Ursache nur aus ihren Wirkungen
erkennen?   Können wir die höchste Ursache aus der
Welt erkennen?   Wir können doch nur alsbann von
dem einen Gegenstande auf den andern schließen,
wenn zwei Gegenstände beständig mit einander verknüpft sind.   Die Gegenstände, die wir als Wirkungen Gottes betrachten, sind doch nicht so beschaffen, daß sie in ihrer Art einzig wären, und unter
keiner bekannten Gattung begriffen werden könnten.
So ungewiß die Existenz Gottes ist, eben so ungewiß sind die Vergeltungen in einem zukünftigen Zustande.   Entweder äussern sich schon in dieser Welt
Spuren einer vergeltenden Gerechtigkeit — so ist sie
befriedigt — oder n i c h t, so ist kein Grund da, der
Gottheit Gerechtigkeit beizulegen — oder soll sie sich
theils hier theils nach diesem Leben offenbaren, so ist
kein Grund da, ihr einen andern Umfang zu geben, als den, in welchem sie sich der Erfahrung
gemäß äussert. Aus religiösen Hypothesen kann
kein neues Factum gefolgert, keine Begebenheit
vorausgesagt, keine Belohnung oder Bestrafung
                                                      ge-

gehoft oder gefürchtet werden, auſſer was wir durch Erfahrung erkannt haben ¹⁶¹).

14.

Der Skepticismus läßt ſich nur bis auf einen gewiſſen Grad treiben. Es hat nie einen ganz vol-

N 3

len-

---

161) Hume beträgt ſich hier ſehr behutſam. Er legt ſeine meiſten Einwürfe einem Epikurder in den Mund, und er-klärt ſich ſehr kurz und gleichſam nur im Vorbeygehen über die Fortdauer nach dem Tode. Die metaphyſiſchen Bewei-ſe für die Unſterblichkeit der Seele hätte er in Treatiſe I. p. 404 — 436 zerſtört. Am Ende der Unterſuchung ſetzt er eine Apologie hinzu: T'is certainly a kind of indignity to philoſophy, whoſe ſovereign authority ought every where to be acknowledged, to oblige her on every oc-caſion to make apologies for her concluſions, and ju-ſtify herſelf to every particular art and ſcience, which may be offended at her. This puts one in mind of a king arraign'd for high - treaſon againſt his ſubjects. There is only one occaſion, when philoſophy will think it neceſſary and even honourable to juſtify herſelf, and that is, when religion may ſeem to be in the leaſt offended, whoſe rights are as dear to her as her own, and are indeed the ſame. Hume vertheidigt ſich alsdann ſo, daß er behauptet, daß ein Geiſt eben ſowohl als eine Materie in einem Augenblik vernichtet werden könnte, und daß in beyden Fällen die metaphyſiſchen Argumente für die Unſterblichkeit der Seele gleich wenig beweiſen, and in both caſes, ſetzt er hinzu, the moral arguments and thoſe derived from the analogy of nature are equally ſtrong and convincing. Man ſieht aber, daß er in dem Enqui-ry auch die moraliſchen Argumente angreift. Alle die me-taphyſiſchen, moraliſchen und phyſiſchen greift er in ſeinem Eſſay on the immortality of the ſoul an. Dieſer Ver-ſuch nebſt dem on ſuicide iſt nie unter Hume's Namen erſchienen, findet ſich auch in keiner Edition ſeiner Werke. Beide Verſuche wurden aber ſogleich bei ihrer erſten Erſchei-nung

lendeten Skeptiker gegeben.   Es gibt übrigens keine
untrüglichen Principe, die ihre Evidenz und Ueber-
zeu-

nung Humen zugeschrieben, und er hat es nie widersprochen,
daß er der Verfasser sei, wiewohl er sie so viel als verwor-
fen hat, da er sie nie in seine Werke aufnahm. Lange waren diese beiden Versuche sehr selten, circulirten unter wenigen Personen, wie ein verbotenes Buch, und wurden zu
hohen Preisen gekauft. Seit einigen Jahren sind sie wieder
abgedruckt unter dem Titel: Essays on suicide and the immortality of the soul, by the late David Hume; with
remarks by the editor.   To which are added two letters on suicide from Rousseaus Eloisa. A new edition
with considerable improvements, London 1789. Bei
dieser Edition sind auch die Abhandlungen über die Unsterblichkeit der Seele und den zukünftigen Zustand aus dem
Spectator abgedruckt. Beide Versuche sind wirklich Hume's
nicht würdig, sie enthalten manche seichten Bemerkungen, und führen einen leidenschaftlichen Ton, der unserm
Weltweisen sonst ganz fremde war. Wir bemerken hier noch
etwas aus dem Versuche über die Unsterblichkeit der Seele,
von dem über den Selbstmord werden wir nachher reden.   Den metaphysischen Beweisen für die Unsterblichkeit der Seele schreibt ohnehin beinahe niemand mehr Kraft
zu, wir übergehen also Hume's Einwürfe dagegen, die Einwürfe gegen die moralischen sind schon im Texte angeführt.
Wir haben also hier nur noch kurz zu bemerken, was er von
den physischen sagt. „Die physischen Beweise, die aus
der Analogie der Natur hergenommen werden, sind stark für
Sterblichkeit der Seele, und sind in der That die einigen
philosophischen Argumente, welche bei dieser Frage, so wie
bei jeder Frage, die eine Thatsache betrifft, zugelassen werden sollten.   Wo zwei Objecte so enge verbunden sind,
daß alle Veränderungen, die wir in dem einen bemerkt haben, mit proportionirten Veränderungen in dem andern
verbunden sind, da sollten wir nach allen Regeln der Analogie schließen, daß wenn das eine zerfällt, auch eine gänzliche Zerstörung in dem andern nachfolgt. So ist es nun gerade mit Leib und Seele — — — — Alles ist bei uns zwischen

zeugungskraft von sich selbst erhielten, und, wenn
es auch dergleichen gäbe, so könnten wir doch auch
nicht einen Schritt über dieselben hinausgehen, ohne
uns eben derjenigen Vermögen des Gemüths zu bedienen, auf welche wir schon voraus mißtrauisch sind.
Die Hauptgründe für den Skepticismus, die alle
Gewißheit und Ueberzeugung zu vernichten scheinen, sind folgende:

1) Alle Menschen haben einen natürlichen Instinct, ihren Sinnen zu trauen, und nehmen vor

N 4

aller

schen Leib und Seele gemeinschaftlich. Die Organe des
einen sind auch die Organe des andern. Die Existenz des
einen muß also auch von der Existenz des andern abhängen.
Man gesteht, daß die Seelen der Thiere sterblich sind, diese
haben aber so viel Aehnlichkeit mit unsern Seelen, daß die
Analogie von dem einen zu dem andern ein sehr starkes Argument ausmacht. — Nichts in der Welt ist ewig, jedes
Ding, wenn auch scheinbar noch so stark, ist in einem be-
ständigen Flusse und in unaufhörlicher Veränderung, die
Welt selbst zeigt Symptome von Schwäche und Auflösung.
Wie sehr ist es also der Analogie zuwider, daß eine einzelne
Form, welche die schwächste von allen und den größten Unordnungen unterworfen ist, unsterblich und unzerstörbar seyn
sollte? — Ehe wir unsern Körper empfiengen, haben wir
doch nichts von uns empfunden, sollte es nach dem Tode
anders seyn? — Durch was für Argumente oder Analo-
gieen können wir Zustände von Existenz erweisen, die keines
Menschen Auge sah, und die keinem Zustande, von welchem
wir Erfahrung haben, ähnlich sind?" Der Versuch schließt
so: Nothing could set in a fuller light the infinite
obligations which mankind have to divine revelation,
since we find that no other medium could ascertain this
great and important truth. Interessante Bemerkungen
darüber, daß eigentlich wenige Menschen an die Unsterblichkeit glauben, so viele auch daran zu glauben meinen, f.
Treatise p. 201 -- 205.

aller vernünftigen Untersuchung eine Welt ausser sich
an.   Aber die gemeinste Philosophie stößt diesen
Glauben um.   Nicht von dem Betruge der Sinne
zu reden, so sind unserm Gemüthe nur die Vorstellungen von Gegenständen, nicht die Gegenstände
selbst gegenwärtig, und wir wissen nicht, ob die lezten ausser uns existiren, haben auch gar kein Mittel,
es zu erfahren.   Hier treten Vernunft und Instinct
in einen Streit, aus dem wir uns gar nicht heraus-
helfen können.

Berkeleys Gründe für den Idealismus sind die
beste Anweisung zum Skepticismus, die es gibt.
Seine Lehrsäze sind keiner Beantwortung fähig und
bringen doch keine Ueberzeugung hervor, woraus
nothwendig das augenblikliche Erstaunen, die Unentschiedenheit und Verwirrung des Skeptikers entspringt.

2) Die Begriffe von Raum und Zeit sind ein
neuer Sieg für den Skeptiker.   Sie sind dem gemeinen Menschenverstande klar und verständlich,
wenn man sie aber philosophisch untersucht, so werden sie widersprechend und ungereimt, und die ganze
Geometrie wird es mit ihnen.   Die Ausdehnung
ins Unendliche theilbar und doch endlich!   Der Be-
rührungswinkel zwischen einem Cirkel und seinen
Tangenten unendlich kleiner, als jeder geradlinigte
Winkel! — Man demonstrirt uns dieß, und doch
empört es unsre Vernunft.   Dieß muß unsre Vernunft mit Mißtrauen gegen sich selbst erfüllen. Eben
so

so ist es mit dem Begriffe der Zeit. Eine unendliche Zahl von Theilen der Zeit, wo einer auf den
andern folgt und ihn gleichsam verschlingt — dieß
empört unsre Vernunft, und doch kann sie es nicht
widerlegen.

3) Der Begriff von Causalität, der blos aus
Gewohnheit oder einem Instincte entspringt, ist ein
neuer Triumph für den Skepticismus, weil ein solcher Instinct täuschend seyn kann.

Aber ein solcher Skepticismus ist zu nichts gut,
und wird immer unfehlbar von der Natur in uns
überwältigt. Es gibt einen gemäßigteren, der zu
etwas gut ist und auch dauerhaft in uns seyn kann.
Er entspringt aus dem übertriebenen Skepticismus,
und ist eine gewisse Berichtigung der unbestimmten
ausschweifenden Zweifel durch den gemeinen Menschenverstand. Er besteht 1) darinn, wenn wir in
allen unsern Untersuchungen bescheiden und behutsam
sind, und uns von der Schwäche des menschlichen
Verstandes und der Verwirrung und Verlegenheit,
die von der menschlichen Natur unzertrennlich ist,
überzeugt halten. 2) Wenn wir unsre Untersuchungen auf diejenigen Objecte einschränken, welche den
eingeschränkten Kräften unsers Verstandes angemes-
sen sind. Die Objecte sind solche, welche im Kreise
der täglichen Erfahrung und der menschlichen Thätigkeit liegen.

Für die abstracte Wissenschaft und Demonstration gibt es nur zwei Gegenstände:

N 5 Geo-

Geometrie und Arithmetik im weitesten Sinne. Die
Bestandtheile der Größe und Zahl sind gleichartig,
ihre Verhältnisse können genau und mit Gewißheit
bestimmt werden. Die Wissenschaft und Demonstration auf andere Kenntnisse ausdehnen zu wollen,
ist bloße Täuschung. Alle andere Begriffe sind deutlich von einander verschieden, durch die genaueste
Untersuchung können wir nicht weiter kommen, als
diese Verschiedenheit zu bemerken, und durch Hülfe
der Reflexion das Urtheil zu fällen, daß ein Ding
nicht das andere sei.

Alle andere Untersuchungen als die, welche Zahl
und Größe betreffen, beziehen sich nur auf Thatsachen und sind keiner Demonstration fähig. Was
ist, kann auch nicht seyn. Die Nichtexistenz
eines Dings ist ohne Ausnahme ein eben so klarer
und deutlicher Begriff, als die Existenz desselben.
Die Existenz eines Dings kann daher nur aus Gründen, die von seiner Ursache oder Wirkung hergenommen werden, bewiesen werden, und diese gründen sich
allein auf die Erfahrung, welche es uns möglich
macht, das Daseyn eines Dings aus einem andern
zu folgern. Dieß ist das gemeinschaftliche Fundament aller moralischen Schlüsse und Untersuchungen, die entweder besondere oder allgemeine Facta betreffen. — Von allgemeinen
Factis einer ganzen Gattung handeln Politik,
Naturphilosophie, Physik rc. Von allgemeinen und besondern Factis zugleich handelt
die

die Theologie. Sie ist auf Vernunft gegründet, in so weit sie durch Erfahrung unterstüzt wird [152]).

Moral und Critik sind eigentlich gar keine Gegenstände des Verstands, sondern der Empfindung, und sobald wir darüber räsonniren und Regeln festsezen wollen, so kommen wir wieder auf Facta, auf die Uebereinstimmung der Menschen in gewissen Puncten.

Wir haben die Hauptideen des Humischen Systems so genau und bestimmt als möglich dargestellt. Die Frage läßt sich nun leicht beantworten: in wie fern Hume ein Skeptiker war? Für Humen war das, was wir Vernunft nennen, nichts Festes und mit sich selbst Bestehendes, sondern etwas einem schwankenden sinnlichen Instincte ähnliches. Er fand die tieferen philosophischen Untersuchungen im Widerspruche mit den Aussprüchen des gemeinen Menschenverstandes, und behauptete also, daß sie unfehlbar auf den Skepticismus führen, indem sie nicht überzeugen und doch auch nicht widerlegt werden können. Dieß fand er selbst in den ersten Begriffen der Wissenschaft, die er allein einer Demonstration fähig hielt, in der Mathematik. Alle übrigen Wissenschaften erklärte er als bloße Erfahrungswissenschaften, die auf dem Begriffe der Causalität, der seinen Grund blos in Gewohnheit und Instinct hat, beruhen, für unstatthaft und zufällig. Nur
das

152) Hume sezt hinzu: But its best and most solid foundation is faith and divine revelation.

das hält ihn zurük, für einen vollkommenen Skepticismus zu stimmen, weil er zu nichts gut ist, und
weil unsere Natur ihn nicht verträgt.   Also abstra-
ctes Räsonnement über die Verhältnisse der Quanti-
täten und Zahlen und empirisches Räsonnement über
Thatsachen und Existenz hielt er allerdings für eine
nüzliche und dem Verstande angemessene, obgleich
sehr ungewisse Beschäftigung.   Hingegen alle anderen Untersuchungen hielt er gar für unnüze Sophiste-
rei und Täuschung.

Diese Untersuchung ist fast weniger als ein
Auszug aus dem ersten Theile des Tractats.   Der
Hauptinnhalt des lezten Werks soll durch jene kleinere Schrift mit einigen interessanten Zusäzen ver-
mehrt und dem Publicum angenehmer und leßbarer
gemacht werden.   Aber der Tractat enthält auch
gewisse einzelne Abhandlungen und Bemerkungen,
die sich in der Untersuchung gar nicht finden.   Ich
kann es also nicht mißbilligen, wenn Jakob den Tractat, ohngeachtet er das frühere und unvollkommnere
Werk ist, doch übersezt hat.   Der Tractat ist doch
ein dem Erforscher Humischer Meinungen unentbehr-
liches Buch, und die Exemplare des Originals sind
immer in Deutschland höchst selten gewesen.

Humes Untersuchung ist dasjenige seiner Werke,
welches in der Philosophie am meisten gewirkt hat.
Schade, daß der Verfasser nicht andere mit dem Begriffe der Ursache und Wirkung parallel laufende Begriffe mit gleichem Scharfsinne darinn untersucht hat.
So wie das Werk ist, kann es dem philosophischen
                                                    For-

Forscher in Erstaunen sezen, und ihn zu neuen Untersuchungen hinleiten, er wird aber immer dabei
etwas Unvollständiges uud Unbefriedigendes, wenn
auch nur dunkel, fühlen.

Die Untersuchung über die Gemüthsbewegungen und Leidenschaften ist ein Versuch, zu zeigen, daß in der Hervorbringung und
Wirkungsart derselben ein gewisser regelmäßiger
Mechanismus ist, der eben so genau bestimmt werden kann, als die Geseze des Bewegens, des Sehens, des Wassers rc. in Mechanik, Optik, Hydro-
statik. Der weitere Innhalt dieser Untersuchung gehört nicht hieher, aber das ist uns hier merkwürdig,
daß der Mensch in derselben als ein bloßes Naturwesen, ohne eine selbstständige und von der Sinnlichkeit unabhängige Kraft der Freiheit betrachtet
wird.

Eben dieß thut Hume auch in der Moral. Er
bestimmt die Regeln des Verhaltens sehr richtig
und ziemlich vollständig, aber er unterwirft das Moralische physischen Gesezen, und sucht die Principien
der Moral auf dem Wege der Erfahrung. Er läßt
der Vernunft einiges Ansehen in der Moral, aber
nur in so fern sie aus der Erfahrung schöpft, die
Beobachtungen ordnet, und ein Mittel zu gewissen
sinnlichen Zweken ist. Er ist in der Moral eigentlich nirgends Skeptiker, sondern vielmehr sehr dogmatisch in der Verwerfung reiner moralischer Ver-
nunftprincipien und in der Festsezung sinnlicher und
empirischer Principien. Aber da er selbst die Erfahrung

rung und Sinnlichkeit nur für Quellen ungewisser
Kenntnisse ausgibt, die wir nur durch Gewohnheit
und durch eine Art von Instinct in Verbindung sezen, so erschüttert er doch im Grunde das ganze Gebäude der Sittlichkeit.　Uebrigens redet er oft so
schön, so rührend, mit einer so sanften Wärme von
der Tugend, daß man glauben kann, er habe weit
mehr reine Achtung für sie empfunden, als aus seinen
Grundsäzen folgt.

Hume war von der moralischen Freiheit
nicht überzeugt.　Er behauptete, daß Nothwendigkeit in unserm Willen Statt finde, in so fern man in
demselben eine regelmäßige Verknüpfung ähnlicher
Gegenstände und eine Folgerung des Verstandes von
dem einen auf den andern in uns antreffe, und daß
in diesem Sinne jedermann die Freiheit leugne. Zugleich behauptet er, daß dieß System allein mit der
Sittlichkeit vereinbar sei, indem jede Handlung nur
als Beweis unsers innern guten oder bösen Characters
moralisch oder unmoralisch sei, welche eine Nothwendigkeit des Zusammenhangs sowohl zwischen den
Maximen selbst, als auch zwischen den Maximen und
Handlungen voraussezt.

Die Haupzüge seines Moralsystems sind folgende [163]): Ein Hauptgrund der moralischen Billigung
liegt in der Nuzbarkeit der Handlungen und Eigen-
schaf-

---

163) Man sehe Treatise Vol. III.　An enquiry concerning
the principles of morals in Essays, ed. London 1784.
p. 213 — 398. Vol. II. Essay XI. on dignity or mean-
nels of human nature Vol. I, S. 83 — 90.　The Sceptic

schaften für uns und andere; die Vernunft muß
also allerdings einen beträchtlichen Antheil an allen
Entscheidungen dieser Art haben: denn nur die Vernunft kann uns von der Tendenz der Eigenschaften
und Handlungen und von ihren wohlthätigen Folgen
für die Gesellschaft und für ihren Besizer belehren. Allein die Vernunft kann den moralischen
Tadel oder Beifall nicht wirken. Hiezu wird
ein Gefühl erfordert — ein Gefühl für das, was
uns und andere glüklich oder elend macht — ein Gefühl für die Schönheit der Tugend und die Häßlich-
keit des Lasters. Die Vernunft allein kann also unmöglich die Quelle der Sittlichkeit seyn. Die Vernunft lehrt erkennen, das Gefühl wählen. Die
Vernunft entdekt die Objecte in der Natur ohne Veränderung, das moralische Gefühl hat eine productive
Kraft, und verschönert oder entstellt die Objecte mit
seinen Farben. Die Vernunft ist kalt und gleichgültig und keine Triebfeder zu Handlungen; das Gefühl
ist die erste Triebfeder des Wollens und Begehrens.
Die Regel der Vernunft, als auf die Natur der Dinge gegründet, ist ewig und unbeugsam, selbst durch
den Willen des höchsten Wesens: die Regel des moralischen Gefühls entspringt aus der inneren Einrichtung und Bildung der Thiere, und kommt zulezt von
eben dem höchsten Willen her, der jedem Dinge seine
eigenthümliche Natur zutheilte. So verschieden
auch

ptic l. c. p. 171 — 193. Hume hat in dem lezten Versuche meist nur moralische Grundsäze vorgetragen.

auch sonst die moralischen Begriffe und Gewohnheiten sind, so gibt es doch gewisse erste moralische
Grundsäze, nach welchen sich jedes Volk richtet, und
die gleichfalls von der Nüzlichkeit und Annehmlichkeit gewisser Handlungen für uns und andere abstrahirt sind. Die Grade von Wohlwollen oder
Selbstliebe, die in der menschlichen Natur vor-
schlagen, lassen sich nicht bestimmen. Die Phäno-
mene, welche von beiden Seiten angeführt werden
können, sind so zerstreut, ungewiß und vieldeutig,
daß man sie nicht genau vergleichen und keinen bestimmten Schluß aus denselbigen ziehen kann. Es
ist genug, wenn nur zugegeben wird, was gewiß
ohne die größte Ungereimtheit nicht geleugnet werden kann, daß einiges, wenn auch noch so kleines,
Wohlwollen in unsern Busen gegossen ist, daß ein
Funke von Freundschaft für das Menschengeschlecht
in uns glimmt, daß ein Theilchen der Taube, sammt
den Elementen des Wolfs und der Schlange in unsere Form geknätet ist. laßt diese edelmüthigen
Empfindungen auch noch so schwach seyn — laßt sie
unzureichend seyn, auch nur eine Hand oder einen
Finger unsers Körpers zu bewegen — sie müssen
doch immer die Bestimmungen unserer Seele regieren, und wenn sonst alles gleich ist, ein kaltes Vorziehen dessen, was dem menschlichen Geschlechte nüzlich ist, vor demjenigen, was ihm schädlich und gefährlich ist, hervorbringen. — Die geselligen und
eigennüzigen Neigungen sind einander übrigens nicht
entgegengesezt. Es muß eine Grundneigung von
irgend

irgend einer Art vorhanden seyn, um eine Basis für
die Selbstliebe zu werden, indem sie den Objecten,
welchen die Selbstliebe nachstrebt, einen Reiz oder
Geschmak gibt. Mit der uneigennützigsten Handlung ist immer die Befriedigung einer gewissen Neigung verbunden.

Nach dieser Darstellung der Hauptzüge dieses —
wenn ich so reden darf — physischen Moralsystems,
in dessen Erklärung Hume mit festem dogmatischen
Schritte einhergeht, wird vielleicht folgende Stelle,
die eben so sehr sein Wohlgefallen an seinem Systeme
als seinen skeptischen Geist verräth, manchen Leser
frappiren: Ich weiß wohl, daß nichts unphiloso-
phischer seyn kann, als positiv oder dogmatisch bei irgend
einer Materie zu seyn, und daß selbst, wenn excessi-
ver Skepticismus sollte behauptet werden können, er
allem richtigen Räsonniren und Untersuchen nicht
schädlicher seyn könnte, als ein solches Verfahren.
Ich bin überzeugt, daß da, wo die Menschen am
zuversichtlichsten und arrogantesten sind, sie gewöhnlich sich am meisten betrügen und ihren Leidenschaften
am meisten den Zügel schießen lassen, ohne die Ueber-
legung und Zurükhaltung des Beifalls, die sie allein
vor den gröbsten Ungereimtheiten bewahren könnte.
Jedoch muß ich bekennen, daß meine bisherige Induction die Sache in ein so helles Licht sezt, daß ich
für izt von keiner Wahrheit, die ich durch Beweise
und Schlüsse entdeken kann, mehr überzeugt seyn
kann, als von der, daß p e r s ö n l i c h e s V e r d i e n s t
lediglich in der Nüzlichkeit oder Annehmlichkeit der

Zweiter Theil.   O   Eigen-

Eigenschaften für die Person, welche sie besizt, oder
für andere, besteht.   Wenn ich aber überlege, daß
die Menschen die Größe und Gestalt der Erde gemes-
sen und gezeichnet, die Ebbe und Fluth erklärt, die
Ordnung und Oekonomie der Himmelskörper unter
ihre Geseze gebracht und das Unendliche selbst berechnet haben — und daß sie doch noch immer über den Grund ihrer Pflichten streiten — wenn ich dieß überlege, so falle ich
in Mißtrauen und Skepticismus zurük,
und gerathe auf den Verdacht, daß eine
sich so von selbst darbietende Hypothese,
wenn sie wahr wäre, schon längst durch
den einstimmigen Beifall der Menschen
müßte angenommen worden seyn [164])

Daß Hume die Religionspflichten in seiner Moral ganz und gar ausläßt, ist aus seiner Philosophie
ganz erklärbar, nach welcher eigentlich die ganze
Theologie aus Vernunft etwas Unstatthaftes und Ungewisses ist.   Hume hatte dieß aber in den Schriften, die wir bisher beurtheilt haben, nirgends ausdrüklich gesagt, sondern nur angedeutet.   Er hatte
hie und da für den reinen Deismus, als eine edle und
erhabene Idee, Achtung bezeugt, und wo er alle Religion zu zertrümmern schien, sich auf das Fundament
des Offenbarungsglaubens gestüzt, das er übrigens —
beiläufig zu sagen — in seinem Versuche über die
Wunder gleichfalls wankend gemacht hatte.   Seinen

164) Essays Vol. II. p. 329.

nen Religionsskepticismus hat er übrigens in zwei
Schriften, von welchen er die eine noch selbst herausgab und die andere nach seinem Tode erschienen ist,
ganz unverkennbar geoffenbart. Diese Schriften
sind seine natürliche Geschichte der Religion
und seine Dialogen über die natürliche
Religion. Beides sind unleugbar sehr feine Compositionen, deren eigentlicher Zwek nur schärferen
Augen deutlich ist. In der ersten Schrift wird vorzüglich der Ursprung der Religion in der
menschlichen Natur untersucht. Die ersten
Principien der Religion im Menschen müssen nach
Hume's Voraussezungen nicht ursprünglich, sondern abgeleitet seyn, nicht aus einem Grundtriebe entspringen, weil dergleichen Grundtriebe sonst
unter allen Nationen allgemein sind und gewisse bestimmte Objecte haben, nach welchen sie streben; hingegen Religionsmeinungen so verschieden, so entgegengesezt, so mannichfaltig sind, daß es vielleicht
nicht einmal zwei Menschen gibt, die gleich darüber
denken. Hume sucht also den Umsturz der religiösen
Meinungen in gewissen secondären Principien, die
leicht durch verschiedene Umstände und Ursachen ver-
kehrt, verändert und wohl gar zurükgehalten werden
können. Diese Principien nun aufzusuchen und die
Ursachen zu erklären, welche die Wirkungen derselben leiten und modificiren, dieß ist der Hauptzwek, welchen sich Hume bei dieser Schrift vorsezt.
Er geht von der Behauptung aus, daß Polytheismus die erste Religion gewesen, und erklärt zugleich

den Ursprung und die verschiedenen Gattungen desselben.   Er läßt den Deismus aus dem Polytheismus
und diesen wieder aus jenem entspringen.   Er vergleicht die verschiedenen Wirkungen der polytheisti-
schen und deistischen Religionen in Rüksicht auf Ver-
folgung und Duldung, auf Muth und Niedergeschlagenheit, auf Vernunft und Unvernunft, auf Zweifel und Ueberzeugung, wobei dem Polytheismus weit
mehr Gerechtigkeit widerfährt, als gewöhnlich zu
geschehen pflegt.   Er schildert die unmoralischen
Vorstellungen in den meisten deistischen und poly-
theistischen Volksreligionen, so wie ihren schädlichen
Einfluß auf die Moralität.   Hume spricht in dieser
Schrift mehrmals mit der größten Achtung von dem
reinen Deismus, als einem höchst vernünftigen System, das dem Menschen seine ganze Würde fühlbar
machen könne.   Nur sieht er nirgends die Wirkungen, welche ein solches System doch hervorbringen
sollte; er findet überall so viel Widerspruch zwischen
den Religionsgrundsäzen und zwischen den Gesinnungen und Handlungen der Menschen, so viel Ungereimtes in den Religionsvorstellungen der Menschen selbst, daß er am Werthe der Religion überhaupt zweifelt, und daß sie ihm keinen festen Grund
in der menschlichen Natur zu haben scheint.   Er bewundert das System des reinen Deismus in abstra-
cto, und bezweifelt es in concreto, weil ihm die Religion von der Cultur unzertrennlich zu seyn scheint,
und doch überall bei dem Menschen nicht das hervor-
bringt, was man von ihr erwarten sollte.   Ich ent-
hal-

halte mich um desto mehr, noch etwas von dieser mit einer ungemeinen Energie und Beredsamkeit geschriebenen Schrift hinzuzusezen, da ich in meinen Ideen zur Kritik der christlichen Religion ausführlicher von derselben gehandelt habe.

Hume's Geschichte der Religion machte das Publicum über seine Religionsgrundsäze irre. Man sah wohl, daß er sich ausser dem historischen Zweke noch einen andern philosophischen vorgesezt habe, aber worinn der lezte bestehe, darüber war man sehr uneinig und viele sagten, man könne gar nicht wissen, wo der Verfasser hinaus wolle, und das Werk scheine castrirt zu seyn. Uebrigens hätte besonders der Schluß des Werks in Vergleichung mit der Untersuchung über den menschlichen Verstand die Leser leicht von dem skeptischen Zweke desselben überzeugen können. Deutlicher sah man in Hume's Religionsgrundsäze, als nach seinem Tode die Dialogen über die natürliche Religion herauskamen, die er zum Druk hinterlassen hatte. Schon der Umstand, daß er sie nicht während seines Lebens vor das Publicum wollte kommen lassen, machte auf diese Schrift sehr aufmerksam. Die meisten Leser fanden in dieser Schrift den Atheismus. Wollte man dem Buchstaben nachgehen, so könnte man sie eher als eine Vertheidigung des Deismus ansehen — aber der Zwek derselben ist offenbar skeptisch, wiewohl Hume dieß auf eine feine Art versteft hat, die ihn aber nur desto sicherer zu diesem Zweke leitete. Der Dialog ist sehr sinnreich und künstlich fortgeführt. Philo, der Humen selbst

zu

zu repräsentiren scheint, macht eine lange Reihe von
Einwürfen gegen die Religion. Er spricht mit Bescheidenheit und Billigkeit, und scheint nicht einmal
alle die Vortheile zu benuzen, die er seinen Gegnern
abgewinnen könnte. Seine Gegner sagen nichts
offenbar Ungereimtes. Die ganze Unterredung wird
mit großem Anstande und im Tone der guten Gesellschaft geführt. Man findet weder die rohe und empörende Sprache vieler Atheisten, noch auch die un-
gezogene und zurükstossende Sprache vieler Religio-
sen. Aber Philo streitet doch mit weit mehr Scharfsinn und Kenntniß, und seine Antagonisten geben
ihm selten eine befriedigende Antwort. Zulezt gibt
Philo zwar nach, aber ohne hinlängliche Gründe an-
zugeben, warum er seine vorher vorgetragenen Raisonnements aufopfere, so daß diese immer noch mit
voller Kraft auf den Leser wirken. Philo geht zwar
zum Deismus über, aber er erklärt alle Streitigkeiten zwischen Deisten und Atheisten am Ende für
Wortstreit, und leugnet die Wirkungen auf Moral
und Sittlichkeit. Ein nachdenkender Leser wird durch
diese Schrift auf das Resultat geleitet werden: Wir
können zwar nicht wohl ohne alle Religion seyn, aber
so bald wir sie nach ihrem Fundamente und nach ihren
Wirkungen philosophisch untersuchen wollen, so stellen sich uns unwiderlegliche Einwürfe dar, und der
Glaubige meint nur mehr zu glauben, als der Zweifler. Diese Dialogen enthalten eigentlich wieder die
Gründe, die schon in der Untersuchung über den
menschlichen Verstand wider die Religion vorgetragen

gen worden waren, aber ausserdem noch andere; auch
werden darinn manche Beweise der natürlichen Theologie, die Hume vorher nicht ausbrüklich angegriffen
hatte, in ihrer Schwäche dargestellt. Die vielen
feinen Bemerkungen über die Geschichte religiöser
Begriffe und des religiösen Skepticismus sind nicht
der schlechteste Theil dieser Schrift.

Wir sezen noch etwas von dem Versuche über
den Selbstmord hinzu. Hume will zeigen, daß diese
Handlung weder eine Uebertretung unsrer Pflichten
gegen Gott, noch gegen andere, noch gegen uns selbst
ist. Das erste sucht er auf folgende Art zu erweisen.
Der Schöpfer hat allgemeine und unveränderliche
Geseze festgesezt, durch welche alle Körper in ihrer
Sphäre und Wirksamkeit erhalten werden. Um die
thierische Welt zu regieren, hat er alle lebende Creaturen mit körperlichen und geistigen Kräften beschenkt,
durch welche sie in der Lebensart erhalten werden, zu
welcher sie bestimmt sind. Diese verschiedenen Principien der materiellen und thierischen Welt wirken
beständig in einander, so daß sie einander entweder
befördern oder hindern. Hieraus entsteht oft eine
scheinbare Unordnung, am Ende aber eine nur desto
größere Ordnung und Harmonie. Die Vorsehung
Gottes erscheint nicht unmittelbar in einzelnen Wirkungen, sondern regiert jedes Ding durch die von
Anfang gemachten Geseze. Alle Begebenheiten sind
in so fern Wirkungen Gottes, als sie von den Kräften herkommen, mit welchen er seine Creaturen be-
schenkte — und von den Gesezen, welchen er sie auf

immer

immer unterwarf.   So wie von der einen Seite die
Elemente und andere unbelebte Theile der Schöpfung ihre Functionen ohne Rüksicht auf das besondere Interesse und Lage der Menschen fortsezen, eben
so sind die Menschen in ihren Wirkungen auf die Bewegung ihrem eigenen Urtheile und Wahl überlassen,
und können jede Fähigkeit, die sie besizen, zu ihrem
Vergnügen und zu ihrer Erhaltung anwenden.   Was
meint man also mit dem Grundsaze, daß ein Mensch,
der des Lebens müde, durch Noth und Elend verfolgt,
alle natürliche Schreken des Todes herzhaft überwin-
det und von dieser grausamen Lebensscene abtritt ——
daß solch ein Mensch sich den Unwillen seines Schöpfers durch Eingriffe in das Amt der Vorsehung und
durch Störung der Ordnung des Weltalls zuziehe?
Sollen wir annehmen, daß der Allmächtige sich selbst
auf irgend eine eigenthümliche Art die Disposition
über das Leben der Menschen vorbehalten, und dieselbe nicht so wie andere Begebenheiten den allgemeinen Gesezen unterworfen habe, durch welche das
Weltall regiert wird?   Nein! das Leben des Menschen hängt von denselbigen Gesezen ab, von welchen
das Leben anderer Thiere abhängt, und diese sind den
allgemeinen Gesezen der Materie und Bewegung unterworfen.   Der Fall eines Thurms, oder das Ein-
schlürfen eines Gifts, wird einen Menschen gerade so
wie die niedrigste Creatur tödten —— eine Ueber-
schwemmung reißt ohne Unterschied Alles mit sich
weg, was ihre Wuth erreichen kann.   Da also das
Leben des Menschen jederzeit von den allgemeinen

Gese-

Gesezen der Materie und Bewegung abhängig ist —
ist es vielleicht verbrecherisch, wenn ein Mann über
sein eigenes Leben disponirt, weil es in jedem Falle
verbrecherisch ist, einen Eingriff in diese Geseze zu
thun, oder ihre Wirkung zu stören? Aber dieß scheint
ungereimt; alle Thiere sind ihrer eigenen Klugheit und Fähigkeit in Ansehung ihrer ganzen Lebens-
führung in der Welt überlassen und haben volle Erlaubniß, so weit ihre Kräfte reichen, alle Wirkungen der Natur zu verändern. Ohne die Ausübung
dieses Rechts könnten sie auch nicht einen Augenblik
bestehen; jede Handlung, jede Bewegung eines
Menschen ändert etwas in einigen Theilen der Materie, und lenkt die allgemeinen Geseze der Bewegung von ihrem gewöhnlichen Lauffe ab. Es kann
also kein Eingriff in das Amt der Vorsehung seyn,
diese allgemeinen Geseze zu stören oder zu ändern.—
Aber ist nicht das menschliche Leben von so großer
Wichtigkeit, daß es eine Anmaaßung für die menschliche Klugheit ist, über dasselbe schalten und walten
zu wollen? Das menschliche Leben ist nicht wichtiger als das Leben einer Auster, und wär es auch noch
so wichtig, so hat die Ordnung der menschlichen Natur es einmal der menschlichen Klugheit unterworfen,
und uns in die Nothwendigkeit versezt, in jedem vor-
kommenden Falle uns in Ansehung desselben zu bestimmen. Wäre die Disposition über das menschliche Leben ein eigenthümlicher Vorbehalt des Allmächtigen, so wäre es eben so strafbar, für die Erhaltung des Lebens zu sorgen, als für die Zerstörung

O 5   des-

desselben. Wenn ich einen Stein abwende, der auf
mein Haupt fallen will, so störe ich den Lauf der Natur und greife in das Amt des Allmächtigen; ich ver-
längere mein Leben über die Periode hinaus, welche
ihm durch die allgemeinen Geseze der Bewegung und
Materie vorgezeichnet ist.   Ein Haar, eine Fliege,
ein Insect ist im Stande dieß mächtige Wesen zu
zerstören, dessen Leben von solcher Wichtigkeit ist.
Ist es eine Ungereimtheit, anzunehmen, daß menschliche Klugheit rechtmäßigerweise über etwas entscheiden kann, was von solchen unbedeutenden Ursachen
abhängt?   Es würde kein Verbrechen von mir seyn,
den Nil oder die Donau von ihrem Laufe abzuleiten,
wenn es in meinem Vermögen stände. —   Wo ist
denn das Verbrechen, wenn ich wenige Unzen Blut
aus ihrem natürlichen Canal leite? —   Glaubt ihr,
daß ich über die Vorsehung murre oder meine Existenz verfluche, weil ich aus dem Leben gehe und einem
Daseyn ein Ende mache, welches mich bei einer län-
geren Fortsezung elend machen müßte? Fern sei eine
solche Gesinnung von mir; ich bin blos von einer
Thatsache überzeugt, die ihr selbst als möglich aner-
kennt, daß das menschliche Leben unglükselig seyn
und daß meine fortgesezte Existenz allen Reiz für
mich verlieren kann; aber ich danke der Vorsehung
sowohl für das Gut, das ich bereits genossen habe,
als für das Vermögen, das ich besize, mich dem
Uebel, das mir droht, zu entreissen. Ihr habt vielmehr Ursache, die Vorsehung anzuklagen, ihr, die
ihr euch einbildet, daß ihr kein solches Recht habt,

und

und die ihr immer ein verhaßtes, mit Elend und
Kummer beladenes Leben, in Schande und Mangel
fortschleppen müßt. Lehrt ihr nicht, daß wenn mich
irgend ein Uebel trift, wär es auch durch die Bosheit meiner Feinde, ich mit der Vorsehung zufrieden
seyn soll, und daß die Handlungen der Menschen
eben sowohl Wirkungen des Allmächtigen sind, als
die Handlungen lebloser Wesen? Wenn ich also in
meinen Degen falle, so empfange ich meinen Tod
nicht weniger von der Gottheit, als wenn mich ein
Löwe, ein Sturz, ein Fieber getödtet hätte. Die
Unterwerfung unter die Vorsehung, die ihr von mir
bei jedem Leiden fordert, schließt menschliche Klugheit und Bemühung nicht aus, wenn ich dadurch das
Uebel vermeiden oder ihm entfliehen kann; und warum sollte ich ein Mittel nicht sowohl als das andere
anwenden? — Wäre mein Leben nicht mein Eigenthum, so wäre es eben so strafbar, es je in Gefahr
zu sezen, oder aufzuopfern, als über dasselbige zu
disponiren. — Der Selbstmord ist auch keine
Pflichtverlezung gegen unsern Nächsten und die
Gesellschaft. Ein Mensch, der das Leben verläßt, fügt der Gesellschaft keinen Schaden zu, er
hört nur auf, ihr Gutes zu thun, welches, wenn es
ein Unrecht ist, von der geringsten Gattung ist. —
Alle unsere Verbindlichkeiten der Gesellschaft nüzlich
zu seyn, fassen etwas Wechselseitiges in sich. Ich
empfange die Wohlthaten der Gesellschaft, und soll
also ihr Interesse befördern; wenn ich mich aber der
Gesellschaft ganz und gar entziehe, kann ich länger

ver-

binblich seyn? Aber auch zugegeben, daß diese Ver-
binblichkeit immer fortbauerte, so hat sie doch sichere
Grenzen; ich bin nicht verbunden, der Gesellschaft
auch nur einen kleinen Nuzen zu schaffen, wenn ich
mir selbst dadurch einen großen Schaden zuziehe;
warum sollte ich also eine armselige Existenz fortsezen,
weil das Publicum vielleicht einen unbedeutenden
Vortheil von mir zieht? Wenn ich wegen Alter und
Schwächlichkeit ein Amt rechtmäßig aufgeben und
meine ganze Zeit damit zubringen kann, daß ich mich
gegen meine Uebel und Ungemächlichkeiten schüze und
sie zu erleichtern suche — warum sollte ich nicht all
dieß Elend auf einmal durch eine Handlung endigen
dürfen, welche der Gesellschaft nicht nachtheiliger
ist? — Aber vorausgesezt, daß es nicht länger in
meiner Macht steht, das Interesse der Gesellschaft zu
befördern; vorausgesezt, daß ich ihr zur last falle;
vorausgesezt, daß mein Leben irgend eine Person hindert, der Gesellschaft weit nüzlicher zu seyn — in
solchen Fällen muß mein Verzichtthun aufs leben
nicht nur unschuldig, sondern löblich seyn. Und die
meisten Menschen, welche Versuchung haben, das
leben zu verlassen, finden sich in einer solchen lage:
diejenigen, welche gesund; mächtig, angesehen sind,
haben gewöhnlich mehr Ursache mit der Welt in gutem Vernehmen zu stehen. Ein Mann ist in einer
Verschwörung zum Besten des Staats begriffen; er
wird auf Verdacht festgesezt und mit der Folter be-
droht; er kennt seine Schwäche, daß das Geheimniß von ihm expreßt werden wird — könnte ein sol-

cher

cher dem öffentlichen Interesse besser rathen als durch
eine schnelle Abkürzung seines unglüklichen Lebens.
Dieß war der Fall des berühmten und tapfern
Strozi von Florenz. — Ein Verbrecher ist ge-
rechter Weise zu einem schimpflichen Tode verdammt;
kann man sich irgend einen Grund vorstellen, warum
er nicht seiner Strafe zuvorkommen, und sich all die
Angst des Gedankens an ihr fürchterliches Heranna-
hen ersparen sollte? Er greift nicht mehr in die Rechte der Vorsehung, als die Obrigkeit, welche seine
Execution gebot, und sein freiwilliger Tod ist der
Gesellschaft nicht weniger vortheilhaft. — Daß der
Selbstmord mit unserem eigenen Besten und den
Pflichten gegen uns selbst bestehen könne, kann
niemand bezweifeln, der zugesteht, daß Alter, Krankheit oder Unfälle das Leben zu einer Bürde und selbst
schlimmer, als die Vernichtung machen können. Ich
glaube, daß niemand je das Leben wegwarf, so lange
es des Behaltens werth war. Unser natürlicher
Schauer vor dem Tode ist so groß, daß kleine Triebfedern uns nie mit demselben aussöhnen können, und
obgleich vielleicht die Lage von eines Mannes Gesundheit oder Glüksumständen dieß Mittel nicht zu er-
fordern scheinen, so dürfen wir doch versichert seyn,
daß jeder, der ohne sichtbare Ursache zu demselben
seine Zuflucht nimmt, mit einer solchen Verkehrtheit oder Melancholie des Temperaments gestraft
war, welche alle seine Freuden vergiften und ihn so
elend machen mußte, wie wenn er mit den peinlich-
sten Uebeln beladen wäre. — Ist der Selbmord
ein

ein Verbrechen, so kann uns allein Feigheit zu demselben antreiben.   Ist er kein Verbrechen, so sollten
uns beides, Klugheit und Muth, antreiben, uns
mit einemmale von der Existenz zu befreien, wenn
sie uns zur Last wird.   Dieß ist alsdann das einige
Mittel, der Gesellschaft nützlich zu seyn, indem wir
ein Beispiel geben, welches, wenn es nachgeahmt
würde, jedem seinen Antheil an Lebensglük sichern
und ihn von aller Gefahr des Elends befreien wür-
be. —   So weit kömmt man, wenn man die Moral physischen Gesezen unterwirft, und in ihr von
Naturtrieben ausgeht [165]).

Hume hat in England für sein System Anhänger wie Adam Smith und Gibbon gefunden,
aber noch weit mehr Gegner.   Unter seinen philosophischen Gegnern sind Reid, Beattie, Oswald
und Priestley die berühmtesten geworden.

Reid

165) Hume's philosophische Schriften sind ins Deutsche übersetzt unter den Titeln: Vermischte Schriften 4 Theile,
Leipzig 1755. 1756. 1766.   Vier Abhandlungen, 1) die
natürliche Geschichte der Religion. 2) Von den Leidenschaften. 3) Vom Trauerspiel. 4) Von der Grundregel
des Geschmaks von David Hume — — Quedlinburg und
Leipzig, 1759. — David Hume über die menschliche Natur aus dem Englischen, nebst kritischen Versuchen zur Beurtheilung dieses Werks von L. H. Jakob, 3 Bde. Halle,
1790 — 92. David Hume's Untersuchung über den menschlichen Verstand neu übersezt von M. W. G. Tennemann,
nebst einer Abhandlung über den philosophischen Skepticismus von Reinhold. - Jena, 1793.

Reid [166]), dieser unermüdete Denker und vortreffliche Erforscher der sinnlichen und geistigen Natur des Menschen, war der erste, der Humen einen Scharfsinn und Wiz entgegenzusezen wußte, der des Gegners, den er sich gewählt hatte, nicht unwürdig war, und selbst alsdann belehren und interessiren konnte, wenn er auch seinen Gegner in der Hauptsache nicht widerlegt hatte. Er gieng nicht zu Lockes Empirismus zurük, um Hume's Skepticismus zu widerlegen, sondern fand vielmehr, daß Locke selbst durch gewisse Lehren dem Skepticismus vorgearbeitet habe. Er stellte gewisse von der Erfahrung unabhängige Principien in der menschlichen Seele auf und nach welchen der menschliche Verstand sowohl bei dem schärfsten Denker, als auch bei den gewöhnlichsten Urtheilen des gemeinen Lebens verfährt. Diese Principien schilderte er als instinctartig, und nannte sie zusammengenommen den **gemeinen Menschenverstand.** Er beschuldigte die Cartes und Malebranche, die Locke und Berkeley und am meisten Humen, daß sie dem gemeinen Menschenverstande einen öffentlichen Krieg angekündigt hätten, wodurch sie ihn wohl eine Zeitlang hätten in Verwirrung bringen, aber unmöglich besiegen könnten. Er sucht den Grund

---

166) Reid's Inquiry into the human mind on the principles of common sense, 3. edit. London 1769. 8. Essays on the intellectual powers of man, Edinburgh 1785. 4. Essays on the active powers of man, Edinburgh 1788. 4. Die erste Schrift ist Leipzig 1782 gut und mit einer lesenswerthen Vorrede übersezt.

Grund des Uebels in der Lehre von den Ideen, als Abbildungen der Sensationen. Er glaubt, aus dem Grundsaze, daß jeder Gegenstand unsers Denkens eine Idee, eine Copie von einem Eindrufe seyn müsse, haben die Locke, Verkeley und Hume nach und nach ganz richtig geschlossen, daß es keine Materien, ja keine Geister, sondern blos Ideen und Eindrüke gebe. Er leugnet also diesen Grundsaz, und unterscheidet die Ideen genau von den Sensationen und Eindrüken, und diese von den Objecten, deren Zeichen sie sind. Er behauptet, daß gewisse Vorstellungen mit dem Glauben an die Existenz der Objecte, auf welche sie sich beziehen, unzertrennlich verbunden seien. Eine gegenwärtige Sensation bringt also den Glauben an die gegenwärtige Existenz eines Objects und das Gedächtniß den Glauben an eine vergangene Existenz hervor. Andere Vorstellungen, z. E. die, welche die Einbildungskraft erzeugt, sind nach Reids Meinung mit gar keinem Glauben verbunden. Dieser Glaube ist ein simpler Actus der Seele, der eben so wenig erklärt werden kann, als was Sehen und Hören ist, und warum wir glauben, daß zweimal zwei vier ist. Er ist einmal in unserer Natur gegründet, eben sowohl als andere ursprüngliche Gattungen von Evidenzen, die nicht von einander abhängen, nicht in einander aufgelößt werden können. Es ist ungereimt, für oder wider solche Evidenzen mit Vernunftgründen zu streiten. Es sind erste Principien, die nicht in das Gebiet der Vernunft, sondern des gemeinen Menschenverstandes gehören. Eben so werden alle Men-

schen

schen durch die Einrichtung ihrer Natur gedrungen,
an ein empfindendes und denkendes Wesen oder an
einen Geist zu glauben, der fortfährt eines und daßselbe Ich zu seyn, wenn auch alle seine Ideen und
Eindrüke verändert werden. Niemand weiß, wie er
zu diesem Begriffe gekommen ist, er geht vor allem
Räsonnement, vor aller Erfahrung, vor allem Unterrichte voran, und wir können uns auch durchaus nicht
von demselben losmachen. Die verschiedenen Gattungen von Gerüchen, von Tönen, von Geschmak und
gewisse Affectionen des Sehnervens erregen die ihnen
eigenthümlichen Sensationen, die mit dem Glauben
an äussere Existenz verbunden sind. Eine harte Substanz erzeugt die Sensation der Härte und den Glauben an etwas Hartes. Der Unterschied zwischen qualitatibus primariis und secundariis der Körper ist in
unserer Natur gegründet. Die primariae werden
bei den secundariis vorausgesezt. Wie die Vorstellungen von jenen in uns kommen, dieß ist uns unerklärlich. Sie beziehen sich auf keine bestimmte Sensation noch auch auf eine bestimmte Operation unsrer
Seele — sie sind das Werk der Natur.

Man sieht, daß Reid den Humischen Skepticismus in seinem Ursprunge, in dem Lockischem Empirismus und dem Berkeleyischen Idealismus angriff.
Er nimmt weit mehr Principien der Erkenntniß an,
als die Philosophen, mit welchen er es zu thun hat.
Er unterscheidet Object, Sensation und Idee ganz
genau und stellt darüber vortrefliche Betrachtungen
an. Aber in der Hauptsache löst er die Schwierig

keiten nicht, sondern knüpft sie fester. Er will Lücken
im Systeme ausfüllen und macht dafür neue, die von
größerer Bedeutung sind. Wie können wir dann
Objecte erkennen, wie können wir Vorstellungen von
denselben erhalten, wenn diese nicht als Abdrüke der
Sensationen zu betrachten sind? Worinn besteht der
reelle Unterschied zwischen Sensationen und Ideen
und wie gelangen die Sensationen zu der Seele?
Und bürgen uns Instincte, die uns etwas Objectives
anzunehmen nöthigen, wirklich für objective Wahrheit? Für diese Fragen findet sich in Reids Untersuchung keine Antwort. Glüklicher hat er sich Hume's Moral widersezt, indem er ihm mit vielen
Gründen bewieß, daß nicht ein gewisses schwankendes Gefühl, sondern Vernunft die Quelle der Erkenntniß unsrer Pflichten und die Regel in der Bestimmung unsrer Zweke sei [167]).

Beat-

167) Essay on the active powers, Eff. III. S. 207 gibt er
selbst seinen Hauptzwek bei diesem interessanten Abschnitte
so an: Mfr. Hume maintains, that reason is no principle of action, but that it is and ought to be the servant of the passions. I shall endeavour to shew, that
among the various ends of human actions there are
some, of which without reason we could not even form
a conception; and that, as soon as they are conceived,
a regard to them is by our constitution not only a principle of action, but a leading and governing principle,
to which all our animal principles are subordinate and
to which they ought to be subject. These I shall call
rational principles, because they can exist only in
beings endowed with reason and because, to act from
these principles is what has always been meant by acting
according to reason. The ends of human actions I have

in

Beattie [168]) gieng von denselbigen Grundsäzen
mit Reid aus, von gewissen instinctartigen Principien der Wahrheit im Menschen.   Er ist aber noch
weit entscheidender und intoleranter gegen Andersben-
kende, als sein Vorgänger, und polemisirt gegen philosophische Kezer troz dem rechtgläubigsten Theologen.   Beattie und Hume waren Feinde — der Eifer
des ersten scheint aber doch nicht sowohl aus dieser
Quelle, als aus einer großen Wärme für die Religion zu fließen, deren Rechte er retten wollte.   So
ungeschikt er auch dieß angriff, und so wenig er den
schärferen Denker darinn befriedigen kann, so hat
doch sein Versuch für die Sache der Religion nicht
wenig Gutes gewirkt und manche gegen die Gefahren
des Humischen Skepticismus geschüzt.   Er fand in
Großbritannien einen sehr großen Beifall unter Personen aus allen Ständen.   Er fand durch seine Lebhaftigkeit und Oberflächlichkeit weit mehr Leser, als
Hume durch seine Kälte und Tiefsinn.

Beattie nimmt Reids allgemeine Idee von
gemeinem Menschenverstande, als dem Vermögen, die durch sich selbst evidente Wahrheit zu erkennen, an [169]).   Er betrachtet ihn als eine besondere

P 2   Art

in view, are two, to wit.   What is good for us upon
the whole and what appears to be our duty.

168) Essay on the nature and immutability of truth.
5 Edit. London 1774. übersezt Leipzig 1777. und in seinen
Werken, 2 Bde. Leipzig 1779 u. 80.

169) Beattie erklärt den Ausdruk, mit welchem oft sehr
schwankende Bedeutungen verbunden waren, so: The
term

Art von Inſtinct, der von andern Gemüthsver-
mögen verſchieden ſei. Er beſtreitet, wie Reid,
die lockiſche Lehre, daß unſere Ueberzeugung von gewiſſen Axiomen ſich auf die Wahrnehmung der Harmonie oder Disharmonie unſrer Ideen gründe. Der
gemeine Menſchenverſtand kommt nach ſeiner Meinung, ſo wie andre Inſtincte, beinahe ohne unſre
Bemühung zur Reiſe, kann aber nicht gelehrt werden, wo er mangelt. Man kann jemand gewiſſe
erſte Principien lehren und glauben machen, aber es
iſt unmöglich, jemand die beſondere Empfindung, welche die Operation dieſes Vermögens, das
ihm die Natur verweigerte, begleitet, mitzutheilen.
Ein ſolcher kann Gelehrſamkeit erwerben, ſelbſt Genie bis zu einem gewiſſen Grade beſizen; aber den
Mangel der Natur nicht erſezen. Beattie ſpricht,
wo möglich, mit noch mehr Zuverſicht von der Glaubwürdigkeit des Zeugniſſes der Sinne, als Reid.
Er behauptet, daß wir eben ſo gewiß von der Exiſtenz und der Beſchaffenheit äuſſerer Objecte ſeyn können, als von irgend einer Demonſtration und von
unſrer

term common ſenſe has in modern times been uſed
by philoſophers to ſignify that power of the mind which
perceives truth or commands belief, not by progreſſive,
argumentation but by an inſtantaneous, inſtinctive and
irreſiſtible impulſe, derived neither from education nor
from habit, but from nature, acting independently on
our will, whenever the object is preſented, according
to an eſtabliſhed law; and therefore not improperly
called ſenſe; and acting in a ſimilar manner upon all,
or, at leaſt, upon a great majority of mankind, and
thereforecalled common ſenſe. p. 45.

unfrer eigenen Exiſtenz. Den Betrug der Sinne
muß er freilich in manchen Fällen zugeben, aber er
ſchränkt ihn auf weniger wichtige Fälle ein [170]). Er
gibt gleichfalls zu, daß öfters das Zeugniß des einen
Sinns dem Zeugniſſe des andern widerſpricht, behauptet aber, daß auch in dieſem Falle ein gewiſſer
Inſtinct uns lehre, welchem von beiden wir glauben
ſollen [171]). Berkeleys Idealismus bekämpft er mehr
mit Declamationen als mit Räſonnements. Er erklärt ihn für ungereimt und widerſprechend, indem
er vorausſeze, daß die erſten Principien des gemeinen Menſchenverſtandes trüglich und ungewiß ſeien,
und alſo entweder zu einer allgemeinen Leichtgläubig-
keit oder einem allgemeinen Skepticismus leite, und
alle Kenntniß und Tugend, ja die menſchliche Gattung ganz und gar zerſtöre [172]). Er macht den ge-

P 3   mei-

---

170) A diſtempered ſenſe, as well as an impure and une-
qual medium, may doubtleſs communicate falſe ſenſa-
tions; but we are never impoſed upon by them in
matters of conſequence, p. 189. wodurch er freilich ſeine Lehre von Untrüglichkeit der Sinne eigentlich untergräbt.

171) Of magnitude we judge both by ſight and touch.
With regard to magnitude we muſt therefore believe
either our ſight or our touch or both or neither. To believe neither is impoſſible. If we believe both, we
ſhall contradiſt ourſelves — — it is inſtinſt and not rea-
ſon, that determines me to believe my touch, p. 177.
179.

172) I have known many, ſagt Beattie unter andern, who
could not auswer Berkleys arguments, I never knew
one who believed his doſtrine, p. 261.

meinen Menschenverstand auch zur Regel der moralischen Verbindlichkeit und schließt nicht undeutlich alle Operationen der Vernunft dabei
aus [173]).   Er kommt dadurch dem Gegner, welchen
er bestreiten' will, weit näher, als er sich vorstellt.
Er baut die Hofnung eines zukünftigen Lebens, die
der Mensch aus der Religion schöpft, zulezt auf eben
das Princip des common sense, auf welchem bei ihm
alle Wahrheit und Gewisheit ruht [174]).   Auf eben
diesem Fundamente ruht bei ihm die moralische Freiheit [175]).

Reid und Beattie hatten ihre Theorie vom gemeinen Menschenverstande nur noch mit Sparsam-
keit und Mäßigung für die Religion gebraucht.

Os-

---

173) p. 74. They believe a certain mode of conduct to
be incumbent upon them in certain circumstances, because a notion of duty arises in their mind, when they
contemplate that conduct in relation to those circumstances. I ought to be grateful for a favour received.
Why? Because my conscience tells me so? How do
you know that you ought to do that of which your
conscience enjoins the performance? I can give no
further reason for it but I feel that such is my duty.
Here the investigation must stop; or if carried a little
farther, it must return to this point. —

174) Sceptics may wrangle, sagt er unter andern S. 113.
and mockers may blaspheme; but the pious man knows,
by evidence too sublime for their comprehension, that
his affections are not misplaced and that his hopes
shall not be disappointed; by evidence which to every
sound mind is fully satisfactory, but which to the hum-
ble and tender-hearted is altogether overwhelming,
irresistible and divine. Vergl. p. 512.

175) p. 235. 311. 360.

Oswald wurde ohne Zweifel durch das Glük, welches diese Theorie machte, unter andern veranlaßt,
an den gemeinen Menschenverstand zur Vertheidigung und Empfehlung der Religion in einem ausführlichen und beredten Werke zu appelliren [176]). Er
thut dieß nicht nur zum Behufe des gewöhnlichen
reinen Deismus, sondern auch des Christianismus
und selbst verschiedener ihm eigenthümlichen theologischen Meinungen. Dabei entwikelt er überhaupt
mehrere Lehren seiner Vorgänger weiter, aber so,
daß das Unzureichende und Schwankende derselben
nur desto mehr in die Augen fällt. Freunde der Religion werden viele Stellen seines Werks nicht ohne
Rührung lesen können, aber kaum wird ein Unglau-
biger oder Zweifler dadurch belehrt werden, und der
magisterialische und heftige Ton, in welchen Oswald
oft verfällt, hat vielleicht vielen imponirt, aber wenige überzeugt. Der Gang und die Hauptresultate
seiner Untersuchung sind folgende. [177]).

P 4 Die

---

176) An appeal to common sense in behalf of religion
Vol. I. Edinburgh 1766. Vol. II. 1772.

177) Oswald beklagt sich gleich zu Anfang seines Werks über
die immer zunehmende Herrschaft des Skepticismus, die
ihn zu seinem Werke veranlaßt hat: In former ages cre-
dulity was the reigning folly and misled not only vul-
gar minds but in some degree also the learned and ju-
dicious. In our own times Scepticism hath been in
such vogue, that scarce any are ashamed of it; many
glory in it, and not a few, distinguished by good sense
and probity, are tainted with it, to a degree that is
hardly consistent with their character.

Die Menschen haben in allen Zeiten der Autorität des gemeinen Menschenverstandes zu wenig Ansehen zugeschrieben. Gelehrte und Ungelehrte haben immer eine überwiegende Neigung gehabt, weit hergehohlte Untersuchungen zu verfolgen, und näher liegende, gemeinnüzige Wahrheiten zu vernachläßigen. Schon die griechischen Weltweisen vernachläßigten die natürlichsten und für die Tugend wichtigsten Untersuchungen und vernünftelten über unwürdige, unnüze Gegenstände. Die christlichen Gottesgelehrten unterwarfen, dem gemeinen Menschenverstande zum Troz und der Religion zum Schaden, die heiligsten und sich von selbst darbietenden Wahrheiten feinen Räsonnements und Streitigkeiten, indem sie sich an das Herz und den natürlichen Menschensinn hätten wenden sollen. Die neue Philosophie hat dadurch, daß sie das Ansehen des gemeinen Menschenverstandes bei Seite sezte, nach und nach den Skepticismus veranlaßt. Ihr zufolge müssen alle ersten Wahrheiten entweder aus dem Zeugniß der Sinne abgeleitet oder durch subtiles Räsonnement gefunden und in den Schulen gestempelt werden — kein Ariom wird als ein durch sich selbst evidenter Ausspruch des gemeinen Menschenverstandes vorgestellt. Nach der neuen Philosophie kann man in den wichtigsten Wahrheiten zu keiner befriedigenden Gewisheit kommen. Die neuere Philosophie hat endlich verschiedene ausgezeichnete Schriftsteller zu den ausschweifendsten Räsonnements geführt, die den evidentesten und wichtigsten Wahrheiten widerspre-

chen. Es ist nothwendig, von dieser Philosophie
abzuweichen, und zu den Aussprüchen des gemeinen
Menschenverstandes seine Zuflucht zu nehmen, um
den Skepticismus zu verbannen und den Glauben an
die ersten Wahrheiten (primary truths) festzusezen.
Hume und andere neuere Weltweisen haben die natürlichen Empfindungen des Menschengeschlechts z. E.
den Glauben lieber auf die subtileste und künstlich-
ste Art analysiren, als eine besondere Disposition,
einen besondern Sinn für dieselbe in unserer Natur
annehmen wollen. Die Gottesgelehrten und Weltweisen würden in der Festsezung der Grundwahrheiten der Religion weit besser reussirt haben, wenn sie
dem gemeinen Menschenverstande mehr Ansehen ein-
geräumt hätten. Locke hat durch Bestreitung einer
ungereimten Vorstellung von angebornen Ideen die
ersten Wahrheiten der Religion und Tugend erschüttert. Clarke hat seine großen Gaben zur Demonstration einer Wahrheit verschwendet, für welche die
ganze Natur laut zeugt und welche ein aufmerksamer
Blik auf dieselbige uns schon lehren kann. Viele
Weltweisen und Theologen haben den Menschen beinahe blos als eine Intelligenz betrachtet und auf seine
empfindende Natur wenig Rüksicht genommen.
Shaftsbury, Hutcheson, Smith haben auf
verschiedene Gefühle des menschlichen Herzens aufmerksam gemacht, die eigentlich blos Theile des
common sense sind. Dieser innere Sinn entschei-
det über alle ersten Wahrheiten mit eben der unzwei-
felhaften Gewisheit, mit welcher wir über sinnliche

Ob-

Objecte vermittelst unserer Sinnorgane entscheiden.
Die ersten Wahrheiten der Religion und Moral sind
eben sowohl Objecte des common sense, als andere
erste Wahrheiten, obgleich der Mensch gewöhnlich
ihnen keine gleiche Aufmerksamkeit widmet. Unsere
Kenntniß dieser Wahrheiten ist weder von der Sensation noch von der Reflexion abzuleiten, sondern von
eben jenem den vernünftigen Wesen eigenthümlichen
Sinne. Es ist leicht, diejenigen Wahrheiten, welche die Autorität des gemeinen Menschenverstandes
vor sich haben, von andern zu unterscheiden. Jene
haben ihre Evidenz in sich selbst, diese nehmen sie
von andern Wahrheiten her. Wer jene im Ernste
bezweifelt, ist entweder ein Thor oder ein Wahnsin-
niger. Die Verschiedenheit der Meinungen unter
den Menschen läßt sich wohl mit der Existenz eines
solchen innern Sinns vereinigen. Vorurtheile und
Leidenschaften können ihn unterdrüken aber nicht aus-
löschen. Wir haben ein Recht, von der g e m e i n e n
M e i n u n g, welche öfters auf der Seite des Irrthums ist, an den g e m e i n e n M e n s c h e n s i n n zu
appelliren, der immer auf der Seite der Wahrheit ist.
Mit den Skeptikern und Ungläubigen über erste
Wahrheiten zu räsonniren, bringt mehr Schaden
als Nuzen. Das Beste, was man für sie thun
kann ist, sie die Grundwahrheiten in ihrer inneren
Evidenz anschauen zu lassen. — Die Vernunft
fordert, daß wir gewisse Wahrheiten auf ihre Autorität allein annehmen, wenn wir uns nicht der Thor-
heit und des Unsinns schuldig machen wollen. Ge-

wisse

wisse Axiomen müssen wir ohne weiteren Grund glauben, wenn wir uns nicht der Unvernunft schuldig
machen wollen. Hierinn stimmen alle Menschen,
Weltweise und Laien überein. Die Existenz Gottes ist eine zu heilige und zu leicht sich darbietende
Wahrheit, als daß sie den Räsonnements der Menschen unterworfen werden sollte. Die heiligen Schriftsteller erweisen sie nicht. Sie sagen, daß der Unsichtbare in seinen Werken sichtbar wird, daß die
Himmel seine Ehre verkündigen. Sie rufen den
Menschen zu, ihre Augen zu öffnen und die Tiefe der
Weisheit, die Unermeßlichkeit der Macht, die Fülle
der Güte anzuschauen, welche kein Verstand ergründet und keine Einbildungskraft erreicht. Sie stellen den Menschen die Thorheit vor, sich einzubilden,
daß der, welcher das Auge gemacht habe, nicht sehen
sollte ꝛc. Als die menschlichen Herzen durch die lee-
ren Einbildungen dererjenigen, welche auf höhere
Grade von Verstand Anspruch machten, verdunkelt
waren, so beschämte Gott die Weisheit der Welt,
indem er eine Zahl ungelehrter Personen autorisirte,
ein System von Wahrheiten bekannt zu machen,
welches vom Pöbel übersehen und von den Gelehrten
zum Gegenstand des Streits gemacht worden war —
welches aber, nachdem es bekannt gemacht wurde,
sich der Vernunft, der Beurtheilung und dem Gewissen jeder Person von gesundem Verstande empfahl.
Es ist die Pflicht der Gottesgelehrten und Weltweisen, dieß System der Menschheit in seinem ganzen
Lichte darzustellen, und ihm die Aufmerksamkeit und

Ach-

Achtung zu verschaffen, welche demselben gebührt —
hierinn können sie sich einen glüklichen Erfolg versprechen. Aber einen Beweis von etwas zu versuchen, was jedem von selbst evident seyn kann, muß
immer schlimme Wirkungen hervorbringen. Man
gibt dadurch den Skeptikern nur neue Gelegenheit zu
Spöttereien und zu Fragen, welche kein Ende nehmen. Die Hauptwirkung des analogischen Räsonnements für Gottes Daseyn ist, daß dadurch die Ungereimtheit der entgegengesezten Behauptung in ihr
volles Licht gestellt wird. Jeder nicht ganz unwissende Mensch wird auch die Eigenschaften Gottes aus der sichtbaren Harmonie des Universums erse-
hen, und ein Mann von gesundem Verstande wird
bei dem Glauben an Einen Gott bleiben, bis er
einen Grund sieht zu vermuthen, daß mehr als Einer
existirt. Es verräth entweder großen Unverstand
oder eine große Verkehrtheit, Gottes Daseyn anzuerkennen, und doch über seine Eigenschaften zu streiten. Die Erfahrung, welche die Menschen von
Gottes Güte und Gerechtigkeit haben können, macht
allen Zweifel in Ansehung dieser Eigenschaften unent-
schuldbar. Wenn sie nicht mehr Empfindung für
dieselben haben, so ist dieß blos der Bösartigkeit
ihres Herzens zuzuschreiben. Es ist unmöglich zu
begreiffen, daß ein Wesen von absoluter Vollkommenheit etwas Böses oder nicht in allen Fällen dasjenige thun sollte, was recht und weise ist. Man
kann mit Sicherheit an diejenigen appelliren, welche
noch das geringste Gefühl von Pflichten gegen Wohl-

thäter oder Eltern, Fürsten oder Richter übrig haben, um die Schuld derjenigen fühlbar zu machen,
welche leugnen, was man der Gottheit schuldig ist.
Die Schrift gibt uns einen Begriff von Schöpfung
der Welt, welchen jeder vernünftige Mensch gerne
annehmen wird und welcher zugleich eine göttliche
Erhaltung und Regierung nothwendig in sich schließt.
Besondere Veranstaltungen der Vorsehung können
ohne die geringste Störung allgemeiner Geseze Statt
finden.   Wir können zwar den Plan Gottes nicht
begreiffen, aber wir sehen deutlich, daß alle Dinge
so geordnet sind, um unser Bestreben nach Tugend
und Glükseligkeit zu begünstigen.   Der moralische
Werth, von dessen höchster Vortreflichkeit jeder
Mensch genug weis, ist der höchste Zwek der göttlichen Regierung, und wer ihn gehörig zu schäzen
weis und seiner Pflicht treu zugethan ist, wird immer
mit Gottes Plan zufrieden seyn.   Die Moralität
bezweifeln zu wollen, ist Unsinn und für den gemeinen Menschenverstand empörend.   Es findet sich in
der menschlichen Natur nicht nur ein moralisches Gefühl, sondern eine reine Idee von moralischem Werthe und eine uneigennüzige Hochachtung für das,
was Recht ist.   Wir haben ein besonderes Gefühl
für das moralische Verdienst oder für die Tugend,
die mit Kämpfen und Schwierigkeiten verbunden ist.
Das Gewissen ist sowohl von diesem Gefühle, als
dem moralischen Gefühle überhaupt verschieden.   Es
ist die Anwendung des moralischen Gefühls auf unsere Handlungen.   Das moralische Gefühl findet
sich

fich bei dem Menfchen oft ohne das Gewiffen. Das erfte fann fehr verfeinert feyn, und der Menfch fann fogar ein großes Wohlgefallen daran finden, es aus= zubilden, ohne daß der Menfch davon für feine eigenen Gefinnungen und Handlungen Gebrauch macht [178]). Das Gewiffen zeugt für unfre Erfüllung oder Ver= lezung einer befannten Verbindlichfeit. Es bezieht fich nicht auf Fälle, die von einem feinen legifchen Räfonnement abhängen, fondern auf Fälle, die all= gemein befannt und verftändlich find. Das Gewif= fen im wahren Sinne des Worts ift ganz untrüglich. Es ift fein Gefezgeber, fondern ein Richter, aber es fezt ein Gefez voraus. Es ift unmöglich, feine Auto= rität

---

178) p. 251. Vol. II. findet fich eine feine Bemerfung über den praftifchen metalifchen Elepticifmus: Men employ all the powers of Sophiftry againft the teftimony of confcience, as modern Sceptics do againft the chriftian revelarion. It is not in their power to disbelieve; but they will object, they will argue long; and by the help of much refinement and various fubterfuges, keep their minds in fome fufpenfe, and ward off the ferious belief of unpleafant and alarming truths. That they are not fo good as they ought to be, they will readily acknowledge; but that their proceedings are unfair, that they are dishoneft, that their practice contradicts their profeffions, they will not allow to be fact or not to be a certain fact; they are pofitive that no fuch thing can be proved againft them. Thus do unhappy men ftrain all their powers of reafoning, to obtain a tem= porary refpite: a short, and but an imperfect relief of little value; for after all there remains fome fear, fome fufpicion, fome doubt about the truth of the charge; a certain confcioufnefs of demerit, however low, weak and obfcure.

rität abzulehnen oder seinem Richterstuhle zu entge-
hen. Es ist die Kraft, durch welche Gott seine moralische Regierung führt. Es steht nicht so unter
unsrer Leitung, wie unsere übrigen Kräfte — es hat
etwas Unwillkührliches. Daß ein zukünftiges
Gericht seyn müsse, ist dem gemeinen Menschen-
sinne ganz gemäß und folgt aus dem Bewußtseyn der
Moralität. Es ist thöricht, über die Möglichkeit,
über die Art und Weise desselben zu streiten, indem
wir uns beständig auf dasselbe vorbereiten sollten."

In dieser Theorie des gemeinen Menschenverstandes ist unstreitig der moralische Theil
der merkwürdigste und trift am meisten gegen Hume.
Er läßt sich auch ohne Anstand jedem unbefangenen
und nicht ganz ungebildeten Menschen zur Evidenz
bringen.

Priestley, einer der verdientesten und berühmtesten Schriftsteller Europas, den aber izt ein neidi-
sches Schiksal einem andern Welttheile geschenkt hat,
trat sowohl gegen Hume, als gegen seine drei Schottischen Gegner auf. Er rettete gegen den einen die
Religion und gegen die andern die Rechte der Vernunft und des Räsonnements. Er prüfte die Theorieen der drei Schottischen Weltweisen in einem be-
sonderen Werke [179]). Er stellte ihnen Lokisch-
Hart-

179) An examination of Dr. Reid's Inquiry &c. Dr.
Beattie's Essay &c. and Oswald's Appeal &c.
By Joseph Priestley, LL. D. F. R. S. London
1774.

Hartleyische Philosophie entgegen [180]). Er warf ihnen vor, daß sie mit ihren instinctartigen Principien in der menschlichen Natur eigentlich gar nichts erklären, sondern bloß eben so viele qualitates occultas angeben.   Er wendete ihnen ein, daß der Glaube an eine gewisse äussere objective Welt kein Grundtrieb, sondern bloß eine wahrscheinlichere Meinung seyn könne, indem sich dieser Glaube bei Kindern ohnezweifel nicht finde, und wir erst nach und nach die unmittelbaren Objecte unsrer Gedanken und die äussern Objecte unterscheiden lernen, und endlich der Idealismus doch keine absurde und den gemeinen Menschenverstand empörende, sondern vielmehr eine simple und in sich zusammenhängende Hypothese sei.   Er beschuldigte sie, daß ihre Theorieen, statt

---

180) Priestley ist ein ganz enthusiastischer Verehrer von Hartley.   Man höre Urthelle wie folgende: I think myself more indebted to this one Treatise (Hartleys Observations on man) than to all the books I ever read beside; the Scriptures excepted p. XIX. Pref. — Something was done in this field of knowledge by Descartes, very much by Mr. Locke, but most of all by Dr. Hartley, who has thrown more useful light upon the theory of the mind than Newton did upon the theory of the natural world, p. 2. Rem.   Mit Lockes System ist Priestley nicht durchaus einverstanden, vorzüglich darinn nicht, daß es neben den äusserlichen Sinnen noch eine andere Quelle unserer Ideen geben soll.   Uebrigens enthält seiner Meinung nach Lockes System die Fundamente alles richtigen und vernünftigen Räsonnements über die menschlichen Erkenntnißkräfte, auf welche Hartley weiter fortgebaut und ein System errichtet hat, das nun nur richtig verstanden und weiter entwikelt werden darf.   Die Hartleyische Theorie auseinander zu sezen, ist hier nicht der Plaz.

ſtatt dem Skepticismus Einhalt zu thun, ihn vielmehr allgemeiner machen müſſen, indem ſie alle Verbindungen, welche man vorher zwiſchen den verſchiedenen Phänomenen, Kräften und Wirkungen der
Seele annahm, aufheben und an die Stelle derſelben eine ſo große Menge unabhängiger, will-
kührlicher, inſtinctartiger Principien ſezen, daß ſchon die Aufzählung derſelben ermüdend
iſt. Er bemerkte, daß die Behauptung ſolcher
Principien alle weitere Unterſuchung abſchneide und
den philoſophiſchen Geiſt unterdrüke. Er bemerkte
in Reids Unterſuchung vorzüglich folgende Fehler:
1) Weil er keine Aehnlichkeit zwiſchen Objecten und
Ideen bemerke, ſo ſchließe er, daß die lezten nicht
durch die erſten hervorgebracht werden können.
2) Weil er keine nothwendige Verbindung zwiſchen
Senſationen und den Objecten derſelben einſehen und
alſo die Realität äuſſerer Objecte, ja nicht einmal
die Exiſtenz der Seele durch die Ideenlehre demon-
ſtriren könne, ſo verwerfe er dieſe ganze Lehre und
nehme zu willkührlichen Inſtincten ſeine Zuflucht.
3) Er nehme für zugeſtanden an, daß unſere Ideen
keine Exiſtenz haben, wenn wir uns derſelben nicht
bewußt und nicht aufmerkſam auf dieſelben ſind.
4) Er confondire das Vermögen der Senſation mit
den Ideen der Senſation. 5) Weil wir den Mechanismus nicht kennen, durch welchen eine Veränderung oder eine Reihe von Veränderungen in un-
ſerem Gemüthe hervorgebracht werde, ſo ſchließe er,
daß dieſe Veränderungen durch inſtinctartige Prin-

Zweiter Theil.   Q   cipien

cipien hervorgebracht und nicht durch Erfahrung und
Association der Ideen erzeugt werden.   6) Indem
er ohne Grund vorausseze, daß gewisse Bestimmungen oder Bewegungen des Gemüths vor der Erfahrung vorangehen, so schließe er, daß sie instinctartig
seien. —   Priestley hatte durch diese Bemerkungen, welche er ganz im Detail ausführt, eigentlich
zugleich die Fundamente untergraben, auf welchen
Beatties Versuch und Oswalds Appellation
ruht.   Er hält es aber doch der Mühe werth, seine
Waffen noch besonders gegen diese Weltweisen zu
kehren, und die Philosophie des gemeinen Menschenverstandes in den besondern Modifikationen und
Wendungen, welche sie in ihren Schriften nimmt,
zu verfolgen, und aus dieser Gelegenheit noch verschiedene allgemeinere Bemerkungen über die Philosophie überhaupt zu machen.   Unter diesen verdient
folgende hier zu stehen: „Hätten diese Schriftsteller
als die Elemente ihres common sense gewisse Wahrheiten angenommen, welche so simpel sind, daß niemand daran zweifeln kann (ohne den Grund, warum
wir ihnen Beifall geben, weiter zu untersuchen) so
würde ihr Verfahren nur wenig Einwürfen ausgesezt gewesen seyn.   Alles, was hätte gesagt werden können, wäre gewesen, daß sie ohne Noth eine
Neuerung in dem recipirten Sprachgebrauche gemacht haben.   Denn nie hat jemand geleugnet, daß
es für sich selbst evidente Wahrheiten gibt und daß
diese als der Grund alles unsers Räsonnements angenommen werden müssen. —   Es ist wirklich zu ver-
wun-

wundern, daß Beattie und Oswald sich so viele Mühe geben, dieß zu beweisen. — Wenn wir aber
den Geist ihrer Schriften näher betrachten, so zeigt
sich, daß sie etwas anders versprechen, als thun.
Sie sprechen von der Nothwendigkeit, Axiome
überhaupt, als die Fundamente alles Räsonnements, anzunehmen, aber sie empfehlen besondere
Säze als Axiome, nicht als wenn sie auf der Wahrnehmung der Uebereinstimmung oder Nichtüberein-
stimmung gewisser Ideen beruhten, welches lockes
große Lehre ist, die auch die Wahrheit von der nothwendigen Natur der Dinge abhängig und zu etwas
Absoluten, Unwandelbaren und Ewigen macht —
sie nehmen vielmehr gewisse unerklärliche instinctartige
Ueberzeugungen als Axiome an, die von der will-
führlichen Beschaffenheit unsrer Natur abhängen,
wodurch die Wahrheit ein Ding wird, das sich
blos auf uns bezieht, folglich höchst schwankend
und willkührlich ist. Dieses System läßt kein Berufen auf die Vernunft zu, und unterwirft sich
nicht der freien Untersuchung und Prüfung jeder Person; im Gegentheil darf nach demselben jedermann
sich für autorisirt halten, über jede Frage, seiner gegenwärtigen Empfindung und Ueberzeugung gemäß
zu entscheiden; mit dem Gedanken, daß das, was
er bestimmt, etwas Ursprüngliches, Instinctartiges,
leztes und Unwidersprechliches ist, ob es gleich, näher
analysirt, als ein bloßes Vorurtheil und eine Geburt
des Irrthums erscheinen mag. Vielleicht glauben
manche, daß dieser Fehler blos in das Gebiet der

Q 2   Meta-

Metaphyſik gehört und für die Menſchheit von keiner
Wichtigkeit iſt, aber er hat allerdings ſehr ernſthafte
und beunruhigende Folgen: denn ſtatt zur Beſchei-
denheit, Vorſicht und Geduld in der Unterſuchung
der Wahrheit zu leiten, flößt er nothwendig Eigendünkel ein und leitet zur Arroganz und Inſolenz gegen andere, die unſern Meinungen widerſprechen,
als Perſonen, die einen Fehler in der Einrichtung
ihrer Natur, die keinen gemeinen Menſchenverſtand
haben, und alſo nicht mit Gründen beſtritten, ſondern als Idioten oder Wahnſinnige behandelt werden müſſen. — Dieſe Einwürfe gehen wider den
allgemeinen Geiſt und Plan Beatties und Oswalds. Aber ein beſonderer Einwurf gegen ſie
ſowohl, als gegen Reid iſt der, daß ſie gewiſſe Elemente der Erkenntmiß zu voreilig angenommen haben,
und bei gewiſſen Maximen, als durch ſich ſelbſt evidenten Wahrheiten, ſtehen geblieben ſind, von welchen einige ſo wenig durch ſich ſelbſt evident ſind, daß
ſie vielmehr falſch und einer befriedigenden Widerlegung fähig ſind. Da niemand auf ein natürliches
Recht Anſpruch machen kann, die Glaubensartikel
für einen andern feſtzuſezen, ſo lehren jene Philoſo-
phen zugleich die Ungläubigen und autoriſiren ſie
durch ihr Beiſpiel, den Grundſäzen der Religion
eben den kurzen und oberflächlichen Proceß zu machen
und ohne weiters zu erklären, daß es ihnen ungereimt und lächerlich ſcheine, ſie für wahr und göttlich
zu halten. — Es iſt auch wider allen Sprachge-
brauch, das Vermögen, durch welches wir die Wahrheit

heit erkennen, einen Sinn (sense) zu nennen. Ein Sinn bezieht sich auf Gefühle, die immer blos relativ sind und durch welche man nichts über die Natur der Dinge bestimmen will — die Wahrheit aber ist etwas Absolutes. — Am strengsten wird Oswald von Priestley beurtheilt. Priestley thut beinahe nichts, als daß er einzelne Stellen aus dessen Schrift zusammenstellt, um die Widersprüche dieses Schriftstellers ins Licht zu setzen [181]).

Einige Jahre nachher setzte Priestley Humen eben die Philosophie entgegen, die er vorher wider dessen ungeschikte Gegner gebraucht hatte [182]) Er behandelte diesen weit stärkeren Gegner beinahe mit

Q 3 noch

181) Schon vor den drei Schottischen Philosophen hatten Price Review of the principal questions and difficulties in morals 1758. und Harris Hermes or a philosophical inquiry concerning universal grammar, edit. 4. London 1786. p. 392. ff. ganz ähnliche Ideen geäussert. Vergl. Priestley Examination p. 319. sqq. Von der Berufung auf den gemeinen Menschenverstand in der Philosophie siehe auch Beguelins Essay sur les justes bornes qu'on doit assigner aux speculations metaphysiques in Nouveaux Memoires de l'Academie de Berlin 1780. und Eberhards vermischte Schriften 1. Thl. Halle 1784. S. 137-176. Eberhard bemerkt zu Ende dieser Abhandlung, daß Beattie, Reid und Oswald, indem sie den Urtheilen des dunkeln Gefühls die Gültigkeit der Axiome geben, theils zu einer feinen Schwärmerei, theils zu einer Art Skepticismus leiten.

182) Letters to a philosophical unbeliever Part. I. containing an examination of the principal objections to the doctrines of natural religion and especially those contained in the writings of Mr. Hume. By Jos. Priestley, Bath 1780. übers. Leipzig 1782.

noch weniger Achtung, als er vorher das Schottische
philosophische Triumvirat behandelt hatte. Er miß-
versteht ihn sehr oft und widerlegt ihn mehr mit Declamationen, Machtsprüchen und Grobheiten, als
mit Gründen. Er dehnt seine nachtheiligen Urtheile
über Hume so weit über den Streitpunct, von welchem die Rede ist, aus, und läßt ihm so wenig litterarisches Verdienst übrig, daß man sich fast nicht
enthalten kann, eine geheime Einwirkung der Triebfeder der Eifersucht zu vermuthen.   Uebrigens erscheint Priestley in diesen Briefen als nachdrüklicher
und ernster Vertheidiger der Religion sehr ehrwürdig, und in vielen Stellen, besonders da, wo er nicht
widerlegt, sondern allein aus der Fülle seines Genies
schöpft, als scharfsinniger und wahrheitsliebender
Weltweiser. Er schließt die Quellen des neueren
Unglaubens und Skepticismus auf eine sehr interessante Art auf.   Er gebraucht die Hartleyische Lehre
von der Association der Ideen mit viel Scharfsinn,
um Hume's Lehren zu bestreiten.   Er nimmt sich
mehr als die vorhergehenden Gegner die Mühe, Hume's Versuche im Detail zu prüfen.   Er sagt viel
Gutes gegen das Systeme de la nature.

Bei allem Eifer, mit welchen Priestley Hartleys Theorie zur Widerlegung des Skepticismus gebraucht und sie überhaupt als das schönste Product
der Philosophie geltend zu machen gesucht hat, scheint
sie doch in England keine großen Fortschritte gemacht
zu haben, und die Vertheidiger der Philosophie des
gemeinen Menschenverstandes scheinen wenigstens bei
dem

dem größern Theile über die Hartley und Priestley
sowohl als über die Humen zu siegen.   Auch Stewart folgt noch meist Reids Grundsazen, nur mit
der Einschränkung, daß er Hume's Ideen über die
Caußalität für gegründeter hält, als ihm seine Gegner eingestanden hatten, zugleich aber behauptet, daß
die bescheidene Anwendung derselben dem Deismus
mehr günstig als nachtheilig sei.   Er glaubt, daß
wir wirklich niemals erweisen können, daß das, was
in der Natur verbunden sei, nothwendig verknüpft
sei, schließt aber eben daraus, daß uns die Natur auf
den Glauben an eine Gottheit leite, welche jene Lüke
gleichsam ausfülle, wozu uns auch die Geseze unsers
Denkens und die zwekmäßige Einrichtung der Natur
hintrieben [183]).   Aber nimmt Stewart auf diese Art
nicht einen Begriff von Caußalität zulezt unvermerkt
wieder an, welchen er vorher mit Humen aufgehoben
hatte?

In Frankreich ereigneten sich ohngefähr um
eben die Zeit, da Hume in England als Schriftsteller zu wirken anfieng, Veränderungen in der Philosophie, welche nach und nach höchst wichtige Folgen
für die herrschende Denkart und den Staat nach sich
gezogen haben.   Die Theologie hatte bisher in diesem Lande sich die Philosophie dienstbar gemacht, und
die lezte hatte bei weitem nicht die reifen Früchte ge-

Q 4   tra-

183) Elements of the philosophy of the human mind. By
    Dugald Stewart, Professor of moral philosophy in the
    Vniversity of Edinburgh, London 1792. 4.

tragen, die sie in Großbritannien und Deutschland
hervorgebracht hatte.   Malebranche war der lezte
philosophische Schriftsteller von großer Bedeutung
gewesen, und hatte Genie genug gehabt, um selbst
in den Fesseln des Kirchenglaubens der Philosophie
ein daurendes Denkmal zu errichten.   Die Philosophie hatte aber in diesem Reiche noch andere Feinde
an gewissen Regierungsmaximen und politischen Absichten, die mit ihr durchaus nicht bestehen konnten.
Izt fieng sie an, sich hie und da gegen die herrschende
Theologie und Politik aufzulehnen, und zeigte wirklich ihre Kräfte zuerst mehr in Bestreitung des Angenommenen als in der Festsezung eigner Lehren und in
der Aufbauung von Systemen.   Die herrschende
Parthie merkte die ihr drohenden Gefahren auch bei
dem leisesten Laute, den die Philosophie gegen sie erhob und verrieth durch Verfolgungen mit Feuer und
Schwerdt eine Furchtsamkeit, welche gewöhnlich mit
einer blos willführlich gegründeten Macht verbunden
ist.   Der Name Philosophen wurde mit einer
beschimpfenden und herabsezenden Nebenbedeutung
gestempelt, und wie der Name einer neuen, vorher
unbekannten Secte gebraucht, welche dem Staate
gefährlich wäre [184].   Es entstand ein langer Streit
zwi-

---

184) Vergl. La Vie de Voltaire, par M***. à Geneve
1786. chap. XVII.   Hier heißt es unter andern: Depuis
plusieurs années on voyait en France une cabale impu-
dente et méprisée, qui affectait de parler des philosophes comme d'une faction dangereuse à l'état. La plu-
part des aboyeurs, qui formaient cette cabale, etaient
des

zwischen diesen Philosophen und einer entgegengesezten Parthie, die aus Menschen von allen Ständen
bestand. Die Philosophen, obgleich gering an der
Zahl und verhältnißmäßig schwach an Kräften; haben nach und nach so kräftig zur Untergrabung der
alten Denkart und der geistlichen und weltlichen Ari-
stocratie mitgewirkt, daß ohne sie die beispiellose Revolution unsrer Tage wohl schwerlich hätte zu Stande
kommen können. Die Parthie der Philosophen
wurde durch den Druk und durch andere Ursachen,
unter welchen gewiß auch die Sittenverdorbenheit
angeführt werden darf, auf Extreme getrieben. Der
dogmatische Atheismus, die Bestreitung der reinen
Moral, die Herabwürdigung des Menschen zu einem
bloßen Naturwesen, die Ideale von Cosmopolitis-
mus, Freiheit und Gleichheit, die wohl auch ein gutes Herz in der Vorstellung vergnügen können, aber

Q 5   in

des littérateurs médiocres, qui par leur clameur cher-
chaient a faire leur cour à des devotes en crédit, pour
avoir quelque pension ou quelque bénéfice. A force
de crier, ils parvinrent a rendre suspects ceux qui cul-
tivaient paisiblement la philosophie. C'est eux qui
plongerent dans le donjon de le Vincennes célebre D i d e -
r o t, qui provoquerent le décret de prise de corps contre R o u s s e a u, et la suppression de l'E n c y c l o p é -
d i e, ce vaste dépôt de toutes les connoissances humaines, qui armerent les gens de loix contre le vertueux
et honête H e l v e t i u s, le quel ne desarma ses juges
qu'en leur demandant pardon d'avoir scandalisé les
faibles. Ce furent encore ces energumenes qui attire-
rent l'arrêt qui fit brûles le p r é c i s d u c a n t i q u e
d e s c a n t i q u e s, et le beau requisitoire, qui deman-
da cet arrêt.

in der Ausführung leicht blos eine Maske der Immoralität werden, waren Erscheinungen, die der neuen
Philosophie zu keiner Empfehlung hätten gereichen
sollen, aber bald in einem sehr großen Kreise wirkten und bei vielen zu einer mehr als blos vorüberge-
henden Mode wurden. Verschiedene dieser Philosophen haben den Skepticismus entweder mittelbar
befördert, oder sich selbst nicht undeutlich zu demselben bekannt. Zu den ersten gehört unstreitig Helvetius [185]), der alle Wirkungen der Seele auf sinnliche Empfindungen reducirte und dadurch gerade,
wie in alten Zeiten Protagoras und Democrit, alles
ungewiß machte. Er erklärte ausdrüflich alle Begriffe vom Guten und Bösen für schwankend, verän-
derlich und willkührlich, und alle Tugend für Wirkung des Eigennuzes, wodurch er alle Fundamente
der Moral zerstörte und sprach der Religion alle
Kraft zur Besserung des Menschen ab. Helvetius
selbst war unstreitig tugendhafter und religiöser, als
sein System mit sich brachte und sah die gefährlichen
Folgen desselben nicht ein. Es erhielt einen reissen-
den Beifall, und hat unleugbar einen sehr weit aus-
gedehnten schlimmen Einfluß gehabt. Diderot,
der nicht so hinreissend, aber mit einem gebildeteren
Geschmake, mit mehr Kenntniß und philosophischem
Scharfsinne schrieb, als Helvetius, vertheidigte
zwar die Sache der Tugend mit Ernst und Würde,

185) de l'esprit, Paris 1759. de l'homme, Paris
1773.

be ¹⁸⁶), aber suchte die erſten Gründe aller Religion
unter einer allegoriſchen Hülle zweifelhaft zu ma=
chen ¹⁸⁷). D'Alembert war gleichfalls in Anſe=
hung der Religion ſo wie der meiſten metaphyſiſchen
Fragen ein Skeptiker, ob er ſich gleich dazu nicht
offen bekannte ¹⁸⁸). Die beiden zulezt genannten
Weltweiſen waren die vornehmſten Verfaſſer und
Unternehmer der berühmten Encyclopädie,
in welcher viele Artikel offenbar dahin berechnet ſind,
den Religionsſkepticismus und Indifferentismus zu
begünſtigen ¹⁶⁹).

Vol=

186) Principes de philoſophie morale ou Eſſay ſur le
merite et la vertu.

187) Lettres aux aveugles à l'uſage de ceux, qui vo-
yent — a Paris 1749.

188) Oeuvres poſthumes du Roi de Pruſſe T. IV. Lettre LXI. er LXVIII.

189) S. Lettres critiques d' un voyageur anglois ſur l'ar-
ticle Geneve du dictionnaire encyclopédique er ſur
la lettre de Mſr. d'Alembert à Mſr. Rouſſeau, tou-
chant les ſpectacles, a Tomes 1766. Dieſe Briefe ent=
halten Manches über die Zwefe der Encyclopädie und die
Geſichtspuncte, aus welchen ſie beurtheilt werden müſſ, was
eben nicht ſehr bekannt iſt — nur ſind die Urtheile oft in
bitter und argwöhniſch. Folgende Stelle aus T. I. p. 14.
verdient zu unſerm Zwefe bemerkt zu werden. On a em-
ployé à cette entreprise beaucoup de demiſavants peu
profonds dans la matiere, qu' ils traitent, et par préfé-
rence les amis de deux préſidens afin d'entrer dans
leur vues. Delà tant d'articles defectueux parmi pluſieurs qui ſont bons. Dela tant d'inutilités, tant
de choſes mal expliquées tant d'erreurs admiſes
dans certe compilation ſi vantée, qui ne devoit
être qu'un heureux choix des vérités connües. Delà
enfin

Voltaire, der, als Weltweiser betrachtet, weit besser herrschende Vorurtheile und Irrthümer bestreiten, als neue Wahrheiten entdeken konnte, und überhaupt in der Geschichte der Philosophie höchstens als ein Popularphilosoph bemerkt zu werden verdient, der in einem größern Kreise wirkte, als vielleicht irgend ein Weltweiser dieses Jahrhunderts, —— Voltaire also hat die Welt über seine Religions-grundsäze irre gemacht. Bald vertheidigt er den Deismus, bald scheint er dem Atheismus das Wort zu reden, bald drükt er sich ganz skeptisch über die Religion überhaupt aus [19]). Unglaube und Skepticismus hatten sich durch diese Schriftsteller und durch andere Ursachen weit auch ausser den Grenzen ihres

enfin tant d'endroits visiblement calculés et combinés pour introduire et favoriser le Scepticisme et l'Indifferentisme en matiere de religion. L'on a assez devoilé l'artifice avec lequel ces Messieurs, sans heurter de front la religion, l'attaquent par des souterrains, en renvoyant le lecteur à certains articles tres mauvais, qui donnent la clé du langage vague, qu'ils se sont crûs obligés de tenir ailleurs par politique et par bienséance. On m'a aussi fait observer à Geneve une chose presqu' imperceptible, qui aide à deceler leur tour d'esprit, Dans l'articles Feuilles ils ont copié mot à mot plusieurs pages du livre de Msr. Bonnet, en le citant avec honneur; mais avec l'affectation de substituer au mot Dieu celui de Nature, au mot Providence celui de Loix generales.

190) Man sehe z. E. die Questions sur l'Ecyclopédie — die Lettres de Memmius à Ciceron — das Dictionnaire philosophique portatif — das Evangile du jour — in verschiedenen Stellen. —

ihres Vaterlandes verbreitet, als in einer benachbar-
ten kleinen Republik, die seit mehreren Jahrhunderten die fruchtbare Mutter großer Geister gewesen war
und über die Natur Vorzüge aller Art schon lange
verschwendet hatte, ein großer philosophischer Geist
aufstand, welcher die reine Religion und Moral der
Vernunft und die reine Lehre Jesu gegen Skepticismus und Unglauben zu einer Zeit zu vertheidigen
wagte, wo es unter den sogenannten Aufgeklärten für
schwach und unphilosophisch gehalten wurde, es zu
thun. Er that es mit einer so hinreißenden und ge-
dankenvollen Beredsamkeit, als vielleicht vor und
nach ihm kein Schriftsteller erreicht hat, und wür-
digte den ächt moralischen und religiösen Geist des
Evangeliums weit richtiger, als alle Theologen und
Nichttheologen seines Zeitalters ''). Rousseaun verdient Bonnet an der Seite zu stehen — der Ein
Vater-

191) Man sehe S. 40 ff. dieser Schrift, wie Rousseau von dem
Unglauben und dem Skepticismus seines Zeitalters urtheilte,
und wie seine eigene bessere Denkart sich bildete. Ich setze
hier noch die Stelle aus einem Briefe an Vernes hinzu in
Oeuvres diverses, Deux Ponts 1782. T. I. p. 273. J'ai de
la religion, mon ami, et bien m'en prend; je ne crois pas
qu' homme au monde en ait autant besoin que moi. J'ai
passé ma vie parmi les incredules, sans me laisser ébrauler;
les aimant, les estimant beaucoup sans pouvoir souffrir
leur doctrine. Je leur ai toujours dit, que je ne les savoir pas combattre, mais que je ne voulois pas les croire;
la philosophie n'ayant sur ces matieres ni fond ni rive,
manquant d'idées primitives et de principes elementaires,
n'est qu'une mer d'incertitudes et de doutes, dont
le Metaphysicien ne se tire jamais. J'ai donc laissé là
la raison et j'ai consulté la nature, c'est à dire, le sentiment

Vaterland mit ihm theilte und Eine gute Sache mit
ihm vertheidigte — ein ruhigerer, weniger ehrgei-
ziger und praktisch-weiserer Philosoph, ein größerer
Naturforscher, ein glaubigerer und frömmerer Christ,
der in einem kleineren Kreise, aber doch unfehlbar
des Wahrhaft-Guten mehr wirkte, als Rousseau,
indem dieser vor manchen Folgen seiner Schriften
schaudern müßte, wenn sie noch zu seiner Kenntniß
hätten gelangen können.   Bonnet als Metaphysiker
folgte am meisten dem lockischen Empirismus, jedoch
nicht ohne deutliche Vermischung mit dem leibnizischen Spiritualismus.   Ohne Materialist zu seyn,
trieb er die physischen Erklärungen psychologischer
Erscheinungen weiter, als vor ihm je geschehen war,
und, ohne dem Systeme des Helvetius anzuhängen,
reducirte er am Ende alle Seelenwirkungen auf Empfindungen, wodurch er in der Geschichte des
Skepticismus aufs neue merkwürdig wird.   In dem
lezten kömmt auch Condillac mit ihm überein, der
übrigens schon lange vor ihm geschrieben hatte [192]).
Dieser schäzbare Weltweise verwarf jene stolze Meta-
phy-

timent intérieur, qui dirige ma croyance, independam-
ment de ma raison. Je leur ai laissé arranger leurs chan-
ces, leurs sorts, leur mouvement necessaire ; et tandis
qu'ils batissoient le monde à coups de dez, j'y voyois
moi cette unité d'intentions, qui me faisoit voir en
depit d'eux un principe unique. —

192) Essai sur l'origine des connoissances humaines.
Ouvrage où l'on reduit à un seul principe tout ce qui
concerne l'entendement humain, 2 Tomes, à Amsterdam 1746.

physik, die alle Geheimnisse, die innere Natur der
Dinge, die verborgensten Ursachen durchdringen will
und liebte jene bescheidenere, die sich in den Schran=
ken hält, welche dem menschlichen Geiste vorgeschrie=
ben sind.　Er hielt Locken für den einigen Philo=
sophen, der sich mit der lezten so wie es die Wichtig=
keit des Gegenstandes verdiente und mit glüklichem
Erfolge beschäfigt habe.　Die Descartes, Male=
branche und Leibnize befriedigten ihn nicht und schie=
nen ihm mehr Hirngespinnste als wahre Systeme
erschaffen zu haben.　Er hielt das Studium des
menschlichen Geistes für dasjenige Objekt, von wel=
chem alle gesunde Philosophie ausgehen und welches
sie nie aus den Augen verlieren müsse, nicht um die
Natur unsers Geistes zu erforschen, sondern um seine
Wirkungen kennen zu lernen, um zu beobachten, wie
sie sich combiniren, und wie wir sie leiten müssen,
um alle die Kenntniß und geistige Bildung zu er=
werben, deren wir fähig sind.　Er hielt es für noth=
wendig, auf den Ursprung unserer Ideen zurückzuge=
hen, ihre Erzeugung zu enthüllen, und sie bis zu
den Grenzen zu verfolgen, welche die Natur ihnen
vorgeschrieben hat — endlich eben dadurch die Aus=
dehnung und die Schranken unserer Kenntnisse zu
bestimmen und so den menschlichen Verstand gleich=
sam aufs neue zu schaffen.　Zu diesem Zweke sah er
nur einen Weg — die Beobachtung unsrer
selbst, und dahin, glaubte er, müsse der Philosoph
am meisten streben, eine erste Erfahrung zu
entdeken, die niemand in Zweifel ziehen könne und
die

die hinreiche, um alle übrigen zu erklären. Diese erste Erfahrung müsse auf die Quelle unsrer Kenntnisse leiten und zeigen, welches die Materialien derselben seien, durch welches Princip sie in Thätigkeit gesezt werden, welche Mittel wir dazu gebrauchen und auf welche Weise man sich derselben bedienen müsse. Condillac glaubte die Auflösung aller dieser Probleme in der Verknüpfung der Ideen theils unter sich selbst, theils mit ihren Zeichen gefunden zu haben. Seine Hauptabsicht gieng dahin, alles, was den menschlichen Verstand betrift, auf Ein Princip zurüfzuführen und dieß Princip war, wie er sagt, kein vager Saz, keine abstracte Maxime, keine willführliche Voraussezung, sondern eine sich immer gleiche Erfahrung, deren Folgen durch neue Erfahrungen bestätigt werden. Er glaubt bewiesen zu haben, daß sich die Ideen mit ihren Zeichen und allein durch dieses Mittel unter sich selbst verknüpfen. Er betrachtete die Perception [193]) als die erste Operation, die man in der Seele bemerken könne und welche alle übrigen hervorbringe. Er hielt es für erwiesen, daß alle unsre Kenntnisse von den Sinnen kommen. Er hielt sich für einen wahren Verbesserer des lockischen Systems, vorzüglich durch seine Untersuchung über das Verhältniß der Sprache zu unsern Ideen und durch Ableitung aller Operationen

unsrer

---

193) La perception ou l'impression occasionnée dans l'ame par l'action des sens est la premiere operation de l'entendement p. 24. T. I.

unsrer Seele von einer simplen Perception ¹⁹⁴). Condillac's System ist ungemein simpel und scharfsinnig,
aber es ist einseitig und unvollständig, betrachtet den
Menschen am Ende blos als sinnliches Wesen und
schließt den Ursprung gewisser von der Sinnlichkeit
unabhängiger Ideen in uns durchaus nicht auf.

Ehe wir uns nach Deutschland wenden, müssen wir noch bemerken, daß schon in den Jahren
1725 und 1733 ein Lehrer der Philosophie zu Lau-
sanne über die Quellen des Pyrrhonismus sehr lehr-
reiche Betrachtungen anstellte und die Schriften des
Sextus, Bayle und Huet einer ausführlichen Prüfung unterwarf, die sich aber zu wenig an feste Principien hält und zu declamatorisch ist, als daß sie
hier näher dargestellt zu werden verdiente ¹⁹⁵).

In Deutschland nahm die Geschichte der
Philosophie eine andere Wendung, als in Großbri-
tan-

---

194) Man sehe besonders die Introduction T. I. p. XVI. sqq.
Er sagt hier sogar: Peut être même que le dessein d'ex-
pliquer la generation des opérations de l'ame, en les
faisant naitre d'une simple perception, est si nouveau,
que le lecteur a bien de la peine à comprendre de
quelle maniere je l'executerai.

195) La Logique ou systeme de reflexions, qui peuvent
contribuer à la netteté et à l'étendue de nos connoissances par I. P. de Croufaz, 1725. T. III. Part. II.
Chap. IV.   Examen du Pyrrhonisme ancien et moderne.
à la Haye 1733.   Von dem letzten Werke ist eine von Croufaz selbst approbirte aber das Original sehr abkürzende Uebersetzung erschienen: Prüfung der Secte, die an allem zweifelt. Mit einer Vorrede des Herrn von Haller. Göttingen 1751. Von eben diesem Werke ist Formey's Tri-
omphe de l'évidence fast nur ein Auszug.

tannien und Frankreich. Leibniz fand einen Schüler und Anhänger, der seine Philosophie nicht nur
weiter verbreiten, sondern auch weiter entwikeln, ver-
bessern, neue Systeme aus ihr schaffen konnte und
ihr durch anderweitige große Verdienste einen neuen
Glanz zu verschaffen wußte. Christian Wolf
führte in die Philosophie eine Gründlichkeit, eine
Klarheit, einen systematischen Geist und eine Be-
stimmtheit ein, die sie vorher noch nicht gehabt hatte.
Er wirkte durch seine Philosophie nach und nach auf
alle Wissenschaften und unter allen Ständen, und
selbst auf die herrschende Denkart seiner Nation. In
seinen Schriften lagen Keime zu noch künftigen Auf-
klärungen in Religion und Gesezgebung — diese
Keime haben sich entwikelt — aber eine undankbare
Nachwelt hat die Verdienste ihres Wohlthäters nur
gering gewürdigt oder gar vergessen. Wolf strebte
nach dem höchsten Grade der Gewisheit in der Philosophie, und brachte sie wirklich auch im Ganzen zu
einer größeren Gewisheit, als sie vorher gehabt hatte,
wiewohl er dadurch, daß er mehr darinn demonstriren
wollte, als der Mensch demonstriren kann, die Philosophie eines Theils um nichts weiter brachte. „Im
künftigen Systeme der Metaphysik — sagt ein Weltweiser, der für sein Zeitalter und ohnezweifel noch
für eine späte Nachwelt mehr als Wolf ist — müssen wir dereinst der strengen Methode des berühmten
Wolf, des größten unter allen dogmatischen Philosophen folgen, der zuerst das Beispiel gab, (und
durch dieß Beispiel der Urheber des bisher noch nicht
erlo-

erloschenen Geistes der Gründlichkeit in Deutschland
wurde) wie durch gesezmäßige Feststellung der Principien, deutliche Bestimmung der Begriffe, versuchte Strenge der Beweise, Verhütung kühner
Sprünge in Folgerungen, der sichere Gang einer
Wissenschaft zu nehmen sei, der auch eben darum eine
solche, als Metaphysik ist, in diesen Stand zu versezen vorzüglich geschikt war, wenn es ihm beigefal-
len wäre, durch Critik des Organs, nämlich der reinen Vernunft selbst, sich das Feld vorher zu bereiten: ein Mangel, der nicht sowohl ihm, als vielmehr der dogmatischen Denkungsart seines Zeitalters
beizumessen ist und darüber die Philosophen seiner
sowohl als aller vorigen Zeiten einander nichts vor-
zuwerfen haben.   Diejenigen, welche seine Lehrart
und doch zugleich auch das Verfahren der Kritik der
reinen Vernunft verwerfen, können nichts anders im
Sinne haben, als die Fesseln der Wissenschaft
gar abzuwerfen, Arbeit in Spiel, Gewisheit in
Meinung, und Philosophie in Philodoxie zu verwandeln."

Aus Wolfs Schule sind doch eigentlich die treflichen Weltweisen Baumgarten, Sulzer, Mendelssohn und Reimarus hervorgegangen, an
seinen Schriften haben sie sich gebildet, ohngeachtet
jeder dieser Männer ein Selbstdenker war und sich
neue Verdienste um die Aufklärung erwarb. Sulzer
verdient in dieser Geschichte noch besonders deswegen
angeführt zu werden, weil er die zu Hamburg erschienene Uebersezung von Hume's Schriften in dem

Thei-

Theile, welcher die Untersuchung über den menschlichen Verstand enthält, mit prüfenden Anmerkungen
begleitete, die aber mehr flüchtig higeworfene Einwürfe, als eine philosophische Widerlegung enthalten. Mehr Verdienst war vielleicht das, daß Sulzer dem steifen Dogmatismus und dem geschmaklosen
Pedantismus der meisten damaligen Philosophen in
Deutschland Hume's Zweifel zu bedenken gab und
seinen Geschmak in der Bearbeitung abstracter
Materien dringend empfahl ¹⁹⁶). Mendelssohn
trug über Evidenz, Wahrheit und Gewisheit und
die Grade derselben in verschiedenen Wissenschaften
in seinem classischen Geschmake Grundsäze vor, die
nur wenige ganz befriedigten und es schärferen Denkern ganz deutlich bewiesen, daß die alte Philosophie
nicht mehr hinreiche, und daß festere, allgemeinere
Principien und neue Untersuchungen erfordert wer=
den, wenn sich Philosophie als Wissenschaft unter so
vielen neuen Zweifeln und unter so manchen neuen
Ideen und Einsichten, die sich verbreitet hatten, erhalten sollte ¹⁹⁷). Reimarus vertheidigte die
Wahrheiten der natürlichen Religion unter andern
auch

196) Vergl. Blankenburgs Nachrichten von Sulzers Leben und seinen sämmtlichen Werken in der Ausgabe der ver-
mischten Schriften desselben zweiter Theil, Leipzig 1781.
S. 66. ff.
197) Mendelssohn Preisschrift über die Evidenz in den
metaphysischen Wissenschaften. — Vergl. Morgenstunden
oder Vorlesungen über das Daseyn Gottes, Berlin 1785.
S. 5 - 114. und Jakobs Prüfung derselben sammt Kants
Vorrede.

auch gegen die Einwürfe französischer und englischer
Ungläubigen und Zweifler mit einem so ruhigen
philosophischen Geiste, mit so viel Einsicht und
Gründlichkeit, als vorher vielleicht noch nie geschehen war.

Zwei Umstände sind es vorzüglich gewesen, welche in Deutschland eine große Veränderung in der
Philosophie hervorgebracht und das Ansehen des
Wolfischen Dogmatismus vermindert haben — das
Studium der Schriften neuerer englischen und französischen Philosophen und die Erscheinung eines philosophischen Königs auf dem Throne von Preußen.
Der erste Umstand machte die deutschen Philosophen
mit vielen Einwürfen gegen die dogmatische Metaphysik bekannt, erzeugte eine Neigung zur Popularität in der Philosophie und erwekte den deutschen
Nachahmungsgeist. Der deutsche Weltweise nahm
aus diesen und jenen Systemen und wollte izt das
erstemal seine Wissenschaft auch schön und geschmakvoll vortragen. Es entstand eine Art von Electicismus, der den Partheigeist verminderte und philosophische Bescheidenheit empfahl, aber oft auch die
Wirkung hatte, daß inconsequente Systeme entstanden, daß Systeme untereinander gemengt wurden,
die nicht neben einander bestehen können, daß die
Philosophie immer schwankender und seichter wurde
und sich von der Vollkommenheit einer Wissenschaft
immer mehr entfernte. Die Geschichte der Philosophie wurde izt weit sorgfältiger erforscht und
allgemeiner studirt, als vorher je geschehen war, und

R 3   bei

bei vielen verwandelte sich das Studium der Philosophie in ein Studium ihrer Geschichte — ein deutlicher Beweis, wie sehr der Hang zum Dogmatismus gesunken war und wie wenig Hofnung man heg-
te, ein zugleich festes und dem Geiste des Zeitalters
angemessenes System zu schaffen. Friedrich der
Große versammelte eine Zahl fremder Philosophen
um sich, die, wie er, und wohl zum Theil blos aus
Schmeichelei und eigennüzigen Absichten, den Unglauben und Skepticismus laut bekannten — ein
Umstand, der bei der Neuheit der Sache, der be-
wunderten Größe Friedrichs und der damaligen blin-
den Anbetung der Könige auf die ganze Denkart des
Zeitalters einen beinahe zauberischen Einfluß hatte.
Unter den Weltweisen, welche Friedrich umgaben,
hat sich keiner so ausdrüklich und so offen zum Skepticismus bekannt, als D'Argens, der Verfasser
einer Philosophie des gemeinen Menschenverstandes, die mit seichter Popularität geschrieben und auch nicht einmal für Frauenzimmer und
Cavaliere, denen sie bestimmt war, gut ist, weil
sie von Gelehrsamkeit strozt [198]). Er sucht darinn
vornehmlich die Ungewisheit der Geschichte —
dieß ist wohl der beste Theil der Schrift — der Logik, der Physik, der Metaphysik und der
Astrologie darzuthun, ohne eigentlich neue und
ächt-

198) La philosophie du bon sens ou reflexions philosophiques sur l'incertitude des connoissances humaines,
A l'usage des Cavaliers et du beau sexe —
8. odit. à Dresde 1754. II. Tomes.

ächtphilosophische Gründe dagegen vorzubringen.
Am meisten Ehre macht es ihm, daß er bei der Moral des Lebens seinem Zweifel ein ehrerbietiges
Stillschweigen auferlegte. Ueberhaupt gieng sein
Skepticismus mehr gegen die gewöhnlichen Anmaa-
sungen der Gelehrten und gegen die Wissenschaften,
als gegen die menschliche Kenntniß überhaupt [199].
Merkwürdiger, obgleich weniger bekannt ist es, daß
in eben diesem Lande ein großer und geistvoller Got-
tesgelehrter sich zu einem beinahe uneingeschränkten
Pyrrhonismus bekannte [200]. Vernunftmäßig nannte er ihn deswegen, weil er gewisse Wahrscheinlich-
keiten und Grade derselben zugab und gewisse unzwei-
felhafte erste Grundsäze behauptete. Die Schrift
ist sehr angenehm und in einer muntern skeptischen
Laune geschrieben. Sie enthält wirklich manche
neuen und unerwarteten Bemerkungen. Sie greift
alle Systeme, vornemlich das Wolfische an. „Aristoteles, heißt es irgendwo (§. 69.), hat viele Anhänger viele Jahrhunderte hindurch gehabt. —
Dennoch ist die Zeit seines Falls gekommen und
Descartes hat ihm den lezten Stoß gegeben. Der

N 4			Ruhm

198) Der Verfasser der Vie de Voltaire p. 182. charakterisirt
diesen Mann so: Quant à d'Argens, il était chargé d'une
vaste érudition, mais d'un caractere facile: comme philosophe doutant de tout, comme homme de société
croyant tout, et se livrant par foiblesse de caractere au
sentiment de tous ceux qui lui parlaient. On avoit
toujours raison avec lui.
200) Le Pyrrhonisme raisonnable par Msr. de Beausa-
bre — Deutsch: Hildburghausen 1783.

und der Mensch diese nicht voraussehen und genau
bestimmen könne. Dieser Grund ist ganz seicht,
weil er auf falschen Begriffen von Moralität beruht,
aber wichtiger sind die Einwürfe, daß wir die Be-
weggründe, aus welchen wir handeln, und überhaupt die Bewegungen unsers Gemüths so wenig kennen, daß wir nicht wissen, wie weit uns unsre Vor-
urtheile und unsere Schwäche rechtfertigen können,
und daß die Collisionen der Pflichten für die meisten
Menschen, ja gewisse für alle unauflöslich sind. Folgende Bemerkung am Ende dieser Schrift frappirt
nicht weniger: „Die Ungewisheit unsrer Erkenntnisse soll uns nicht in Verlegenheit sezen: ihre Güte
und ihr Nuzen werden davon nichts zu leiden haben.
Die Gewisheit ist eben nicht das Nüz-
lichste, was sich in denselben für uns findet. Die Schwierigkeit, deutlich zu erkennen, ist
ein Ruf der Natur, der uns an unsre Schwäche
und an die Vorsicht erinnert, die wir anzuwenden
haben."

Der Hang zum Skepticismus zeigte sich izt auch
in andern Theilen von Deutschland in verschiedenen
Schriften. Er zeigte sich z. E. nicht unbeutlich in
Lossius physischen Ursachen des Wahren,
und schon in der ersten Ausgabe von Platners philosophischen Aphorismen. Auch wurde izt in
den logischen Systemen und Lehrbüchern weit mehr
Rüksicht darauf genommen, als vorher, wobei ich
nur an die vortreflichen Erörterungen in Lamberts
Organon und in Febers Lehrbüchern erinnern will.

R 5   Aber

Aber kein Schriftsteller hatte von der einen Seite mehr Rüksicht auf die Einwürfe der Zweisler und
das Unterscheidende der möglichen Systeme genommen, und von der andern Seite das menschliche Er-
kenntnißvermögen und die ganze menschliche Natur
tiefer ergründet, als Tetens in seinen philosophischen Versuchen über die menschliche Natur und ihre
Entwiklung, die im Jahre 1777 in zwei Bänden
herausgekommen sind. Es gehört nicht hieher den
Werth und Innhalt dieses Werks, so wie das Man-
gelhafte desselben, näher zu charakterisiren. Wir
bemerken es hier vorzüglich deswegen, weil dieser
verdienstvolle Weltweise zuerst unter uns gewisse Humische Ideen mit einem Scharfsinne geprüft hat, der
eines solchen Gegners würdig war, und weil er die
Lehre von der objectiven Wahrheit und dem Ursprunge unsrer Kenntnisse von der objectiven Existenz der
Dinge weit tiefer und genauer untersucht hat, als
vorher je geschehen war. Wider die Humische
Erklärung des Begriffs von Causalität wendete er
mit Recht ein, daß sie den Begriff nicht erschöpfe,
indem wir uns dabei nicht blos eine Verbindung,
sondern auch eine Abhängigkeit des Einen vom andern denken. Er bemerkte, daß wir die Ideen in
uns in einer nothwendigen Folge sehen und daß dieß
eigentlich unsere Vorstellung von ursachlicher Verbindung sei. Er machte auf die Beispiele aufmerksam, in welchen die subjective Verbindung der Ideen
aus einer nothwendigen Wirkungsart des Verstandes
entspringe und einen andern Grund habe, als die

Affo-

Association in der Erfahrungskraft — auf Fälle, wo
wir zusammengesezte Wirkung aus zusammengesezten
Ursachen erklären, und die Idee des vielfachen Effects
niemals mit der Idee der zusammengesezten Ursache
vorher associrt gewesen, sondern die Verbindung ein
Werk der Reflexion sei — endlich auf die Operation
unsers Verstandes, wo wir eine Wahrheit aus einer
andern herleiten. Er behauptete also, daß der Begriff der Causalität aus gewissen Ideenassociationen
abstrahirt wird, bei denen wir übrigens mehr als
bloße Folge und Verknüpfung bemerken. Obgleich
diese Entwiklung nicht ganz befriedigend war, so war
sie doch gegen den Humischen Begriff größtentheils
treffend ²⁰¹). Er nimmt an, daß die Empfindungen den Stoff zu allen Ideen hergeben, daß aber
die Form derselben von der Denkkraft abhänge.
Nachdem er den Ursprung unserer Kenntnisse von der
objectiven Existenz der Dinge auf eine sehr tiefsinnige
Art erläutert hat, so untersucht er die Wahrheit der
objectiven Erkenntniß. Unsere Kenntniß ist obje-
ctiv-wahr heißt nach seiner Bestimmung so viel, als
die Objecte müssen auf die Art, wie wir sie uns vorstellen, von jedem andern empfunden werden, der
einen solchen Sinn für sie hat, als wir, und die Beziehungen, die wir in unsern Impressionen wahrnehmen, sind dieselbigen, welche jedes Wesen, das die
Ob-

201) Flatts Fragmentarische Beiträge zur Bestimmung und
Deduction des Begriffs und Grundsazes der Causalität. —
Leipzig 1788. sind nicht nur für die Prüfung, sondern auch
für die Geschichte dieses Begriffs merkwürdig.

Objecte denkt, in den seinigen antreffen muß, vorausgesezt, daß seine Kenntniß so beschaffen sei, wie
die unsrige. Die nothwendigen Denkgeseze unsers
Verstandes sind, wie er behauptet, nicht nur subjective Geseze unserer Denkkraft, sondern jeder Denkkraft und die allgemeinen Vernunftwahrheiten nicht
nur Wahrheiten für uns, sondern für jede Vernunft.
Wir können uns keinen Verstand vorstellen, der wider das Princip des Widerspruchs denken könnte.
Dieß Princip ist also ein objectives Princip. Tetens widerspricht hier Lossius Behauptung, die übrigens schon Descartes nicht undeutlich geäussert hatte,
daß die Wahrheit nur Relation für den sei, der sie
denkt, und daß das Widersprechende nur für unsern
Verstand ungedenkbar sei. Eben so verfuhr Tetens mit andern subjectiv nothwendigen Grundsäzen.
Er berief sich darauf, daß wir immer, wo wir Theorieen auf wirkliche Objecte anwenden, vorausseznen,
daß das Wirkliche so beschaffen sei, wie die allgemeinen Begriffe es vorstellen. Dabei verfahre aber
der Verstand nach Gesezen, die wir für Geseze jeder
Denkkraft ansehen müssen — folglich seien die Wahrheiten, welche dabei angenommen oder vorausgesezt
werden, objective Wahrheiten. Was die sinnlichen
Objecte betreffe, so seie freilich ihre Kenntniß oft
bloß ein objectiver Schein, aber nothwendige Denkgeseze führen uns darauf, daß andere denkende unter
gleichen Umständen sich diese Objecte gleich vorstellen, daß diese Objecte mit gewissen Beschaffenheiten
ausser uns existiren, und daß gewisse Verhältnisse

der

Impreſſionen, bie wir empfangen, auch Verhältniſſe der Objecte ſelbſt ſind [202]). Auch ein nicht ſehr
ausſchweifender Skeptiker hätte doch gegen dieſe Deduction noch vieles einwenden können.

Tetens Werk hat die Wirkung zur Beförderung eines gründlichen philoſophiſchen Geiſtes und zu
einer heilſamen Revolution im Stubium der Philoſophie nicht gehabt, die man ſich von demſelben hätte
verſprechen ſollen.   Dieß iſt aber wohl nicht allein
Folge der Zeitumſtände geweſen, ſondern auch eines
nicht ſowohl dunklen, als matten, weitſchweifigen
und nicht ſehr natürlichen Stils und eine Anhäng-
lichkeit an dem lockiſchen Empirismus, der für die
Auflöſung der wichtigſten Probleme nicht hinreichend iſt.

Was dieß Werk nicht bewirken konnte, das be-
wirkte ein anderes.   Kant, der ſich ſchon lange
durch verſchiedene kleinere Schriften als einen originalen philoſophiſchen Kopf und als einen ſchönen philoſophiſchen Schriftſteller angekündigt hatte, gab im
Jahr 1781 eine Kritik der reinen Vernunft
heraus, welche der ganzen Philoſophie eine gründli-
che und wohlthätige Reforme verſprach, aber geraue
me Zeit hindurch als ein vernachläſſigtes oder zum
höchſten mißverſtandenes Buch im Publicum lag.
Das letze war ſicher nicht nur die Folge der Schwierigkeiten, mit welchen das Stubium dieſes Buchs

ver-

202) Vergl. Loſſius Neueſte philoſophiſche Litteratur I.
S. 71. ff.

verbunden war, sondern eines gewissen philosophischen Indifferentismus und eines eingerissenen Geschmaks an seichter Popularität in der Philosophie,
welchen Kant gerade entgegen arbeiten wollte. Sobald aber das Werk mehr studirt und ergründet wurde und einige glükliche Erläuterer fand, so war auf
einmal der Anfang zu einer Revolution in der Philosophie gemacht. Es fand bald zahlreiche Bewunderer und Freunde, aber auch die Gegner konnten
diesem Meisterstüke ihre Bewunderung nicht versa-
gen, und sahen sich überall genöthigt, das philosophische Eigenthum, das sie vertheidigen wollten, izt
mit neuen Schuzmauern zu umgeben — ja aus vielen Gegnern dieses neuen Systems sind schon Freunde desselben geworden, und der unübertrefliche moralische Theil desselben hat beinahe eine uneingeschränk-
te Zustimmung erhalten. Alle einzelne, große und
kleine Theile der Philosophie wurden izt nach und
nach aufs neue und in einem andern Geiste bearbeitet, und man sah neue Zweige desselben hervorgehen,
an welche vorher wenig oder gar nicht gedacht worden
war. Die Grenzen der philosophischen Wissenschaften
wurden genauer abgestekt, als vorher je geschehen
war, und das zunehmende Bestreben nach festen und
simplen Principien und nach einer strengen Methode,
gab den philosophischen Untersuchungen eine Be-
stimmtheit und ein Interesse, das sie lange nicht mehr
gehabt hatten. lange vorher waren bei denkenden Köpfen Zweifel gegen die leibnizischen, Wolfischen und
lockischen Systeme entstanden, ohne daß sie sich die-

sel-

selben mit hinlänglicher Deutlichkeit entwikeln oder
ein besseres System an die Stelle desjenigen hätten
sezen können, das sie auföpfern sollten. Hier fan-
ben sie alle Systeme mit einer scharfen Kritik gewür-
bigt und die Fundamente zu einem neuen Systeme
gelegt. Diese neue Philosophie äusserte in kurzer
Zeit einen beinahe zaubrischen Einfluß auf alle Wissenschaften, und gewann Freunde und Anhänger selbst
unter solchen Ständen, welche sich sonst den Wissenschaften gar nicht oder wenigstens den metaphysischen
nicht widmeten. Sie machte einen gründlichen philosophischen Untersuchungsgeist in Deutschland rege,
dessen man das Zeitalter nicht fähig gehalten hätte,
und sie enthält einen so unermeßlichen Reichthum
neuer Ideen und Aussichten in sich, daß man bis izt
nur noch einen geringen Theil dieser Materialien für
verarbeitet halten kann und daß noch in einer entfern-
ten Zukunft sich neue Keime der Erkenntniß daraus
entwikeln können. Das Werk selbst war mit einem
treflichen systematischen Geiste geordnet und mit erha-
bener philosophischer Ruhe geschrieben. Die Sprache ist etwas dunkel, der Bau und die Anordnung
der Perioden in vielen Stellen unangenehm, schwer
und überladen, aber dafür konnte einen Leser, der genug Geisteskraft und Interesse für die Wahrheit besaß, die Originalität und Naivität des ganzen Ausdruks, der Reichthum an neuen überraschenden Bildern und Wendungen hinlänglich entschädigen. Der
erhabene Verfasser verrieth sogleich alle Talente und
Vorzüge, die einem Reformator der Philosophie,

beson-

besonders in unserm Zeitalter, nicht fehlen durften —
nicht nur einen bewundernswürdigen Tiefsinn und
eine seltene Gabe, sich selbst zu beobachten, sondern
auch seine Kenntnisse in Mathematik und Naturwissenschaft, wovon er schon vorher schöne Proben gegeben hatte, ein feines Gefühl für das Schöne und
Erhabene und überhaupt einen gebildeten männlichen
Geschmak, eine durchschauende Einsicht in die verschiedenen philosophischen Systeme, welche vor ihm
vorhanden waren und eine wahrhaft ehrwürdige moralische Gesinnung.

Es gehört nicht hieher, das System dieses
Weltweisen, das er noch ausser dem schon genannten
Werke in den Prolegomenis zu einer jeden
künftigen Metaphysik 1783. in der Grund-
legung zur Metaphysik der Sitten, 1785.
in den metaphysischen Anfangsgründen der
Naturwissenschaft, 1786. in der Kritik der
praktischen Vernunft, 1788. in der Kritik
der Urtheilskraft, 1790. in der Religion
innerhalb der Grenzen der bloßen Vernunft, 1793. dargelegt, und das in dem Reinhold, dem Schulz, dem Schmid und andern
Freunde und Erläuterer gefunden hat, welche die
Wissenschaft selbst weiter zu bringen wußten, hier
genauer darzustellen. Folgende Bemerkungen werden zu unserem gegenwärtigen Zwefe hireichend
seyn.

Kant gieng von dem Zweifel aus: ob Metaphysik überhaupt als Wissenschaft möglich sei? Er be-
merk-

merkte, daß sie bisher durchaus auf den Namen einer
Wissenschaft noch nicht habe Anspruch machen können, ob sie gleich älter als alle andere Wissenschaften sei, und daß sie doch von der andern Seite dem
menschlichen Verstande sich immer wieder durch ihr
Interesse aufdringe [203]). Zwei Umstände leiteten
ihn auf Entdekungen, die der Metaphysik den Rang
einer Wissenschaft zusichern und eine Revolution in
ihr hervorbringen sollten — die Aufmerksamkeit darauf, wodurch Mathematik und Naturwissenschaft zu
Wissenschaften geworden sind und Hume's Untersuchungen über den Begriff der Causalität. Wir
fangen bei dem lezten Umstande an und wollen Kan-
ten

203) S. Prolegomena Vorr. S. 4:7. Kritik der reinen Vernunft 2. Ausg. Vorr. S. XIV. XV. „In der Metaphysik
geräth die Vernunft continuirlich in Stecken, selbst wenn
sie diejenigen Geseze, welche die gemeinste Erfahrung bestätigt, (wie sie sich anmaaßt) a priori einsehen will. In ihr
muß man unzähligemale den Weg zurükthun, weil man
findet, daß er dahin nicht führt, wo man hin will, und was
die Einhelligkeit ihrer Anhänger in Behauptungen betrifft,
so ist sie noch so weit davon entfernt, daß sie vielmehr ein
Kampfplaz ist, der ganz eigentlich dazu bestimmt zu seyn
scheint, seine Kräfte im Spielgefechte zu üben, auf dem
noch niemals irgend ein Fechter sich auch den kleinsten Plaz
hat erkämpfen und auf seinen Sieg einen dauerhaften Besiz gründen können. Es ist also kein Zweifel, daß ihr Verfahren bisher ein bloßes Herumtappen, und, was das
Schlimmste ist, unter bloßen Begriffen gewesen sei. Woran liegt es nun, daß hier noch kein sicherer Weg der Wissenschaft hat gefunden werden können? Ist er etwa unmöglich? Woher hat denn die Natur unsere Vernunft mit der
rastlosen Bestrebung heimgesucht, ihm als einer unsrer wichtigsten Angelegenheiten nachzuforschen?"

Zweiter Theil.   S

ten selbst davon Nachricht geben lassen. „Seit Lockes
und Leibnizens Versuchen oder vielmehr seit dem
Entstehen der Metaphysik, so weit die Geschichte derselben reicht, hat sich keine Begebenheit zugetragen,
die in Ansehung des Schiksals dieser Wissenschaft
hätte entscheidender werden können, als der Angriff,
den David Hume auf sie machte. Er brachte kein
Licht in diese Art von Erkenntniß, aber er schlug
doch einen Funken, bei welchem man wohl ein Licht
hätte anzünden können, wenn er einen empfänglichen
Zunder getroffen hätte, dessen Glimmen sorgfältig
wäre unterhalten und vergrößert worden. — Hume
gieng hauptsächlich von einem einzigen aber wichtigen Begriffe der Metaphysik, nämlich dem der Verknüpfung der Ursache und Wirkung (mithin auch
dessen Folgebegriffen der Kraft und Handlung) aus,
und forderte die Vernunft, die da vorgibt, ihn in
ihrem Schooße erzeugt zu haben, auf, ihm Rede und
Antwort zu geben, mit welchem Rechte sie sich denkt,
daß etwas so beschaffen seyn könne, daß, wenn es
gesezt ist, dadurch auch nothwendig etwas anders gesezt werde: denn das sagt der Begriff der Ursache.
Er bewieß unwidersprechlich, daß es der Vernunft
ganz unmöglich sei, a priori und aus Begriffen eine
solche Verbindung zu denken: denn sie enthält Nothwendigkeit; es ist aber gar nicht abzusehen, wie
darum, weil Etwas ist, etwas anders nothwendiger-
weise auch seyn müsse und wie sich also der Begriff
von einer solchen Verknüpfung a priori einführen
lasse. Hieraus schloß er, daß die Vernunft sich
mit

mit diesem Begriffe ganz und gar betrüge, daß sie
ihn fälschlich vor ihr eigen Kind halte, da er doch
nichts anders als ein Bastard der Einbildungskraft
sei, die, durch Erfahrung beschwängert, gewisse
Vorstellungen unter das Gesez der Association gebracht hat, und eine daraus entspringende subjective
Nothwendigkeit, d. i. Gewohnheit vor eine objective
aus Einsicht unterschiebt. Hieraus schloß er, die
Vernunft habe gar kein Vermögen, solche Verknüpfungen auch selbst nur im Allgemeinen zu denken,
weil ihre Begriffe alsdann bloß Erdichtungen seyn
würden, und alle ihre vorgeblich a priori gestempelte
Erkenntnisse wären nichts als falsch gestempelte gemeine Erfahrungen, welches eben so viel sagt, als
es gebe überall keine Metaphysik und könne auch
keine geben. So übereilt und unrichtig auch seine
Folgerung war, so war sie doch auf Untersuchung gegründet, und diese Untersuchung war es wohl werth,
daß sich die guten Köpfe seiner Zeit vereinigt hätten,
die Aufgabe in dem Sinne, wie er sie vortrug, wo
möglich, glüklicher aufzulösen, woraus denn bald
eine gänzliche Reform der Wissenschaft hätte entspringen müssen. Allein das der Metaphysik von
jeher ungünstige Schiksal wollte, daß er von keinem
verstanden wurde. Man kann es, ohne eine gewisse
Pein zu empfinden, nicht ansehen, wie so ganz und
gar seine Gegner, Reid, Oswald, Beattie und zulezt Priestley den Punct seiner Aufgabe verfehlten,
und indem sie immer das als zugestanden annahmen,
was er eben bezweifelte, dagegen aber mit Heftigkeit

S 2   und

und mehrentheils mit großer Unbescheidenheit dasjenige bewiesen, was ihm niemals zu bezweifeln in
den Sinn gekommen war, seinen Wink zur Verbesserung so verkannten, daß Alles in dem alten Zustande blieb, als ob nichts geschehen wäre. Es war
nicht die Frage, ob der Begriff der Ursache richtig,
brauchbar und in Ansehung der ganzen Naturerkennt-
niß unentbehrlich sei, denn dieß hatte Hume niemals
in Zweifel gezogen, sondern ob er durch die Vernunft
a priori gedacht werde, und auf solche Weise eine
von aller Erfahrung unabhängige innere Wahrheit
und daher auch wohl weiter ausgedehnte Brauchbar-
keit habe, die nicht blos auf Gegenstände der Erfahrung eingeschränkt sei; hierüber erwartete Hume Er-
öfnung. — Die Gegner des berühmten Mannes
hätten, um der Aufgabe eine Genüge zu thun, sehr
tief in die Natur der Vernunft, so fern sie blos mit
reinem Denken beschäftigt ist, hineindringen müssen,
welches ihnen ungelegen war. Sie erfanden daher
ein bequemeres Mittel, ohne alle Einsicht trozig zu
thun, nämlich die Berufung auf den gemeinen Menschenverstand. In der That ists eine große Gabe
des Himmels, einen geraden Menschenverstand zu
besizen. Aber man muß ihn durch Thaten beweisen,
durch das Ueberlegte und Vernünftige, was man
thut und sagt, nicht aber dadurch, daß, wenn man
nichts Kluges zu seiner Rechtfertigung vorzubringen
weiß, man sich auf ihn als auf ein Orakel beruft.
Wenn Einsicht und Wissenschaft auf die Neige gehen, alsdann und nicht eher ist es Zeit, sich auf den
gemei-

gemeinen Menschenverstand zu berufen. Das ist
eine von den subtilen Erfindungen neuerer Zeiten,
dabei es der schaalste Schwäzer mit dem gründlich=
sten Kopfe getrost aufnehmen und es mit ihm aus=
halten kann. So lange aber noch ein kleiner Rest
von Einsicht da ist, wird man sich wohl hüten, diese
Nothhülfe zu ergreifen. Und bei Lichte besehen, ist
diese Appellation nichts anders als eine Berufung
auf das Urtheil der Menge, ein Zuklagen, über das
der Philosoph erröthet, der populäre Wizling aber
triumphirt und trozig thut. Ich sollte aber doch
denken, Hume habe auf einen gesunden Verstand
eben sowohl Anspruch machen können, als Beattie,
und noch über dem auf das, was dieser gewiß nicht
besaß, auf eine Kritik der Vernunft, die den ge=
meinen Verstand in Schranken hält, damit er sich
nicht in Speculationen versteige, oder, wenn blos
von diesen die Rede ist, nichts zu entscheiden be=
gehre, weil er sich über seine Grundsäze nicht zu
rechtfertigen versteht: denn nur so allein wird ein ge=
sunder Verstand bleiben. Meisel und Schlegel
können ganz wohl dazu dienen, ein Stük Zimmer=
holz zu bearbeiten, aber zum Kupferstechen muß man
die Radiernadel brauchen; so sind gesunder Verstand
sowohl als speculativer beide, aber jeder in seiner
Art, brauchbar: jener, wenn es auf Urtheile an=
kommt, die in der Erfahrung ihre unmittelbare An=
wendung finden, dieser aber, wo im Allgemeinen
aus bloßen Begriffen geurtheilt werden soll, z. B.
in der Metaphysik, wo der sich selbst, aber oft per

S 3   anti-

antiphrasin so nennende gesunde Verstand ganz und
gar kein Urtheil hat.   Ich gestehe frei: die Erin-
nerung des David Hume war eben dasjenige, was
mir vor vielen Jahren zuerst den dogmatischen
Schlummer unterbrach und meinen Untersuchungen
im Felde der speculativen Philosophie eine ganz andere Richtung gab.   Ich war weit entfernt, ihm
in Ansehung seiner Folgerungen Gehör zu geben, die
blos daher rührten, weil er sich seine Aufgabe nicht
im Ganzen vorstellte, sondern nur auf einen Theil
derselben fiel, der, ohne das Ganze in Betrachtung
zu ziehen, keine Auskunft mehr geben kann.   Wenn
man von einem gegründeten, ob zwar nicht ausge-
führten Gedanken anfängt, den uns ein anderer hinterlassen hat, so kann man wohl hoffen, es bei fort-
gesetztem Nachdenken weiter zu bringen, als der
scharfsinnige Mann kam, dem man den ersten Funken
dieses Lichts zu verdanken hatte.   Ich versuchte also
zuerst: ob sich nicht Hume's Einwurf allgemein vorstellen ließe, und fand bald, daß der Begriff der
Verknüpfungen von Ursache und Wirkung bei
weitem nicht der einzige sei, durch den der Verstand
a priori sich Verknüpfungen der Sachen denkt, vielmehr daß Metaphysik ganz und gar daraus bestehe.
Ich suchte mich ihrer Zahl zu versichern, und, da
dieses mir nach Wunsch, nämlich nach einem einzigen Princip, gelungen war, so gieng ich an die
Deduction dieser Begriffe, von denen ich nunmehr
versichert war, daß sie nicht, wie Hume besorgt hatte,
von der Erfahrung abgeleitet, sondern aus dem reinen

nen Verstande entsprungen seien.   Diese Deduction,
die meinem scharfsinnigen Vorgänger unmöglich
schien, die niemand ausser ihm sich nur hatte einfal-
len lassen, obgleich jedermann sich der Begriffe getrost bediente, ohne zu fragen, worauf sich denn ihre
objective Gültigkeit gründe, diese, sage ich, war das
schwerste, das jemals zum Behufe der Metaphysik
unternommen werden konnte, und, was noch das
schlimmste dabei ist, so konnte mir Metaphysik, so
viel davon nur irgendwo vorhanden ist, hiebei auch
nicht die mindeste Hülfe leisten, weil jene Deduction
zuerst die Möglichkeit einer Metaphysik ausmachen
soll.   Da es mir nun mit der Auflösung des Humischen Problems nicht blos in einem besondern Falle,
sondern in Absicht auf das ganze Vermögen der reinen Vernunft gelungen, so konnte ich sichere, obgleich immer langsame Schritte thun, um den Umfang der reinen Vernunft in seinen Gränzen sowohl
als seinem Innhalte vollständig und nach allgemeinen Principien zu bestimmen, welches denn dasjenige war, was Metaphysik bedarf, um ihr System
nach einem sichern Plane auszuführen 204)".

Kant bemerkte, daß Mathematik und Naturwissenschaft eigentlich dadurch zu Wissenschaften geworden sind, daß man fand, daß die Vernunft
a priori gewisse Principien in die Gegenstände hinein-
lege, und versuchte, ob nicht auch in der Metaphysik
damit besser fortzukommen wäre, daß man annähme,

S 4   die

204) Prolegomena S. 7. ff.

die Gegenstände müssen sich nach unserer Erkenntniß richten, als durch die gewöhnliche Vorausfezung, daß alle unsere Erkenntniß sich nach den Gegenständen richten müsse., Die Elemente seiner Kritik sind folgende.

Wir sind im Besize gewisser Erkenntnisse a priori, die schlechterdings von aller Erfahrung unabhängig sind, ob ihnen gleich Gegenstände der Erfahrung entsprechen, und die sich durch Nothwendigkeit und strenge Allgemeinheit unterscheiden. Ihnen sind empirische Erkenntnisse entgegengesezt, oder solche, die nur a posteriori, d. h. durch Erfahrung möglich sind. Ausserdem haben wir gewisse Erkenntnisse, denen auch nicht einmal Gegenstände der Erfahrung entsprechen können, die über die Sinnenwelt hinausgehen und die wir für die erhabensten halten: Gott, Freiheit, Unsterblichkeit. Es gibt analytische und synthetische Urtheile a priori. Jene sind blos erläuternd und beruhen auf dem Saze des Widerspruchs, diese sind erweiternd und bedürfen ein anderes Princip. Die lezten sind das Eigenthümliche der Metaphysik, ob sie gleich auch analytische Urtheile enthält. Uebrigens sind in allen theoretischen Vernunftwissenschaften synthetische Urtheile a priori als Principien enthalten. Die mathematischen Urtheile sind insgesammt synthetisch. Der Mathematiker kann bei seinen Säzen immer etwas Materielles, Empirisches anzuschauen geben, aber es wird dabei immer eine reine Anschauung a priori, eine Form der Sinnlich-

keit,

keit, nämlich Raum und Zeit vorausgesezt. Diese Form macht jede wirkliche Erscheinung der Objecte
erst möglich. So ist reine Mathematik als Wissenschaft möglich. Auch die Naturwissenschaft enthält synthetische Urtheile a priori als Principien in
sich. Durch die Sinnlichkeit werden wir der
Anschauung, durch den Verstand der Begriffe fähig. Durch die Sinnlichkeit empfangen wir Eindrüke und Gegenstände werden uns
gegeben, durch den Verstand bringen wir Vorstellungen von den Gegenständen hervor, denken wir
sie. Anschauung und Begriffe sind die Elemente aller unserer Erkenntniß. Ohne Sinnlichkeit
wäre uns kein Gegenstand gegeben, ohne Verstand
würde keiner von uns gedacht werden. Diese beiden
Vermögen sind zwar wesentlich von einander getrennt, aber nie kann eines ohne das andere eine Erkenntniß hervorbringen. Wir müssen, um etwas
zu erkennen, unseren Begriffen Gegenstände in der
Anschauung geben und unsere Anschauungen unter
Begriffe bringen. So wie die Sinnlichkeit ihre
bestimmten Formen hat, so hat sie auch der
Verstand a priori. Man kann sie Categorieen
nennen. Es sind reine Verstandesbegriffe,
welche a priori sich auf Gegenstände der Anschauung
überhaupt beziehen. Die Gegenstände der Erfahrung sind durchaus nicht anders möglich, können
durchaus nicht anders von uns gedacht und ihr Man-
nichfaltiges nicht in Ein Bewußtseyn gebracht werden, als durch die versinnlichten Categorieen. Die

S 5   Cate-

Categorieen haben also objective Realität. Sie sind
1) entweder Categorieen der Quantität: Einheit,
Vielheit, Allheit, oder 2) der Qualität: Realität, Negation, Limitation, oder 3) der Relation:
Substanz und Accidenz, Ursache und Wirkung,
Wechselwirkung zwischen dem Handelnden und Lei-
denden, oder 4) der Modalität: Möglichkeit und
Unmöglichkeit, Daseyn und Nichtseyn, Nothwendigkeit und Zufälligkeit. Die Urtheilskraft
ist die Fähigkeit, reine Verstandesbegriffe auf Erfahrungen anzuwenden. Die Gegenstände der Erfahrung richten sich nach diesen Begriffen, nicht umge-
kehrt unsere Begriffe nach den Objecten. Wir können von keinem Objecte als Dinge an sich eine Erkenntniß haben, sondern nur in so fern es Object
unsrer sinnlichen Anschauung oder Erscheinung ist,
wiewohl wir uns die Objecte als Dinge an sich
müssen denken können und auch ihre Wirklichkeit zugeben, indem unsere innere Erfahrung, das
Bewußtseyn unsers eigenen Daseyns nur unter
Voraussezung äusserer Erfahrung oder des Bewußtseyns anderer Dinge ausser uns möglich ist. Sobald
man die sinnlichen Objecte als Dinge an sich nimmt,
so geräth die Vernunft in einen Widerspruch mit sich
selbst, in Antinomien, die sie nicht auflösen kann,
so daß sie für einen Saz so viel als für seinen Gegensaz sagen kann. Unsere Erkenntniß schränkt sich
ganz auf Gegenstände der Erfahrung ein,
ausser derselben gelten die reinen Verstandesbegriffe
nicht mehr, also nicht im Gebiete des Uebersinn-
lichen

lichen.   Freiheit, Gott und Unsterblichkeit sind
Ideen, die über alle Sinnlichkeit weit erhaben sind.
Sie sind nicht Gegenstände des Erkennens und Wissens, aber des nothwendigen Denkens und des Glaubens.   Die speculirende Vernunft, die sich auf das,
was ist, bezieht, verläßt uns hier oder leitet uns
auf Wahn und Widersprüche, aber die praktische,
die sich auf das bezieht, was seyn soll, kündigt uns
durch ihre klaren Aussprüche Wahrheiten an, die
nicht wichtiger seyn könnten.   Sie erklärt uns als
moralische Wesen für freie Wesen, die dem Mechanismus der Natur nicht unterworfen sind.   Sie hält
uns ein Ideal moralischer Vollkommenheit vor, das
wir erreichen sollen und doch nur in einem unendlichen Progressus erreichen können, und gebietet uns
daher den Glauben an Unsterblichkeit.   Sie
thut dem Triebe nach Glükseeligkeit, der in unsrer
sinnlichen Natur liegt, durch die Idee eines vollkommensten Wesens Genüge, und indem sie uns das
Ideal einer vollkommenen Harmonie, in welche Tugend und Glükseeligkeit einst kommen müssen, vorhält, so lehrt sie uns an die Existenz jenes Wesens
glauben, das diese Harmonie allein zu Stande bringen kann."

Diese dürftige Darstellung wird wenigstens dazu
dienen können, einzusehen, wie dieß System auf der
einen Seite den Humischen Skepticismus und auf
der andern den alten Dogmatismus einschränken,
und den Materialismus, Fatalismus, Atheismus
so

so wie Schwärmerei und Aberglauben widerlegen
und zerstören soll.   Kant bekämpft nicht das dogmatische Verfahren der Vernunft in ihren
reinen Erkenntnissen,   vielmehr lehrt er in so fern
einen strengeren Dogmatismus, als vorher gewöhnlich war, indem er die Metaphysik zu einer Wissenschaft erhebt;   aber er bestreitet jenen anmaaßenden
Dogmatismus,   der ohne vorangehende Kritik des
Vernunftvermögens zu Werke geht.   „Diese Ent-
gegensezung,   sagt er,   soll nicht der geschwäzigen
Seichtigkeit,   unter dem angemaaßten Namen der
Popularität,   oder wohl gar dem Skepticism,   der
mit der ganzen Metaphysik kurzen Prozeß macht,
das Wort reden;   vielmehr ist die Kritik die nothwendige vorläufige Veranstaltung zur Beförderung
einer gründlichen Metaphysik als Wissenschaft, die
nothwendig dogmatisch und nach der strengsten Forde-
rung systematisch,   mithin schulgerecht (nicht populär)
ausgeführt werden muß.“ — Ueber den Skepticismus,   seinen Werth,   seine Gränzen,   sein Verhältniß zur kritischen Philosophie hat Kant in einer
andern Stelle vortrefliche Bemerkungen gemacht [205]),
die eigentlich diesem Werke einverleibt werden sollten,   wenn sie nicht zu weitläuftig wären und wenn
sie nicht durch jeden Auszug zu sehr verlieren müßten.   Noch directer und ausführlicher als Kant
selbst hat in der Folge Jakob die kritische Philosophie

[205) Kritik der reinen Vernunft S. 766-797.

phie zur Widerlegung des Skepticismus überhaupt
und des Humischen insbesondere gebraucht [206]).

Nicht sehr lange nach Kants Kritik erschien eine
Schrift von einem geistvollen und edelgesinnten
Schriftsteller, welche den Innhalt der Kritik zufälli-
gerweise in manchem zu bestätigen schien [207]). Der
Verfasser erklärte den Glauben, eine unmittelbare Gewisheit, welche keiner Gründe bedarf, alle
Gründe ausschließt und auf einer Offenbarung
beruht, für das Element aller menschlichen Erkenntniß, und behauptete, daß die Vernunft nur zu Zweifeln und Irrthümern in den wichtigsten Gegenständen des Denkens leite, daß der Spinozismus noch
das bündigste System der Vernunft, aber wahrer
Atheismus sei — daß überhaupt nach Pascals Aus-
spruche die Vernunft die Dogmatiker zu Schanden
mache und die Natur die Skeptiker [208]). So wenig
seine Lehre vom Glauben mit Kants Grundsäzen
über-

---

206) Kritische Versuche über David Hume's erstes Buch der
Abhandlung über die menschliche Natur. Bei der Ueberf.
dieses Werks. Halle 1790.

207) Ueber die Lehre des Spinoza in Briefen an Hrn Moses
Mendelssohn. Breslau 1785.

208) Von dem Verfasser der Resultate der Jacobischen und
Mendelssohnischen Philosophie; kritisch untersucht von einem
Freiwilligen, Leipzig 1786. hat Jacobi (Wider Mendelssohn
S. V.) selbst gesagt, daß er seine wahre Meinung ganz und
von Grund aus gefaßt habe. Jacobi selbst hat in der Schrift:
David Hume über den Glauben, Idealismus und Realis-
mus. Ein Gespräch — Breslau 1787. sich über seine Mei-
nung, so wie über einige verwandte Gegenstände deutlicher
und ausführlicher erklärt. Man sehe aber Allg. Lit. Zeit.
No.

übereinstimmte, so sehr waren seine Gedanken über
den Spinozismus und Skepticismus ein Beleg zu
Kants Behauptung, daß die speculative Vernunft
nichts Bestimmtes über Gottes Daseyn und die über-
sinnliche Welt lehre.   Ein würdiger Sohn eines
wahrhaft philosophischen Vaters hat zur Prüfung der
Jacobischen und verschiedener Kantischer Lehren eine
Schrift über die Gründe der menschlichen
Erkenntniß und der natürlichen Reli-
gion [2.9]) geschrieben, welche in dieser Geschichte
nicht ungenannt bleiben darf.

, Inzwischen erlangte Kants System oder vielmehr Vorbereitung eines Systems ein immer größeres Ansehen und gewann unter mancherlei merkwürdigen Schiksalen, die ihm gefährlich zu werden schienen, der Freunde immer mehrere. Bald wurde ihm
das lockische, bald das leibnizische System, bald ein
gewisser Eklecticismus, bald die Philosophie des gemeinen Menschenverstandes entgegengesezt. Einige
sahen darinn einen maskirten Unglauben, andere
einen allzuglaubigen religiösen und moralischen My-
sticismus — verschiedene behaupteten, es leite zum
Skepticismus [210]), und noch andere gar: es enthalte

No. 92. 1788. Gott. Einige Gespräche von J. G. Her-
der. Gotha 1787. kann auch zur Erläuterung verschiedener
Jacobischer Behauptungen dienen.

209) Von Joh. Alb. Hinr. Reimarus, Hamburg 1787.

210) Dieß lezte Urtheil habe ich vor einiger Zeit auch in einem
Englischen Journale gelesen. Maimon (philos. Wörterbuch — Streifereien im Gebiete der Philosophie — Ueber
die

te nichts Neues. Alle diese Schwierigkeiten konnten
die sich immer mehr ausbreitenden Siege desselben
nicht zurükhalten.

So sehr man aber auch überzeugter Freund dieser
Philosophie seyn mochte, so konnte man doch bei einer
auch nur mäßigen Bekanntschaft mit der Geschichte
der Philosophie leicht einsehen, daß auch dieß System
bei aller Festigkeit und Evidenz seiner Principien
doch noch den Angriffen des Pyrrhonismus oder vielmehr der pyrrhonischen Kunst blos stehe, indem sich
alles ohne Unterschied, die Mathematik und Naturwissenschaft nicht ausgenommen, zweifelhaft machen
läßt. Ohne Zweifel haben auch manche Gegner dieser Philosophie dieß lange bemerkt, aber sie wollten
diesen Versuch an dem Kantianismus nicht machen,
weil er zugleich jedes andere mögliche philosophische
System, das sie etwa an die Stelle des kritischen
hätten sezen mögen, wankend gemacht hätte und weil
überhaupt ein solcher Pyrrhonismus entweder zu gar
keinem Zweke führt, oder, so wie die Menschen einmal sind, schlimme Folgen für die Moralität und
Glükseeligkeit nach sich ziehen muß. Eine solche Bestreitung war ein Nothmittel, das nur die Stärke
des anzugreifenden Systems in ein größeres Licht
sezte. Aber ein gemäßigterer Skepticismus konnte
leicht gegen gewisse Hauptpuncte der kritischen Philosophie

die Progressen der Philosophie) scheint die kritische Philosophie auf eine inconsequente Art mit dem Skepticismus in
in Verbindung zu sezen.

sophie gebraucht werden,   sobald man sich vorsezte,
gewisse Thatsachen des Bewußtseyns, auf welche sich
Kant berufen hatte, wegzuleugnen oder zweifelhaft zu
machen.   Es war daher dem Verfasser dieser Schrift
gar nicht so unerwartet, als es vielen gewesen ist,
als nach vielen andern Angriffen in unsern Zeiten
auch noch ein solcher Skepticismus gegen die kritische
Philosophie gebraucht wurde.   Der Verfasser des
Aenesidemus ²¹¹), einer mit ungemein viel Klarheit, Scharfsinn und Achtung gegen den Urheber
der kritischen Philosophie geschriebenen Schrift, hat
zu beweisen gesucht, daß Hume's Skepticismus durch
die Vernunftkritik im geringsten nicht widerlegt worden sei ²¹²).   Er kehrt seine Einwürfe gegen die
Hauptstüze des Kantischen Systems, die Ableitung
der nothwendigen synthetischen Urtheile aus dem Gemüthe und die Beziehung derselben auf die Erkenntniß empirischer Gegenstände.   Er gibt zu, daß es
nothwendige synthetische Urtheile in der menschlichen
Erkenntniß gebe, daß sie einen unentbehrlichen Theil
derselben ausmachen, und daß die Nothwendigkeit,
welche der Verknüpfung des Prädikats mit dem
Subjecte in diesen Urtheilen zukommt, weder aus
dem einmal Vorhandenseyn derselben noch aus der
öftern Wiederhohlung derselben, noch aus der Ueber-
ein-

211) Aenesidemus oder über die Fundamente der von Hrn.
Prof. Reinhold in Jena gelieferten Elementarphilosophie.
Nebst einer Vertheidigung des Skepticismus gegen die Anmaaßungen der Vernunftkritik, 1792.
212) S. 130r180.

einstimmung einer gewissen Anzahl von Erfahrungen
abgeleitet werden könne. Dabei behauptet er aber,
in der Kritik der reinen Vernunft werde doch das
menschliche Gemüth als der Realgrund der noth=
wendigen synthetischen Urtheile ausgegeben und dar=
aus, daß wir uns nur das Vermögen der Vorstellun=
gen als den Grund der nothwendigen synthetischen
Urtheile denken können, gefolgert, daß das Gemüth
wirklich auch der Grund derselben seyn müsse ——
folglich werde gerade das, was Hume in Anspruch
genommen habe, als ausgemacht vorausgesezt, 1)
daß sowohl von allem, was in unsrer Erkenntniß da
ist, auch ein Realgrund und eine davon realiter ver=
schiedene Ursache objectiv vorhanden sei, als daß auch
überhaupt der Saz des zureichenden Grundes nicht
nur von Vorstellungen und deren subjectiver Verbin=
dung, sondern auch von Sachen an sich und deren
objectivem Zusammenhange gelte; 2) daß wir be=
rechtigt sind, von der Beschaffenheit eines Etwas in
unsern Vorstellungen auf die objective Beschaffenheit
desselben ausser uns zu schliessen. Kant, behauptet
dieser Skeptiker weiter, habe nicht erwiesen, daß nur
unser Gemüth der Grund der synthetischen Urtheile
seyn könne, indem das Bewußtseyn der Nothwen=
digkeit, welches diese Urtheile begleite, kein unsehl=
bares Zeichen ihres Ursprungs a priori und aus dem
Gemüthe sei —— daraus, daß wir uns izt etwas nicht
anders, als auf eine gewisse Art denken und erklären
können, folge nicht, daß wir es uns nie anders wür=
den denken können —— es seie auch ein anderer Ur=

sprung jener Formen des Urtheils denkbar, als aus
unserm Gemüthe, nämlich aus der Wirksamkeit wirk-
licher Objecte und ihrer besondern Art auf uns zu
wirken — es lasse sich endlich sehr wohl denken, daß
Vorstellungen und Begriffe, welche a priori in uns
vorhanden sind, auch noch auf eine andere Art, als
allein dadurch, auf wirkliche Gegenstände sich beziehen, daß sie bloß die Bedingungen und Formen der
Erkenntniß derselben ausmachen; die Vorstellungen
und Begriffe a priori könnten sich nämlich auch ver-
möge einer präformirten Harmonie der Wirkungen unsers Erkenntnißvermögens mit den objectiven Beschaffenheiten der Sachen ausser uns auf diese
Beschaffenheiten beziehen, und dieser Harmonie gemäß würde dem Gemüthe durch die Anschauungen
und Begriffe a priori etwas vorgestellt werden, das
nicht bloß subjective Gültigkeit in unserer Erkenntniß-
art hätte, sondern das auch den Beschaffenheiten des
Dings an sich entspräche und dieselben repräsentirte.
Die kritische Philosophie beweise den Ursprung der
nothwendigen synthetischen Urtheile aus dem Gemüthe
durch einen Gebrauch des Grundsazes der Causalität,
der mit ihren eigenen Grundsäzen über die Anwend-
barkeit der Kategorieen streite, man möge nun unter
dem Gemüthe ein Noumenon oder ein Ding an sich oder
eine transcendentale Idee verstehen. Auf diese Zweifel, von welchen verschiedene schon vorher durch Flatt
und Brastberger waren vorgetragen worden, haben
Freunde der kritischen Philosophie bereits geantwor-

tet ²¹³). Ob der Skepticismus des Verfassers mit
dem Humischen übereinstimme, ob er nicht in einigen
Stücken mehr, in andern weniger, als derselbige,
enthalte? — dieß will ich hier nicht entscheiden, da
es aus der Vergleichung meiner Darstellungen beider
Systeme von selbst in die Augen fallen wird. Platner, dieser vortrefliche Anthropolog, in welchem
sich zum seltenen Beispiele eine tiefe Kenntniß der
Arzneikunde, eine umfassende philosophische Lectüre
und eigne Urtheilskraft vereinigen, und der unter die
verdientesten Philosophen Deutschlands gehört, hat
gleichfalls den Skepticismus gegen das Kantische
System gebraucht, ja sogar sich zu dieser Denkart
überhaupt in Ansehung aller philosophischen Systeme
in einem zum akademischen Unterrichte zunächst bestimmten Lehrbuche bekannt ²¹⁴). „Sollte nicht ein
wohlverstandener Skepticismus, sagt er unter andern,
aus allen metaphysischen Streitigkeiten der natürlich-
ste Ausweg und zugleich auch zur Besänftigung aller
dogmatischen und kritischen Leidenschaften in der Philosophie das vernünftigste Mittel seyn? Was können wir doch unter den Titeln, Logik und Metaphysik, Kritik der Vernunft und so weiter — was können wir überhaupt unter dem Titel Philosophie anders leisten wollen, als daß wir, die allein unbezwei-

T 2   felte

213) Man sehe die Recension des Aenesidemus in der Go-
    thaischen gelehrten Zeitung — in der allgemeinen Littera-
    turzeitung — Reinholds Abhandlung über den Skepticis-
    mus —
214) Philosophische Aphorismen I. Leipzig 1793.

selte Wirklichkeit unserer Vorstellungen vorausgesezt,
die Geschichte derselben getreu aufzeichnen, und denn
das als für den Menschen wahr und gewiß erweisen,
was in der menschlichen Denkart, so fern sie uns
theils als niederes, theils als höheres Erkenntniß-
vermögen erscheint, die Ueberzeugung von Wahrheit
und Gewisheit mit sich führt?" Dieser Weltweise
will seine ganze Schrift blos als die subjective Ueberzeugung eines Skeptikers angesehen wissen. Er
schildert die skeptische Denkart selbst richtiger, als
alle seine Vorgänger. Er hält der Kantischen Kritik eine Menge skeptischer Fragen entgegen, die zum
Theil ganz im Geiste der alten Pyrrhonier sind.
Diese Schrift ist zu neu und zu bekannt, als daß ich
hier Auszüge aus derselben liefern dürfte, so sehr auch
manches aus derselben hieher gehörte. Auch diesem
Zweifler ist bereits von Freunden der kritischen Philosophie geantwortet [215]). Es wäre aber zu wünschen und ist wahrscheinlich auch zu hoffen, daß der
große Vater derselben sich gegen seine und des neuen
Aenesidemus Einwürfe selbst vertheidige. Mit Vergnügen stelle ich hier jenen skeptischen Werken zum
Beschlusse eine zu großen Zweken geschriebene Schrift
entgegen, die, obgleich mit einigen Abweichungen von der Kantischen Philosophie, sich der
Wahrheit und Gewisheit in der menschlichen Erkenntniß mit Nachdruk angenommen und zugleich
das

---

215) S. Reinhold über den Skepticismus — die Recension
der Aphorismen in den Tübinger gelehrten Anzeigen —

das Interesse dieser Fragen in ein helles Licht gesezt hat [216]).

Alle skeptische Schriften werden dem Menschen
den Glauben an eine objective Wahrheit niemals
ganz entreissen, und selbst der Skeptiker wird sich
nicht ganz los davon machen können. Es ist auch
um der Moralität und der moralischen Religion willen, die ihr Wesen und ihre Würde verlieren, so
bald sie blos als etwas subjectives und relatives gedacht werden, sehr wichtig, daß der Mensch etwas
Objectives annehme. Philosophen müßten daher
meines Erachtens mehr dahin arbeiten, den Glauben an das Objective zu rechtfertigen, als es für die
höchste Stufe der philosophischen und consequenten
Denkart ausgeben, daß Alles blos subjective Ueberzeugung sei. Wir können freilich nicht aus uns
selbst herausgehen, und alle Ueberzeugung ist blos
in uns — aber konnte es anders seyn? Genug, daß
uns in unserem Bewußtseyn deutliche Spuren vom
Objectivwahren gegeben sind, daß uns ein Vermögen beiwohnt, das Objectiv- und Subjectiv-Wahre
von einander zu trennen, und daß wir bei unsrer ganzen Denk- und Handlungsweise und bei der über
alle Subjectivität weit erhabenen Idee von Pflicht
etwas Objectivwahres voraussezen müssen. Der
philosophische, nicht blos verstellte, nicht blos nach-
geäffte, nicht aus einem unreinen Princip herfliessen-
de

216) Ueber Wahrheit und sittliche Vollkommenheit. Von
Adam Weishaupt. Regensburg 1793.

de Skepticismus wird und kann immer nur sehr wenige Bekenner haben, aber wo er in Schriften und
auf Lehrstühlen gelehrt und gerühmt wird, so kann er
nach und nach bei einer großen Menge den seichten
Skepticismus erzeugen, den Untersuchungsgeist tödten und die Immoralität befördern. Die Philosophie würde vielleicht bald aussterben, und der Ge-
meingeist unter den Menschen und die Gemeinnüzigkeit des gelehrten Standes würde ungemein leiden,
wenn jene sich blos darauf einschränken wollte, die
Erscheinungen in dem menschlichen Gemüthe zu be-
schreiben, und zwar in jedem Subjecte auch immer
nur subjectiv, und wenn kein Philosoph mehr irgend
etwas objectiv geltend machen wollte. Wir wollen
zwar unsere Ueberzeugungen, Meinungen und Maximen andern nicht aufdringen, aber wir wollen jeder
das, was allein fest in uns ist, die Vernunft cultivi-
ren, und das, was uns unsere beste und redlichste
Prüfung als allgemein wahr und gut lehrt, durch
sanfte und anständige Mittel auch zum deutlichen
Bewußtseyn und zur Ueberzeugung anderer zu bringen suchen. Wir wollen uns nicht jeder als ein iso-
lirtes Geschöpf, das in seiner eigenen Ideenwelt
lebt, betrachten, sondern glauben, daß wir alle Anspruch an eine gewisse Summe gemeinschaftlicher
Wahrheiten haben, und daß es mit auf unser Be-
mühen ankömmt, in den Besiz derselben zu kommen.
In unserm Zeitalter möchte es gefährlicher seyn, als
viele sich vorstellen, den Humischen Skepticismus
als unaufgelöst darzustellen, und die meisten möch-

ten

ten dadurch bewogen werden, nicht weiter fortzustre-
ben und für die in Trümmern liegende Philosophie
neue sichere Stüzen zu suchen, sondern vielmehr
alles, auch das Wichtigste dahin gestellt zu lassen,
oder sich dem Aberglauben und der Schwärmerei in
die Arme zu liefern. Es herrscht in unserm Zeitalter beinahe in allen cultiviteren Ländern ein sehr seichter und gefährlicher Skepticismus in Ansehung der
wichtigsten Gegenstände, dem man noch einen Werth
beilegt, weil er bescheidener und duldsamer als die
Denkart der Gläubigen und Ungläubigen sei. Dieser Skepticismus verdient aber bei den meisten eher
den Namen einer trägen und gleichgültigen Unentschiedenheit und bei vielen den Namen einer wilden
fanatischen Zweifelsucht. Die Hauptquellen liegen
darinn, daß der Hang zum Sinnlichen ungemein ge-
stiegen ist und die Gestalt eines Systems erhalten
hat, daß eben dadurch das Interesse an reiner intel-
lectueller Wahrheit ungemein vermindert ist — daß
alte philosophische und theologische Systeme zusam-
mengestürzt sind und neue sich noch wenig öffentliches
Ansehen haben verschaffen können — daß man Aufklärung am meisten im Bestreiten dessen sucht, was
vorher von den meisten für wahr und ehrwürdig gehalten worden ist 217). Wie sehr jene seichte Denkart
ist

217) Man sehe die vortreflichen Bemerkungen des wahrhaft
achtungswürdigen S p a l d i n g s in den vertrauten Briefen
über die Religion. Breslau 1785. S. 5. ff. S. 94. ff.
Reinhold über den Skepticismus S. 111. Hemster-
huis philos. Schr. I. Thl. S. 294. ff. Ueberf. Leipz. 1782.
und verschiedene hieher gehörige Bemerkungen über die Quel-

ist herrsche, und wie gewiß sie vorzüglich aus den angeführten Quellen entspringe —— davon kann sich derjenige am anschauendsten überzeugt haben, der die berühmtesten Hauptstädte Europas gesehen hat. Aber
auch die Schriftsteller aus den cultivirtesten Staaten
Europas stimmen darin überein ²¹⁸), und manche neue
sogenannte philosophische Producte sind nichts als Ge-
burten eines solchen rohen und unphilosophischen Skepticismus ²¹⁹). Verschiedene merkwürdige Begebenheiten unsrer Tage können mit als Folgen einer Philosophie angesehen werden, die alles wankend macht und
nichts aufbaut, die den Menschen in einer trägen und
sorglosen Unentschiedenheit über das Wichtigste läßt,
und ihn blos in ein empfindendes und eigennüziges
Wesen verwandelt, das von Zeit, Zufall und Umständen allein bestimmt wird und auf dem Meere dieses Lebens ohne Steuer und Compas, ohne eine sichere Regel seines Verhaltens und Glaubens, ohne ein bestimmtes Ziel seiner Hofnungen hin und her getrieben wird.

len des Skepticismus in den dieser Geschichte voranges
sezten philosophischen Abhandlungen.

218) Man sehe z. E. Raynal Histoire philos. et politique
des établissemens et du commerce des Européens dans
les deux Indes T. X. p. 9. De decadence des lettres et
des moeurs depuis les Grecs et les Romains jusqu' à
nos jours. Par Rigoley de Juvigny. Paris 1787. p. 338. ff.
Mercier tableau de Paris in verschiedenen Stellen —
Vernet Reflexions sur les moeurs la religion et le
culte. Geneve 1769. Wendeborn Zustand des Staats,
der Rellaton, der Gelehrsamkeit und der Kunst in Großbritannien gegen das Ende des 18. Jahrh. 3ter Thl. Berlin 1785. S. 361. 363.

219) Man sehe z. E Letters of Litterature by Robert He-
ron, London 1785.

Bemerkungen

über

die Philosophie des Geschichtschreibers Tacitus.

U 2

Diese Bemerkungen machten schon einen Theil einer vor ohngefähr 8 Jahren in ein Journal von mir eingerük= ten Abhandlung über die Philosophie und Denkart des Tacitus aus. Sie erscheinen hier verbessert, weil sie mit dem Innhalte und Zwecke die= ser Schrift zusammenhängen, und den Tacitus aus einem nicht gewöhnlichen Gesichtspuncte betrachten.

Forma mentis aeterna — quicquid ex eo amavimus,
quicquid mirati fumus, manet manfuramque eſt
in animis hominum, in aeternitate temporum,
famâ rerum. Nam multos veterum, velut in-
glorios et ignobiles, oblivio obruet, hic poſteri-
tati narratus et traditus, fuperſtes erit. TAC.

Es iſt hier mein Zwek nicht, den großen philoſophiſchen Geiſt und den tiefen pſychologiſchen
Blik, der ſich in den Geſchichtbüchern des Tacitus
in ſo vielen großen und kleinen Zügen offenbart, zu
ſchildern — hiezu würde eine kurze Abhandlung
nicht hinreichend ſeyn — ſondern die Frage zu un-
terſuchen: welche philoſophiſche Grundſäze der größte
Geſchichtſchreiber, vielleicht nicht nur des Alterthums [1]), gehabt, und ob er ſich wohl zu irgend einer
der alten philoſophiſchen Secten bekannt hat? Dieſe
Fragen haben ſich mir mehr als einmal bei dem Studium der unſterblichen Werke dieſes Römers darge-
ſtellt, da ich bald auf ſehr merkwürdige philoſophiſche Stellen traf, bald kurze aber characteriſtiſche

U 3   Rai-

[1]) Bayle erlaubte ſich das Urtheil: Les annales et l'hiſtoi-
re de Tacite ſont quelque choſe d'admirable et l'un
des plus grands efforts de l'eſprit humain. Dict. art.
Tac.

Raisonnements in die Erzählung verwebt fand, in welchen sich mir eine und dieselbe philosophische Denkart abzuspiegeln schien. Doch hätte ich auch bei diesen Umständen es noch nicht gewagt, etwas über seine Philosophie zu bestimmen, wenn ich nicht gefunden hätte, daß schon verschiedene Schriftsteller darüber haben entscheiden wollen. Die Urtheile dieser Schriftsteller sind widersprechend. Einige haben den Tacitus für einen Epikuräer [2]), oder, was man für gleichbedeutend hielt, für einen Atheisten [3]), andere für einen Stoiker [4]) erklärt — beide meines Erachtens ohne hinreichende Gründe.

Aber läßt sich überhaupt aus den Werken eines Geschichtschreibers seine Philosophie bestimmen? Dieß ist allerdings selten der Fall. Es gibt Geschichtschreiber, die so weit von aller Philosophie entfernt sind, als der Himmel von der Erde. Es gibt andere, deren Philosophie sich überall nach der herrschenden Metaphysik und dem angenommenen Kirchenglauben schmiegt und bei welchen von eigenen philosophischen Grundsäzen nicht die Rede seyn kann.

Es

---

2) C. J. C. Lipsius ad Annal. XVI, 33. XIV, 12. d'Alembert Melanges de Litterature, d'histoire et de philosophie T. III. p. 32.

3) Tillemont Histoire des Empereurs T. II. P. I.

4) Diderot Philosophie des Etrusques et des Romains in Collection complette des oeuvres philosophiques, litteraires et dramatiques, Londres 1773. T. I. p. 541. Crollius Praef. ad Tacit. T. I. §. 14. not. 1. Bipont. 1779.

Es gibt noch andere, die, ob ſie gleich durch Entwiklung der Urſachen und Wirkungen der Begebenheiten, durch Characterzeichnungen, durch einge-
ſtreute Raiſonnements, den Namen philoſophiſcher
Geſchichtſchreiber in hohem Grade verdienen, doch
als Geſchichtſchreiber eben ſo wenig eine beſtimmte
Philoſophie, als einen beſtimmten Glauben und ein
Vaterland haben wollen. Tacitus gehört zu keiner
dieſer Claſſen. Man ſieht aus ſeinen Schriften eine
gewiſſe beſtimmte philoſophiſche Denkart nicht weniger deutlich, als aus den Schriften eines Hume und
Raynal hervorleuchten. Freilich ſpricht er auch
hie und da, wiewohl weit ſeltener als andere alte Geſchichtſchreiber, und namentlich Livius, den Lehren
der herrſchenden Volksreligion gemäß ⁵), aber dieß
mußte er, weil er ſonſt von dem größten Theile ſeines
Volks nicht geleſen und nicht verſtanden worden
wäre, indem jede Volksreligion ſelbſt der Sprache
gewiſſe Spuren eindrükt, und jedes Volk von einem
Schriftſteller eine gewiſſe Achtung für die öffentliche
Religion fordert, wenn anders die lezte nicht ſchon
ein Gegenſtand der Verachtung und des Spotts geworden iſt.

Taci-

⁵) S. Gordon Diſcourſes upon Tacitus II, 10. Er behauptet, daß Tacitus die Volksreligion verwarf. Dieß
thaten viele der ſonſt aufgeklärten und weiſen Männer unter den Römern und Griechen nicht, und es iſt Vorurtheil,
wenn man glaubt, daß es überall nur Maske ſei, wo ſie ſich
zu derſelben bekennen. S. Hume's nat. hiſt. of rel. Seſt.
XII. p. 454. Eſſ. T. II.

Tacitus verliert sich oft in kühne Reflexionen, die beinahe dichterisch ausgedrükt sind, und die ihm meist das Elend der Zeiten, welche er beschreibt, auspreßt. Dieser Umstand macht eine neue Vorsicht nothwendig, wenn man seine philosophische Denkart bestimmen will. Ein Leser von Geschmak und Gefühl wird solche Stellen nicht buchstäblich deuten und zu unterscheiden wissen, was dem Geschichtschreiber in edlem Unmuthe entfuhr und was Frucht eines kälteren Nachdenkens ist, was blos zur schönen Form und was zur Sache gehört.

Tacitus Geschichtbücher tragen überall den Character eines selbstständigen, originalen Geistes und einer strengen moralischen Denkart an sich. Ueberall dieselbige unerbittliche Wahrheit in der Zeichnung des Tirannen und Bösewichts, dieselbige freimüthige Enthüllung der verborgensten Geheimnisse der Bosheit, dieselbige Entfaltung der verworrensten Falten des Lasters, hingegen Wärme, Aufwallung, Huldigung bei den Beispielen der uneigennüzigen Tugend, der Freiheitsliebe, der Klugheit, des Patriotismus, der Weisheit. Sein Blick ist groß, tief und umfassend, und weil er Alles sah, so kürzte er Alles ab *). Sein Ton ist voll Ernst und Würde, und er schreibt mit beständigem Gefühle der Wichtigkeit seines Geschäfts, als Geschichtschreibers. Die glük-

6) Tacite abregeoit tout, puisqu'il voyoit tout. Montesquieu Espr. des Loix. Montesquieu selbst hat bei diesem Werke in den Hauptideen aus keinem Schriftstelle mehr geschöpft, als aus Tacitus und Plutarch.

glüklichste Mischung von Tiefsinn und Empfindung, von lebhafter Imagination und fester Urtheilskraft gibt seinen Geschichtbüchern ein ganz eigenes Gepräge [7]). Er schreibt als Selbstdenker, nicht als Anhänger irgend einer Secte, als Mann, der seine Philosophie im Leben, nicht in irgend einer Schule gelernt, der sie aus eigenem Nachdenken und Beobachten, nicht aus dem Munde eines angestaunten Lehrers geschöpft hat. Wäre er ein weniger starker und edler Geist gewesen, so hätte das verdorbene Zeitalter, in welchem er lebte und schrieb, so hätten die Zeiten eines Nero, Galba, Otho, Vitellius, Domitianus seiner Seele Fesseln angelegt, und selbst die güldenen Zeiten unter Vespasian und Titus, Trajan und Nerva [8]) hätten seinem Geiste nicht mehr den großen Schwung geben, nicht mehr das große Gefühl für das Gute, Wahre und Schöne geben können, das in seinen Schriften lebt. Er schwingt sich über sein Zeitalter hinaus, er bleibt von der sich beinahe allgemein verbreitenden Seuche der Niederträchtigkeit und Schmeichelei, der Dumpfheit und Kleinheit des Geistes unbefleckt

U 5

7) Vergl. die vortreflichen Stellen Histor. I, 1. Agric. c. 1 — 3.

8) Das Urtheil des Helvetius de l'esprit Disc. III. ch. 29. „Wäre Tacitus unter Neros Regierung in den Umgang der Welt gerathen, so würde er nur ein witziger Kopf geworden seyn," beweist blos, auf welche kleine Urtheile über Menschen man verfällt, wenn man alles in menschlichen Werken, Handlungen und Characteren physisch erklären will.

beßeft und bleibt in einem faft ganz unrömifchen Zeitalter noch Römer.

Tacitus fcheint wirflich höhere Kräfte, welche
auf das Schitfal der Menfchen Einfluß haben, eine
Art von Vorfehung und Vergeltung geahndet, wo
nicht geglaubt zu haben. Die Götter waren es,
welche den Römern zuweilen in Schlachten beiftan-
den [9], welche ihnen bei der Theurung zu Hülfe kamen [10], welche aber auch oft, unwillig über Sitten-
verborbenheit und unmenfchliche Lafter, Strafge-
richte über den größten Theil des Volks verhäng-
ten [11]. Götterzorn war es unter andern, der die
Römer in fo viele blutige Bürgerkriege jagte [12] und
der Zeitraum von Galba bis Domitian war
gleichfam ein auffallender Beweis, daß die erzürn-
ten

9) Hift. IV, 78. Nec fine ope divina mutatis repente
    animis terga victores dedere.

10) Annal. XII, 43. Quindecim dierum alimenta urbi,
    non amplius, fuperfuiffe conftitit; magnaque deum be-
    nignitate et modeftia hiemis rebus extremis fubventum.

11) Annal. XVI, 16. At nunc patientia fervilis, tantum-
    que fanguinis domi perditum fatigant animum et moe-
    ftitia reftringunt. Neque aliam defenfionem ab iis,
    quibus ifta nofcentur, exegerim, quam ne oderint
    fegniter pereuntes. Ira illa numinum in
    res romanas fuit, quam non, ut in cladibus exer-
    cituum, aut captivitate urbium femel editam, tranfire
    licet.

12) Hift. II, 38. Non difceffere ab armis in Pharfalia ac
    Philippis civium legiones, nedum Othonis ac Vitellii
    exercitus fponte pofituri bellum fuerint, eadem il-
    los Deûm ira, eadem hominum rabies, eadem fce-
    lerum caufae in difcordiam egere.

ten höheren Mächte, nun unbekümmert um das Wohl
der Römer, ſich nur mit Rache gegen ſie beſchäftig-
ten [13]).   Die Götter richten ſich übrigens in ihren
Strafen auch nach dem Verhalten der Menſchen [14]),
jedoch darf man aus dem äuſſerlichen Glük oder Unglük des einzelnen Menſchen nicht immer auf ſeine
Tu-

13) Hiſt. I, 3. Non unquam atrocioribus populi cladi-
bus, magisve juſtis judiciis approbatum eſt,
non eſſe curae diis ſecuritatem noſtram,
eſſe ultionem. Ganz ähnlich iſt die Stelle des Lucanus, den Tacitus überhaupt zuweilen zu copiren ſcheint:
Felix Roma quidem civesque habitura ſuperbos,
Si libertatis ſuperis tam cura fuiſſet
Quam vindicta placet. —
Nun gehört es freilich in vielen Religionen auch zum Volks-
glauben, daß die erbitterten Götter zuweilen ganze Völker
auf eine Zeitlang züchtigen, aber es gehörte auch zum Glauben vieler angeſehenen griechiſchen und römiſchen Weltweis-
ſen, und bei Tacitus nehmen wir hier dieſen Glauben auch
nicht in ſeiner gewöhnlichen Rohheit an. D'Alembert
a. a. O. ſchließt aus dieſer Stelle: Tacite ne croyoit qu'
à la juſtice divine, qui punit les crimes et non à celle,
qui recompenſe les vertus.   Dieſer Schluß iſt falſch.
Tacitus ſpricht nicht von der göttlichen Gerechtigkeit überhaupt, ſondern nur von der Aeuſſerung derſelben während
eines gewiſſen Zeitraums unter den Römern. Er ſpricht
etwas allgemein, aber er ſpricht im Unmuthe, in welchem
man ſeine Ausdrüke nicht abmißt. Daß er auch eine be-
lohnende Gerechtigkeit glaubte, dieß beweiſen andere Stellen deutlich.

14) Hiſt. III, 72. Id facinus poſt conditam urbem luctuo-
ſiſſimum foediſſimumque populo romano accidit: nullo
externo hoſte, propitiis, ſi per mores noſtros
liceret, diis →

Tugend oder Laster, auf die Gunst oder Ungnade der
Götter gegen ihn schließen ").

Ich habe absichtlich in dieser Darstellung den
Ausdruk des Tacitus in etwas gemildert, weil die
Stellen, in welchen er sich über diese Lehre erklärt,
an Poesie grenzen.   Daß er aber in diesen Stellen
seine wahre Meinung ausdrüke, daran zu zweifeln,
ist kein Grund vorhanden, vielmehr scheint mir dieß
sowohl aus den Stellen selbst, als aus der Vergleichung derselben unter einander zu erhellen.   Auch
neh-

---

15) Idem tamen dies et honestum exemplum tulit Cassii
Asclepiodoti, qui magnitudine opum praecipuus inter
Bithynos, quo obsequio florentem Soranum celebrave-
rat, labentem non deseruit. Exutusque omnibus for-
tunis et in exilium actus, aequitate deûm erga
bona malaque documenta. Diese lezten Worte
werden verschieden erklärt. Einige beziehen sie nicht auf
das Schiksal, sondern auf das edle Beispiel des
Cassius: aequitate divina, qua mala exempla bonis
compensantnr. S. die Zweibrückische Edition bei dieser
Stelle. D'Alembert übersezt: Tant la justice de dieu
fait discerner le crime d'avec la vertu und sezt hinzu:
cette pensée est ironique et epicurienne. Er glaubt
auch hier den Saz von einer blos rächenden göttlichen Gerechtigkeit zu finden. Die erste Erklärung scheint mir dem
Sprachgebrauche und dem Zusammenhange zu widersprechen. D'Alembert kommt der Wahrheit näher, nur braucht
man in diesen Worten keine epikurdische Satyre auf die
Vorsehung zu suchen, welche dem bescheidenen Character,
den Tacitus sonst in der Beurtheilung solcher Dinge zeigt,
und seinem ganzen Tone in dieser Stelle entgegen wäre.
Warum wollen wir ihn nicht das sagen lassen, was wir alle
so oft erfahren, was die Worte und die Verbindung hier
natürlich mit sich bringen, daß der Tugendhafte oft gleiches
Schiksal mit dem Lasterhaften hat?

nehmen es die Ausleger des Tacitus einstimmig an,
nur daß der eine diese, der andere jene Meinung
aus seinen Worten heraus bringt.

Tacitus ahndete eine höhere Vorsehung verstän-
diger Kräfte, aber — er konnte sie sich nicht beweisen, noch auch seinen Begriff deutlich entwikeln. Ob er sich dieselbe nach nothwendigen, un-
abänderlichen Gesezen denken, oder der menschlichen
Freiheit etwas übrig lassen sollte? darüber war er
unentschieden. Hie und da stellten sich ihm Phäno-
mene in der Geschichte dar, die ihn zweifelhaft machten, ob Nothwendigkeit oder Zufall oder eine Mischung von beiden die menschlichen Angelegenheiten
regiere. Zu seiner Zeit war die Lehre von der Vorsehung mit der Theorie von den prodigiis aufs engste
verknüpft. Diese betrachtete man als die Offenbarungen der Götter, und es war nun nur die Frage,
ob man aus ihnen den Sinn und Willen höherer Wesen bestimmen könne, ob sie eine vorher bestimmte
Ordnung und Beschaffenheit unserer Schiksale anzeigen oder nicht, ob dabei von unsrer Seite noch eigene Wahl und Freiheit übrig bleibe, oder ob dadurch
eigentlich unser ganzer Einfluß auf unser Schiksal
aufgehoben werde. Eben dieser Umstand, daß die
Lehre von der Vorsehung an der Lehre von Wunderzeichen und Weissagungen hieng, machte auch den
Blik des Tacitus in der Beurtheilung dieser Dinge
eingeschränkt und einseitig und seine Meinung ungewiß. Kurz Tacitus war hierinn ein bescheidener
Zweifler, aber doch so, daß er aus einem dunklen

len moralischen Gefühle dem Glauben an die Vorsehung nicht undeutlich den Vorzug gibt [16]). Eben so denkt er in Ansehung der Fortdauer nach dem Tode [17]).

Taci-

16) Aus diesen Gesichtspuncten ist meines Erachtens die Stelle Annal. VI, 22. welche durch die Geschichte zwischen dem Tiberius und dem Wahrsager Thrasullus veranlaßt wird, zu betrachten, besonders wenn man sie mit dem vorher angeführten Stellen vergleicht: Sed mihi haec ac talia audienti in incerto judicium est, fatone res mortalium et necessitate immutabili, an forte volvantur, quippe sapientissimos veterum, quique sectam eorum aemulantur, diversos reperies; ac multis insitam opinionem, non inicia nostri, non finem, non denique homines diis curae. Ideo creberrime et tristia in bonos et laeta apud deteriores esse. Contra alii, fatum quidem congruere rebus putant, sed non e vagis stellis, verum apud principia et nexus naturalium causarum: ac tamen electionem vitae nobis relinquunt; quam ubi elegeris, certum imminentium ordinem; neque mala vel bona, quae vulgus putet: multos, qui conflictari adversis videantur, beatos, ac plerosque, quamquam magnas per opes, miserrimos; si illi gravem fortunam constanter tolerent, hi prospera inconsulte utantur. Ceterum plurimis mortalium non eximitur, quin primo cujusque ortu ventura destinentur: sed quaedam secus, quam dicta sunt, cadere, fallaciis ignara dicentium; ita corrumpi fidem artis, cujus clara documenta et antiqua aetas et nostra tulerit. Ganz parallel in Sache und Ton ist die schöne Stelle bei Lucanus Pharsal. II, 4 — 15. Ueber seine Ungewißheit in Ansehung der Prodigien f. auch Hist. I, 18. 10. II, 78. Der Glaube an ein Fatum ließ sich nach den Begriffen der alten Weltweisen, mit dem Glauben an eine Vorsehung wohl verbinden, f. Leibniz Theod. Praef. §. 9.

17) Agric. 46. Si quis piorum manibus locus, si, ut sapientibus placet, non cum corpore extinguuntur ma-

gnae

Tacitus war also weder Epikuräer, noch Stoiker, noch Atheist.   Vom Epikureismus ist nirgends keine Spur in seinen Schriften.   Auch Lehrsäze, die von den Stoikern dogmatisch behauptet wurden, bezweifelte er.   Seine Schilderung des Seneca und andere Beispiele von Stoikern, die er anführt, verrathen ganz offenbar eine Abneigung gegen den freilich ausgearteten Stoicismus seiner Zeiten [18]). Desto mehr Achtung hatte er für den moralischen Theil der Stoischen Lehre, wie aus seiner Schilderung des Agricola, Thrasea und Helvidius deutlich hervorblikt [19]).

Was sonst noch über die Philosophie des Tacitus, besonders über seine große moralische und politische Philosophie, bestimmt werden könnte, das gehört nicht zu unserem Zweke.

gnae animae, placide quiescas, nosque domum tuam ab infirmo desiderio et muliebribus lamentis ad contemplationem virtutum tuarum voces. —

18) Vergl. Diderot Essai sur le merite et la vertu Sect. 3. Tacit. Annal. XIV, 16. XVI, 32. Hist. III, 81.

19) Agric. 4. 8. 9. 22. 39. 40. 42.   Annal. XVI, 22. 34. Hist. IV, 5.

Druckfehler und Verbesserungen.

I. Band Vorrede S. IV. leste Zeile bekannt muß wankend helffen.

II. — Seite 6. Z. 20. Hauptgegenstand l. Studium.

Ebendas. Not. 2. Z. 2. la l. lû.

S. 10. Not. Z. 9. il n'a l. il n'ya.

— 13. Z. 17. Vor: Mit seze: „

— 24. Z. 27. nach noch seze unwissender.

— 45. Z. 7. vor entstanden seze es

— 47. Z. 16. sich l. sie.

— 50. Z. 11. Lazmann l. Laymann.

Ebend. Z. 12. Bauey l. Baunp.

S. 59. Not. 45. de reformation l. de la ref.

— 66. Z. 11. nach Bayle seze 53), und auf der folgend. Seite streiche 53) aus u. die Not. 53) seze auf S. 66.

— 68. Z. 7. ihm l. dem ersten.

— — Not. 54. Z. 3. unchristl. l. und christliche.

— 75. Not. 60. leste Z. escacter l' escarter.

— 76. Not. 63. Z. 3. cotre l. sotre.

— 77. Z. 10. und verschiedene l. nebst verschiedenen.

Ebend. Not. 64. Z. 4. ravissante l. ravissantes.

S. 91. Not. 72. Z. 6. arque l. argue.

— 92. Z. 12. nach daß seze er.

— — Not. 73. Z. 14. crooced l. croocked. Z. 17. disereet l. discreet. Not. 74. Z. 1. ll l. le.

— 97. Not. 76. Z. 8. et l. and. Z. 11. self-evident l. self-evident.

— 101. Z. 21. ben l. denn.

— 111. Not. Z. 1. peuse l. pense.

— 120. Not. 109. Z. 8. on l. ou.

— 124. Z. 10. richtigen und artigen l. richtige und artige.

— — Z. 12. del. auch.

— 125. Not. 115. Z. 4. Conseille l. Conseiller.

— 131. Not. 125. Z. 16. logis l. logic.

— 145. Z. 23. beredt von l. beredt als von.

— 156. Z. 17. ob er es l. ob es.

— 181. Z. 19. und welche l. welche endlich.

— 182. Not. Z. 27. fancy l. fancy. Z. 30. leardned l. learned.

— 183. Not. Z. 6. nach Worten seze spielen.

— 197. Not. 161. Z. 5. hätte l. hatte.

— 199. Not. Z. 21. manxind l. mankind.